ちくま文庫

決定版　消費税のカラクリ

斎藤貴男

筑摩書房

決定版

消費税のカラクリ【目次】

ない非正規雇用拡大の背景／増加する〝一人親方〟の苦悩／従業員を抱えられない会社、無理に独立させられる職人／大義名分は「社会保障の充実」だが／社会保障の財源には最もふさわしくない消費税

第五章　消費税の歴史　203

強行採決で可決、導入／自民党政権の三つの嘘／徴税側による「大型間接税」小史／シャウプ勧告の「付加価値税」が見送られた理由／徴税側がひた隠すシャウプ式「富裕税」の時代／「応能負担」と「応益負担」／富裕税廃止の代替財源としての大型間接税／古代ローマとナチス・ドイツ／近代日本の大型間接税／日本の消費税のモデルはEC型付加価値税／GATTと付加価値税と輸出振興と／日本の源泉徴収制度も戦時財政から生まれた／付加価値税導入が招いた欧州諸国の混乱／イギリスにもあった中小・零細業者の不利益／日本の税率五％は欧州基準なら一〇％に相当／米国が付加価値税を導入しない理由／売上税から消費税へと名を変えて成立／中小零細事業者へのアメとしての特例措置／〝益税〟〝便乗値上げ〟への激しい批判／消費者の批判を煽り、利用した政府／形骸化する特例措置に税率アップが追い討ち／細川政権と「国民福祉税」

はじめに

本書は消費税論の決定版である。もちろん客観的な評価はこうして手に取っていただいた読者諸氏に委ねなければならないが、そう言い切れるだけの自信を私は持っている。

大所高所から下界を見下ろした、とてつもなくマクロな論理や分析やらが溢れている中で、本書は逆に、極端にミクロな発想に囚《とら》われていると思われる読者も少なくないかもしれない。しかし、事は人間の暮らしはもちろん、生き方、尊厳、あるいは社会のありようにまで関わってくる。そうならざるを得ないのだ。だから「決定版」だと自負している。

二〇一九年五月中旬現在、世の中は消費税増税のタイミングをめぐって騒然としている。前年の秋に「法律に定められた通り、二〇一九年十月一日に八%から一〇%へ引き上げる」と表明した政府は、懸念される消費経済への悪影響を防ぐとして、クレジットカード等で決済した消費者へのポイント還元や、自動車や住宅など大型耐久消費財の購入に対する優遇措置を決定。増税推進派はこれを支持、あるいはかねて謳《うた》われてきた社会保障の充実や財政の立て直しを改めて強調し、慎重派の多くは目下の経済状況の下では不安があり過ぎるとして、今回の増税は延期せよと求めている。

私はいずれの立場も採らない。それはもちろん、政治的な二者択一を迫られれば、野党各党がこの一点で結束を図っている状況である以上、緊急避難の意味で、慎重派の側に与するほかないとも思う。しかし、本書『消費税のカラクリ』のための取材を開始してから十年近く、いや、実を言えばフリーのジャーナリストとして独立して以来、このテーマに直面し続けざるを得なかった私には、問題の先送りだけでは到底、満足できないのだ。

二〇一九年四月には統一地方選挙の投開票があった。七月には参議院選挙が行われる。政局次第では衆参ダブル選挙の可能性も小さくないという。予定通りの増税になるか否かはそれら選挙戦の成り行きにも左右されようし、論争の一部始終は本書でも取り上げるが、結果がどうあれ、本紙の意義はいささかも揺るぐことがない。なぜなら――。

消費税は日本で暮らす人の全員が無関係ではいられない税制だ。そのせいか、誰もがすべてを承知しているつもりで持論を展開する。増税で利益を得る側の人間が増税論をぶち、逆の側にいる人間がこれに反対するのは自然の成り行きかもしれない。問題は、消費税のイロハのイさえも理解しておらず、にもかかわらず日本国家の未来を憂えるポーズで軽々しく増税論を弄ぶ、床屋政談レベルの〝議論〟なのである。

徴税当局とマスコミがタッグを組んだ、長年にわたるミスリードのせいばかりだとは言わない。きちんと知るつもりが初めからなく、そんなものに易々と騙《だま》されてきた、知っておかなければならない側、納税者国民自身の責任も重大だ。

それなりに問題点が論じられているような体裁が取り繕《つくろ》われてはいる。政治家や財政学者が俎上《そじょう》に載せたがり、マスコミがそのまま流してくる消費税増税のハードルは、大きく次の三つだ。すなわち①逆進性、②益税、③消費ないし景気を冷え込ませてしまう可能性。

「逆進性」とは所得の低い消費者ほど消費税の負担が大きいことをいう。「益税」は消費者が消費税のつもりで支払った金額のうち、合法的に事業者の手元に残る金額を指している。景気の問題は説明の必要もないと思われる。いずれも重大な論点であることは間違いない。

三つのハードルについては、解決策らしき提案がいくつも現れてきた。どれも解決というよりは深刻な災厄をもたらしかねない代物なので、第六章でまとめて批判しておいたが、本書が追究しようとしているのは、これらとは異なる位相のカラクリだ。はっきり書こう。これ以上の消費税増税は、日本社会を大変な混乱に陥れていくはずである。

いわゆる低所得者だけでなく、社会的に弱い立場の人間であればあるほど、より多くの負担を強いられる。中小・零細の事業者、とりわけ自営業者がことごとく倒れていく。正規雇用から非正規雇用への切り替えがいっそう加速して、巷《ちまた》にはワーキング・プアや失業者が群れを成す光景が見られることになるだろう。自殺に追い込まれる人々がこれまで以上に増加するおそれも否定できない。

誇張でも大袈裟でも絶対にない。そうなるしかないのが消費税という税制なのだ。二〇一四年三月までは税率がまだしも五％だったから相対的に被害が目立たず、かつ、この国らしい社会構造が、その実態を詳《つまび》らかにさせずにきたのに過ぎないのである。

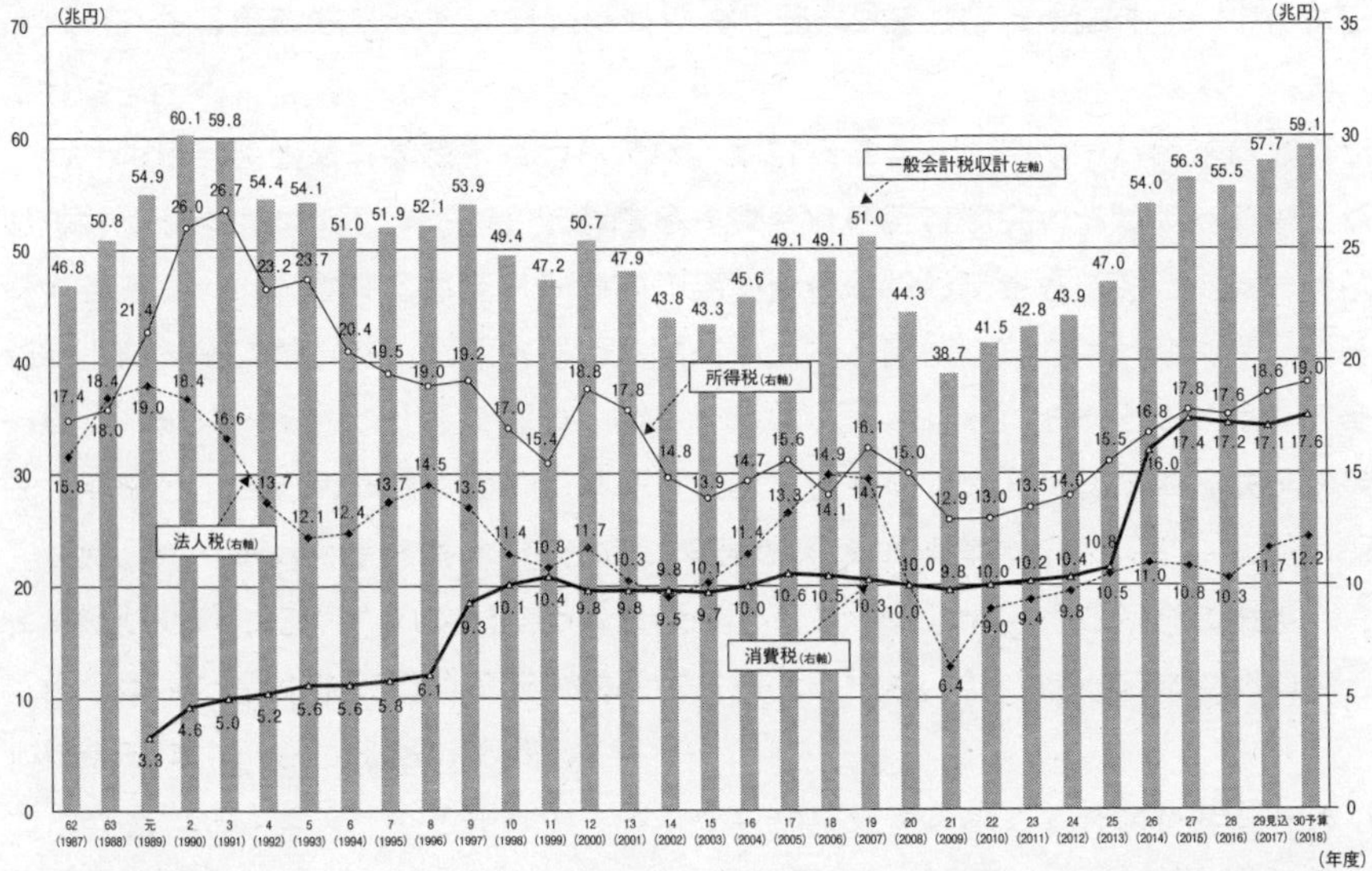

財務省。平成29年度は実績見込額、平成30年度は予算額。

一般会計税収の推移

私が消費税の本質とカラクリを明らかにしてみせよう。本書の指摘を無視した消費税増税は論外だ。もっと言えば、本書を読む前には〝議論〟もしてはならない。どうしても論じたければ、その本質を、カラクリを、率直に認め、本気で解決するための方策を用意してからの話である。

その意味で、本書はむしろ消費税増税に賛成の方や、特に深くは考えたことのない方々のために書いた。どうか虚心にお読みいただきたいと、心の底から願う。

なお、ちくま文庫版の本書『決定版　消費税のカラクリ』は、二〇一〇年に講談社現代新書の一冊として出版された底本『消費税のカラクリ』を、最新の状況を取材して新たに書き下ろした「序章」と「終章」でサンドイッチしたものだ。底本に準拠した第一章〜第六章でも、必要に応じて新たな記述や図表を追加しているが、二本の新章と他の章とでは執筆の時期に十年近い開きがあるため、やや戸惑いを感じる読者がおられるかもしれない。ただ、消費税の本質がこの間に変化したわけではまったくないし、私の問題意識は終始一貫している。特に気にせず、安心して読んでいただきたいと思う。

また、私は消費税率を引き上げる政策を「消費税増税」と表現する。「消費増税」

とある場合は文献などからの引用に限ってあり、著者自身の言葉ではない。「消費増税」は「消費税」という、敢えて国民の誤解を狙ったたらしい名称の弊害を増幅しかねず、百害あって一利もないと考えている。

序章

消費税増税議論の現在

堺屋太一氏の遺稿

元通産官僚で作家の故・堺屋太一氏が、『産経新聞』の二〇一八年八月十四日付朝刊「正論」欄に、〈戦後73年に思う「何もしなかった」平成の日本〉という文章を残している。それによれば、氏はかつて『平成三十年』と題する近未来小説を書き、これからの何十年か、日本は大した改革も大きな新事業もしないだろうと予測したのだが、その通りの平成時代になってしまった、という。

それでも、この小説に登場する官僚たちは、財政の健全化を目指して消費税率を20%にまで引き上げようとする。「消費税率20%」は、ヨーロッパ諸国ではすでに実現している水準である。

ところが現実の日本は、消費税を5%から8%に引き上げただけで、そのあとはなにもしていない。

日本とヨーロッパの歴史、とりわけ税制に関わる風土の違い、何よりも税の使途としての社会保障制度についての考え方の差は何も語られない。代わりに論じられるのは、消費税率が低くて巨額の財政赤字を出しながら、物価が上がらず為替も下落しないのは、日本が「低欲社会」であるからだという、消費税とどこがどう関わるのか、よくわからない主張であった。

事業を起こして財を成し、他人を使う身になろうと、希望する者はごく少ない。それは恐らく、この国では起業者や多額納税者に対する尊敬が、きわめて限られているためでもあろう。

資本主義の社会では、業を興して財を成した人を尊敬もし、崇拝もする。だからこそ、あえて困難と危険を冒しても起業する者が出る。そんな起業家のおかげで世の中が進歩し、豊かになる。

ところが現在の日本では、起業成功者を尊敬しないし、優遇もしない。

だからダメなのだ、という。で、このあと再び税金の話に戻る。アメリカではトランプ大統領が相続税の引き下げを公表したのに、日本では反対に相続税の課税が強化されているではないか、進歩と安定のために必要で、「社会の重し」でもある有産階級の大事さをみんな理解できていない、日本は資本主義体制になり切れなかったようだと嘆いたのち、堺屋氏は英国のマーガレット・サッチャー元首相の言葉を引いてみせていた。「金持ちを貧乏にしても、貧乏な人が豊かになれるわけではありません。それにもかかわらず金持ちを貧乏にしたがるのは嫉妬です。嫉妬は人類最大の劣情です。劣情に基づく政治は悪い政治です。私たちは嫉妬の政治から逃れねばなりません」。

サッチャーの発言は、それこそ平成年間に新自由主義イデオロギーを広めた慶應義塾大学の竹中平蔵教授（元総務相、現・東洋大学教授）らがしばしば持ち出した定番のロジックだ。社会全体で産み出した富を富裕層に集中させる〝政策〟に対する批判のすり替え以外の何物でもありはしない。

こうなると、話は違ってくる。消費税と「低欲社会」の関係がわからないとした第一印象は撤回しよう。消費税率の引き上げ幅と金持ちへの尊敬・崇拝および優遇とは、堺屋氏にとっては直結する命題であるらしい。だとして事の善悪をさて措けば、さすがに元高級官僚の彼は消費税の本質を実によく理解していて、満天下に知らしめたことになる。

ふざけるな、と思う。少なくとも私は、誰を尊敬するとかしないとかは自分自身の価値観で決める。お金持ちをそれだけで〝崇拝〟するほど愚かでも卑しくもない。そんなことを無理強いされる社会になどされてたまるものか。起業したい人、財を成したい人は勝手にそうすればよいだけの話であって、他人の目など関係ないだろう。

堺屋太一氏は二〇一九年二月八日、多臓器不全のために死去した。八十三歳だった。通産省時代に一九七〇年の大阪万博をプロデュースした人物で、亡くなる前年の十一月には二〇二五年に再び大阪での万博開催が決定されて間もない折だったからか、マスコミ報道は彼の功績を讃えることのみに終始していた。

死者を鞭打つ気は私にもないけれど。

二〇一九年十月の増税予定をめぐって

消費税率が五%から八%に引き上げられたのは、二〇一四年四月のことである。民主党が政権を執っていた二〇一二年に自民、公明両党との間で合意され、同年八月に可決・成立した「社会保障と税の一体改革」関連法制の柱に消費税法の改正があり、増税が決められた。もっとも民主党政権はこの間の二〇一二年十二月に潰えており、五年ぶりに返り咲いた第二次安倍晋三政権を、自民・公明の連立与党が支える体制が築かれていた。

改正消費税法は一〇%への増税を打ち出し、ただし消費経済への影響に配慮する形で段階的な引き上げ策が採られた。消費税率一〇%は当初、二〇一五年十月に実施される予定だったが、参議院選挙を控えた安倍首相の〝判断〟で二〇一七年四月に延期され、さらに同様の〝判断〟で二〇一九年十月へと再延期されている。安倍晋三首相は二〇一八年九月、自民党総裁選に臨む記者会見で、今度こそ予定通りに消費税増税を実行すると表明。本稿執筆中の二〇一九年三月末現在も彼はその姿勢を崩していないと伝えられるが、この間には野党や市民団体などによる増税反対の動きが激しくなっており、与党内部でも再々延期を望む声が高まってきている。

二度も延期された過去の経緯を見れば、最終的にどのような決着が図られるのかは、土壇場までわからない。消費税増税が政権与党の集票材料として使われている証左だが、ここではとりあえず、野党各党や保守層の一部が主張している、〝二〇一九年十月に増税してはならない〟論拠を概観しておこう。

まず、京都大学大学院の藤井聡《さとし》教授（都市社会工学）の主張である。彼は第二次安倍政権の発足以来、いわゆる「国土強靭化計画」を担当する内閣官房参与として、政権のブレーンであり続けてきた人物だ。その男が二〇一八年十一月頃から、消費税増税に対する批判を繰り返してきている。

発表媒体は自著『「10％消費税」が日本経済を破壊する』（晶文社）や、日本共産党機関紙『しんぶん赤旗日曜版』のインタビューなど多岐に渡る。彼は自らが編集長を務める雑誌『表現者クライテリオン』でも二〇一八年十二月に発売した増刊号で、丸ごと一冊「消費増税を凍結せよ」の大特集を組んだ。巻頭の「なぜ今、「消費増税を凍結せよ」なのか？――消費増税問題の基礎知識」（文責は同誌編集部）によれば――。

藤井氏は、〈過去の消費増税で、日本人はエラク「貧困」化した〉し、〈一〇％増税で、日本はさらにヒドクなる〉と考えている。具体的には、一貫して増加していたGDP（国内総生産）が、一九九七年に消費税率が三％から五％へ引き上げられたのを機に減少に転じた。この年に六百五十五万円だった一世帯当たりの平均年収も、こちらはより露骨に、二〇一二年には五百二十九万円にまで――約百三十万円も――下落してしまったことなどを指している。

なぜ、こうなったのか。消費税が上がると、人々の消費行動にブレーキがかかり、企業や店舗の売り上げも利益も減る。だからそこから支払われる給料やボーナスも減って収入が落ちた、同じことは二〇一四年の八%への増税の際にも起きていた、というのが、藤井氏の解説だ。各国の名目GDPの推移グラフを示しながら断じた誌面は迫力満点である。〈世界中、過去三十年間、成長し続けています。つまり世界中の人々が、過去三十年の間、一貫して豊かになり続けてきたわけです。／ところが、我が国日本だけが、消費増税以後、成長をピタリと止めました。（というよりむしろ、我々だけが徐々に衰退しはじめました）〉。

以上は過去二回の消費税増税に関する記述だ。ここから先は「なぜ、今?」に絞った論旨になる。『表現者クライテリオン』はまず、〈そもそも、「デフレ」状況下での消費増税はありえない〉と太字で記している。

デフレとは消費が減り、物価が下がって、ビジネスの売り上げとともに賃金も落ち込む結果、ますます消費が減り物価も下がっていくという悪循環のことだ。これも一九九七年の五%増税によってもたらされた現実であり、その上にまた消費税増税など強行したら、デフレはよりいっそう加速して、〈日本経済に破壊的なダメージをもたらすのは、火を見るよりも明らか〉だというのである。

日本経済がデフレに陥って久しい。一九九〇年代後半から顕在化し、二〇〇一年には政府も公式に認めた。その後の歴代政権は幾度もデフレ脱却を掲げ、二〇一三年にはいわゆる「異次元の金融緩和」に踏み切ったが、それも奏功していない。原因は多様かつ複雑だが、労働コストの安い海外で生産活動を行い、世界中から安い原材料や部品を調達し、さらには株主の利益ばかり重視して従業員には分配しない企業経営がグローバル化の名のもとに礼賛され、政策的にも後押しされている時代が続く限り、どうにもならないのではないかと、私は考えている。

政府は二〇一九年一月に公表した月例経済報告で、景気の総括判断を「緩やかに回復している」とし、記者会見では茂木敏充《もてぎとしみつ》経済財政・再生相が、二〇一二年十二月から始まった〝景気回復〟は「戦後最長になった可能性がある」とまでぶち上げた。だが一方で、同じ一月の景気動向指数について内閣府は、波長判断をそれまで四カ月続いていた「足踏み」から「下方への局面変化」に切り替えている。景気はすでに後退し始めているというわけだ。

？　わけがわからないが、仮に戦後最長云々の〝判断〟が経済学的には間違っていないのだとしても、普通の市民には関係がない。デフレなのに景気が〝よい〟などとは思えるはずがないからで、たとえば共同通信が二〇一九年三月に実施した世論調査では、景気回復を「実感していない」と答えた人が八四・五％にも上った。「実感している」は一〇・一％だった。

藤井氏の議論に戻る。二〇二〇年七月から八月にかけて東京オリンピックが開催される。一定の特需はあるにせよ、二〇一九年十月に増税される頃にはすでに縮小傾向にあるはずだし、閉会すれば中長期の不況に陥るのは世界共通の経験則だ。最悪のタイミングだと、彼はいう。

しかも二〇一九年四月からの一年間は、「働き方改革関連法制」施行の初年度である。この政策そのものの評価はさて措くにしても、残業時間の規制を柱とする「改革」で、必然的に導かれるのは残業代の大幅なカットだ（過重労働が本当になくなるかどうかは、また別の話である）。このことによっても勤労者の所得は減り、消費行動は委縮するに違いない。

世界経済の不透明さも不安だ。二〇一四年の八％増税では、まだしも輸出が好調だったことで景気がある程度は下支えされていたものの、「米中貿易戦争」が激化の一途を辿っている今回は、輸出が増えるとは考えにくく、むしろ減少していく可能性が高い。オリンピック閉会、残業代カット、輸出の減少が重なるトリプルパンチともなれば、〈最悪中の最悪〉だとまで、藤井氏は主張するのである。

藤井氏はこれらの他にも、消費税増税後の「一〇％」というわかりやすすぎる税率が、消費行動に対する人々のブレーキをより深く踏み込ませると推察している。心理学の研究にも余念のない人らしい発想だが、なるほど一理も二理もありそうだ。

『表現者クライテリオン』は、保守派の評論家として知られた故・西部邁《すすむ》氏が主宰していた月刊誌『表現者』の後継誌である。今回の増刊「消費増税を凍結せよ」特集には、岩田規久男（元日本銀行副総裁）、飯田泰之（明治大学准教授）、野口旭（専修大学教授）、浅田統一郎（中央大学教授）、塚崎公義（久留米大学教授）、松尾匡《ただす》（立命館大学教授）ら、日頃は理論も立場も異にする経済学者やエコノミストが集結していた。

他方、藤井氏自身は二〇一八年十二月末、内閣官房参与の職を辞任した。本人の申し出によるものとされている。増税断行という政権の方針に従わず、『赤旗』の取材に応じたことに怒った菅義偉《すがよしひで》内閣官房長官に切られたのではないかとする見方が多数派のようだが、一方では辞任後の藤井氏が、安倍首相やその側近らと会食したという情報もある。
真相はわからない。

「統計不正調査問題」以後の消費税増税反対論議

二〇一八年の暮れに、厚生労働省の「毎月勤労統計」が、不正な方法でまとめられていた事実が明るみに出た。この統計は民間や官公営事業所の賃金や労働時間など雇用状況の変化を示す指標で、景気動向指数をはじめとする多くの政府指標に利用される「基幹統計」のひとつである。都道府県を通じて五百人以上の従業員がいる全事業所は、全数を調査することと定められているにもかかわらず、東京都では二〇〇四年以降、約千四百あるはずの対象から約五百事業所だけを抽出したサンプル調査で済ませていた。

しかも本来の結果に近づけるための復元処理も行わなかった。このため実態よりも低い平均賃金が公表された時期が続いて、その間の雇用保険や労災保険などで延べ二千万人に約六百億円の支払い不足があったという。

政府部内でこの問題が浮上したのは二〇一八年に入ってからだ。その後は復元処理を怠らなくしたが、結果、政府の発表する実質賃金が、それ以前に比べて大幅な伸びを示した。サンプル調査だけで済まされていた期間全体を復元処理しなかった理由は判然としていない。野党各党は安倍政権の経済政策「アベノミクス」の成功を偽装する目的だったのではないかと見て、挙《こぞ》って追及している。

さて、こうなると消費税増税の大前提も狂ってくる。この点については二〇一九年二月十二日の衆院予算委員会が興味深かった。共産党の志位和夫委員長と安倍首相の攻防だ。

志位氏は初めに実質家計消費支出の低迷を問題にした。東日本大震災のあった二〇一一年をボトムに、回復途上にあった家計消費が、二〇一四年の消費税八％に伴う駆け込み需要の反動減で大きく落ち込んだ水準から未だに抜け出せていない問題だが、ここでは割愛。彼が次に取り上げた賃金や所得の実態を中心に書き進めたい。

安倍首相はこの日のそれまでの答弁でもアベノミクスを自画自賛し、「五年連続で今世紀に入って最高水準の賃上げが続いている」「所得環境は着実に改善している」と繰り返していた。志位氏は「それは本当か」と切り出して、「まず検討したいのは、厚生労働省の毎月勤労統計です。毎月勤労統計は不正調査により、二〇一八年の賃金上昇率が実態よりもかさ上げされていたことが大問題となっております。パネルをご覧ください」。

提示されたのは、毎月勤労統計から作成された二〇一八年の実質賃金増減率の折れ線グラフである(左頁の図表上)。薄い棒線は伸び率が過大になった政府公表値、濃い棒線は「共通の事業所」(「前年同月分」でも「当月分」でも集計対象になった事業所を指す)で比較したもの。後者は政府公表値よりも実態に近いとされ、総務省の統計委員長や根本匠厚労相も二月の国会でそのことを認めていた。

それでも政府は、「賃金水準の比較になじまない」などとして、共通の事業所ベースの再集計をしなかった。志位氏が掲げたのは、したがって野党側の試算によるグラフだったが、それによると政府公表値では平均〇・二%の増加とされていた二〇一八年の実質賃金増加率は、実のところ〇・五%の減少だったことになる。

志位氏は続けた。やはり毎月勤労統計に基づいて、今度は過去六年間における平均実質賃金の推移のグラフ(左頁の図表下)が示された。

「これは政府公表値から作成したものです。実質賃金は二〇一四年の消費税八%への増税を契機に大きく落ち込んで、一三年平均で三百九十二・七万円ですが、それに比

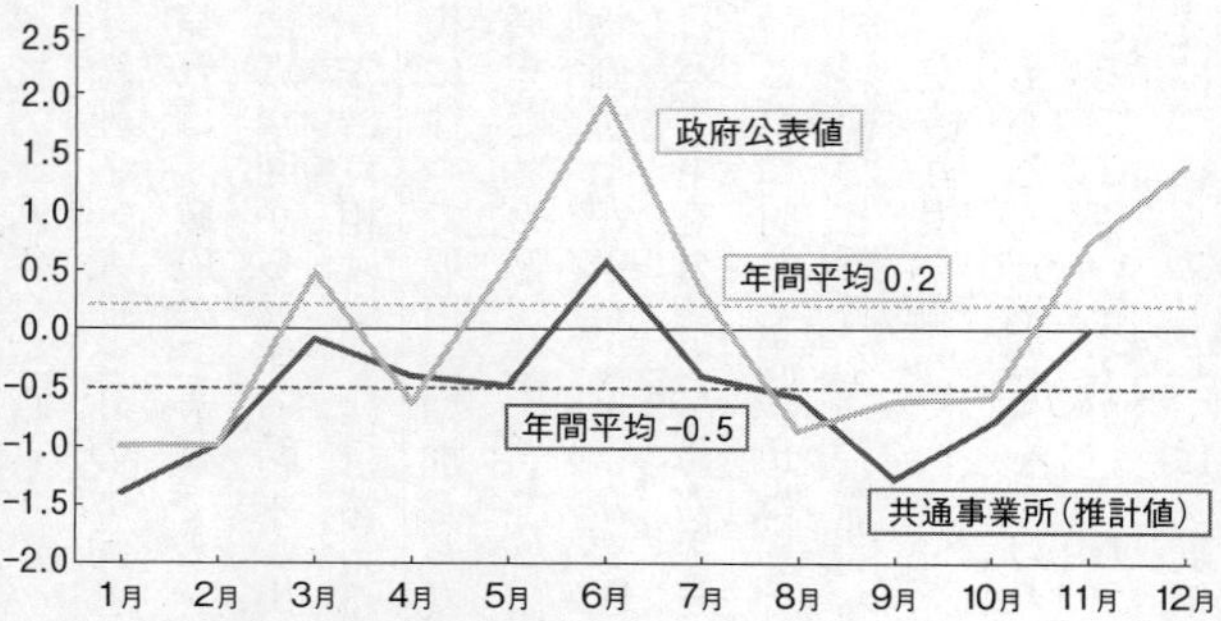

2018 年の実質賃金増減率（対前年同月比）

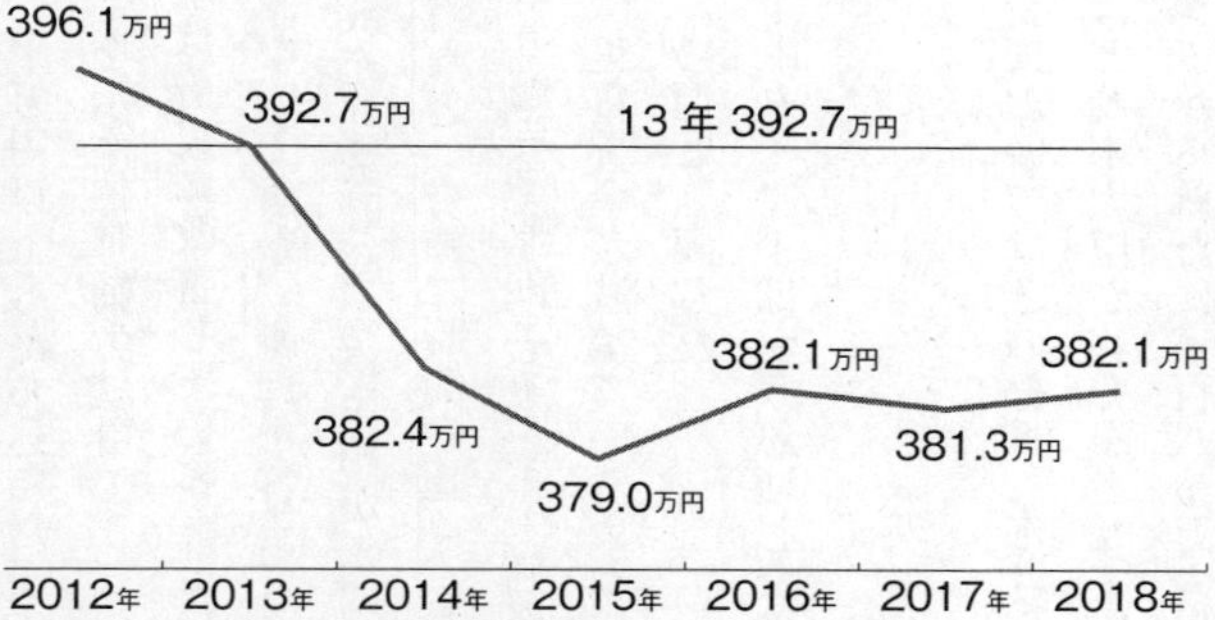

上下の図とも「しんぶん赤旗」2019 年 2 月 14 日より

平均実質賃金の推移（政府公表値）

べて、一八年は三百八十二・一万円と、十万円以上も落ち込んだままなのですよ。

総理、一人ひとりの労働者の実質賃金を示す毎月勤労統計で、この六年間の推移を見れば、政府の公表値でも、「所得環境は着実に改善している」というあなたの主張に真っ向から反する結果が出ているじゃないですか。総理、答えてください」

安倍首相はすぐには答えない。茂木敏充経済財政・再生相が先に立って、「景気回復に伴って雇用が増加し、女性や高齢者など（労働）時間が短く、パートで働く方が増えた」のと、「デフレから脱却する取り組みや原油エネルギー価格の上昇によって物価が上がったこと」が要因で計算上は実質賃金が減っているように見えるが、それはパートを含めた分母が大きくなったためだと強調した。

これに対して志位氏は、そんなにパートタイマーばかり急増したのか、これは増税の影響だと断じる。「総理、認めてください」。

安倍首相。

「もちろん、消費税を上げれば実質賃金においてはその分押し下げられるのは当然のことでございますが、それプラス、先ほど茂木大臣が答弁をさせていただきましたように、ベースとしては、安倍政権になってから新たに三百八十万人雇用が増えました。

女性の方だけで二百万人増えた」

相変らずの自画自賛だった。この後は茂木氏の話とほとんど同じである。「実質賃金の推移は、総理の主張と反しているではないか」とした志位氏の攻撃に、安倍首相は有効な反論ができなかった。

志位氏の追及は鋭かった。安倍氏が胸を張る雇用の増加についても、以下の実態を暴いてみせた。確かに二〇一二年から一八年までの六年間で就業人口は三百八十四万人増えている。が、その内訳は六十五歳以上の高齢者が二百六十六万人で七割を占め、現役世代の二十五歳から六十四歳は、二十八万人の増加に止《とど》まった。女性は増えたが男性が減ったためである。残る九十万人増加分は十五〜二十四歳だが、このうち七十四万人は高校生や大学生のアルバイトだった。

内閣府の「高齢者の生活と意識に関する国際比較調査」によると、日本の高齢者が「就労の継続を希望する理由」の第一位は「収入がほしいから」。ドイツやスウェーデンが「仕事そのものが面白いから」であるのとまったく違う。年金だけでは生活できないとか、将来への不安から、年をとっても働かざるを得ないということだ。

学生のアルバイトも、親の生活苦や学費の高さが大きな理由のひとつだと推察できる。志位氏は言及しなかったが、女性の雇用増もまた、ジェンダーの観点ではよいことでも、それだけで現実が説明できるとは限らない。好むと好まざるとにかかわらず、共稼ぎでなければ生活できない家庭が珍しくなくなった状況があるからだ。

ポジティブに思えるデータでも、詳しく検討してみるとそうでもない場合がある。初めから偽装されたデータなど論外だ。いずれにしても、藤井聡氏と志位和夫氏の主張には説得力があった。しかも、ここでは詳述する紙数はないが、エンゲル係数やGDPなどの重要な基幹統計にさえも偽装の疑いが伝えられている。これほど混乱した状況では、一度白紙に戻してやり直すしかないはずだ。私がたとえ消費税という税制に肯定的な立場であったとしても、二〇一九年十月の増税には二の足を踏まざるを得ないと思う。

ただ私は、目下のタイミングでは、というだけでなく、これ以上の消費税増税など絶対に断行されてはならないと考えている。前述の、グローバリゼーションの時代にあっては、デフレから脱却することなど容易にできるものではないということとも密接に関係するが、それだけではない。

消費税という税制そのものの本質を、どうしても許せないからである。

「社会保障を充実させるための増税」は本当か？

政府はこの間ずっと、消費税増税は社会保障の〝充実と安定〟のために行う、という説明を重ねてきた。「社会保障と税の一体改革」の柱という大義名分で増税が決められたのだから、それはそれで当然のことである。

有権者は実に素直だった。三党合意に至る半年前の二〇一二年一月に岡田克也副首相ら五大臣による関係閣僚会議で、消費税率を一〇％に引き上げる際の五％分（当時はまだ税率が五％だった）を全額、社会保障費に充てることが確認された、と報道されている。と、直後の読売新聞が、〈消費税率の引き上げなどの負担増を容認する意識が広がっていることが明らかになった〉と報じた。関係閣僚会議の内容が伝えられた翌日と翌々日に実施した世論調査で、社会保障制度を維持するために消費税率の引き上げが「必要だ」と答えた人が六三％を占め、「そう思わない」人の三三％を大きく上回ったという。

もっとも、消費税という税制は、一九八九年の導入当初から、社会保障への使途が強調されてきた。昨日今日に始まった話ではない。一九九四年には当時の細川護熙《もりひろ》首相が、単なる消費税増税を、「国民福祉税」構想だとして発表したこともある（この時は頓挫）。「社会保障と税の一体改革」を前面に打ち出した今回の消費税増税は、いわゆる団塊の世代が高齢者になりつつあり、少子高齢化が誰の目にも明らかになっていた時期であることで、政府の宣伝が従来よりも信じられやすかったとは言える。

消費税増税を推進するどの勢力も、だから揃って社会保障云々《うんぬん》を謳ったし、現在も同様だ。日本経団連はやはり三党合意前の二〇一二年五月に公表した提言「成長戦略の実行と財政再建の断行を求める」で、消費税率を二〇一〇年代半ばまでに一〇％台後半へ、経済同友会も二〇一五年一月の提言「財政再建派待ったなし～次世代にツケを回すな～」で、消費税率を段階的に一七％まで引き上げるべきだとそれぞれ主張。財務省は二〇一五年十月の財政審議会で、最大三二％への消費税増税を試算した資料さえ提出した。その後の同省はあまりこの数字を持ち出さないようだが、代わりに大蔵省（財務省の前身）出身の小黒一正氏（法政大学教授・キヤノングローバル戦略研究所主任研究員）がスポークスマンとなって、全国を行脚している。

消費税増税が、安倍政権の推進する他のイッシューと異なるのは、ここのところである。社会保障の〝充実と安定〟が目的だというストーリーが喧伝されている以上、リベラル派も外交や安全保障などの分野のようには正面から反対しにくい。それでも二〇一九年十月の予定に対しては多くの野党が共闘しているが、むしろ積極的に増税を擁護し、推進する側に回ったと考えられている識者も少なくないのである。

井手英策・慶應義塾大学教授インタビュー

代表的な人物に、慶應義塾大学経済学部の井手英策教授（財政社会学）がいる。彼は徹底した再分配による社会保障の理想を論じ、その財源としての消費税増税は不可避だと語る。二〇一六年に民主党が改称する形で発足した民進党（後に分裂。本体は二〇一八年から国民民主党）の前原誠司代表のブレーンでもあった。二〇一八年十一月に刊行された著書『幸福の増税論――財政はだれのために』のインパクトは、とりわけ強烈だった。

先進国の常識では、いいにくい増税をうったえても、人びとの命とくらしの保障を要求するのがリベラルだ。でも日本では、政府ぎらいのリベラルがこぞって増税に反対する。自由の条件整備を棚あげにしながら、自由を語る僕たちとはいったい

なんなのだろう。(中略)

税を語れば、うとまれ、きらわれる。だが、それでも僕は、税や財政のしくみをかえることで、これからの日本、社会がどうかわるかを語り尽くしたい。

「はじめに」からして挑戦的だ。財政の問題をテーマにした章ではさらに、消費税のよく知られた特性である「逆進性」の問題を認め、それを前提として出発しよう、として、

ただ、逆進性をもって、ただちに「消費税は増税すべきではない」ということにはならない。

税の負担を考えるのであれば、他の税とのバランス、税の使いみちについても議論しなければならない。消費税に逆進性があっても他の税が累進的であれば欠点をカバーできる。また、逆進性があるからこそ、つまり負担をひろい層にもとめるからこそ、圧倒的な税収を得られる。

と主張している。二〇一九年一月の中旬、井手氏に会って話を聞いた。

——再分配については同感ですが、なぜ財源が消費税でなくてはいけないのか。そのことを改めてお伺いしたいと思います。

「ひとつはすごく物質的な話ですけど、多収性です。一%上げただけで取れる税収が非常に多い。

もうひとつは、痛みを分かち合う……。貧しい人にかけるのは悪い税だと言う人がいますけど、ここは見え方の違いで、僕は、みんなが痛みを分かち合える税は消費税しかないというふうに見えています。それが理由です」

——他の税目を同時に挙げていくのではなくて、消費税だけ、ということではないのかもしれませんが。

「あ、そこは誤解されてるかな。消費税だけと言ったことは一度もないです。常に税のベストミックス、組み合わせだと言っています。ただ、消費税は外せないという意味です。僕は医療も介護も、幼稚園や保育園、大学教育も障害者福祉も、基本的なサービスはみんなが使える社会にしたいと思っています、共産党よりラディカルかもしれません。そのためには金が要る。しかし、富裕層の所得税や法人税を増税するだけでは、無理があるんです」

――ご著書の『幸福の増税論』も読みましたが、違和感があったのが、「転嫁」の問題なんですよ。中小企業庁のアンケート調査を基に、あまり大した問題ではないと書かれていた。私はフリージャーナリストという名の自営業者であるわけですが、消費税のために自分の生業《なりわい》が破壊されたと考えています。というのは、税率が五%になり、やがて納税義務を免れる免税点が三千万円から一千万円に引き下げられた頃に、ちょうど納税義務者になりました。それで多くの出版社が印税や原稿料に消費税を乗せて支払ってくれていないことに気づいた。乗せてくれと言っても、「ウチはそういうこと、やってないから」って。裏金をよこせと言ってるんじゃないんですけどね。

どうしようもないので自腹を切って納税する、するしかない。要するに原稿料や印税率を一方的に値切られてしまったのと同じです。そのうち出版不況になって、仕事の場だった雑誌が次々に休刊したり、残ってるところも取材費がかかるようなら書いてくれるな、みたいな雰囲気になっていき、原稿料の相場もなし崩しに安くなった。ここまでくると消費税の問題でもなくなってしまいましたが、出版社がわれわれに支払う金を値切るプロセスに、消費税増税が利用されたことは間違いありません。（この話はある程度の予備知識がないと理解しにくいかもしれない。本書の主題全体に関わるエピソードなので、記憶の片隅にだけでも残しておいてもらいたいと思う。また二〇一三年には時限立法で「消費税転嫁対策特別措置法」が定められ、消費税を上乗せしない取引はできない建前にはなっているが、実効性には疑問がある。この点は第二章で詳述する）

「厳密に言えば、それは制度の運用者の問題であって、消費税が悪税かという話とは異なると思います。制度の運用者を取り締まるためのルール作りをすべきだという話じゃないでしょうか」

――あらゆる商売で同じことが言えます。特に元請けと下請けの関係ですね。

「でも、今はそれを取り締まる法律がある。ルールができる前と後とでは、やっぱり議論を整理したほうがいいと思います。でも、僕はそういう議論でいつも思うことがあって。こういうのはどうでしょう。

消費税は確かに弱者に厳しい税です。中小企業も含めて、生活を破壊する可能性を秘めている。でも多収性で、たくさんの税が入ってくるのですから、そのお金を貧しい人に使えばいいじゃないですか」

――でも、実際の政治がそれをしてくれるのか。

「だから政府にそう言わせる闘いをやっているんです。だって、税を取らないということは、要するに自分で蓄えて、ぜんぶ自己責任でやっていかなきゃならないってことじゃないですか。おっしゃったような、わずか数パーセントの変化が家計を破壊するっていうぐらいしんどい思いをしている人たちは、そもそも自己責任で生きていくことがすでに不可能なはず。消費税は貧しい人より金持ちのほうが必ずたくさん払っています。所得税のようには逃げられないというメリットもあります。

僕が言っているのは、税は取ります、でも教育でも医療でも介護でも、お金のかからない社会に変えます、実は収入増えるんですっていうことです。日本はもう、昔のようには成長しない。収入を増やすのは無理なんだから、代わりに巨大な再分配をしよう、と。僕はそのほうがみんなのためになると思う」

――でも、もう民進党はありません。井手さんのお考えは、今、どこで……。

「こちらの方がびっくりしたのですが、現政権が僕らの政策を採用しました。幼保の無償化、大学の授業料の負担軽減への使途の変更です。自民党はグッとこう、こちら側に近づいてきてるわけです。言葉もずいぶん取られました。僕らは「オール・フォー・オール」と言っていたんですが、今では岸田派が「オール・サポート・オール」

というように。（民進党から分かれた）立憲民主党も国民民主党も、連合との政策協定はこの理念で結んでいますから。

民進党は消えましたが、政策の軸足は全体として左傾化したわけです。アベノミクスと言いつつ、財政支出を増やし、金融緩和をやる。おまけに、増税をしてまで生活の保障を行う。もはやリベラルの政策ですよ。

そもそもなぜアベノミクスだったのでしょうか。それは自己責任の社会では成長がなければ生きていけないからです。だから小泉政権も、民主党政権も、現政権も、成長の幻想を国民に抱かせなければならなかった。このままだと、政権が変わっても、また別の人が現れて、こうすれば成長するという新しいロジックで幻想をばらまくだけかもしれない。

私の戦略は、この自己責任社会を終わらせることだったんです。銀行に眠っているお金をみんな税金として払いましょう、そのお金でみんなの暮らしを保障しましょう。こうしたら成長しますなんて議論は、政策の一部に変わるんです」

井手氏の基本的なスタンスはよくわかる。だが私には共感よりも、むしろ疑念ばかりが募った。〝わずか数パーセントの変化〟で生業を破壊されたという思いでいっぱいの私は、すでに「自己責任で生きていくことが不可能」な存在になっているのだろうか。これでも年に数冊は著書を発表し、ジャーナリズムの第一線に立っているつもりなのだけれども。いや、そうした感情的な部分はさて措《お》いたとしても、それなりに生きていたものを一方的に潰しておいて、あとで助けてやるというのもふざけた話だと、私には思えてならないのである。

また、アベノミクスの一部に一見リベラル的なメニューが加えられたからといって、それは新自由主義からの転換を意味するものではない。二〇一八年の暮れに相次いで強行採決された改正水道法と改正入国管理法などが好例だ。前者は水道事業の民営化を容易にし、生命の源である水がビジネスの論理、さらには外国資本に支配される危険を生じさせた。外国人労働者の受け入れ拡大を予定している後者は、規模をはじめ具体的な内容をあえて定めていない。彼らの人権や受容に伴う社会コストを政府や経済界がまともに保証・負担するつもりがないことは明白で、とすれば賃金相場の値崩れ等を含めたマイナス面の一切は、市民生活に押し付けられることになりかねない。いずれも新自由主義の最たるものではないか。

労働環境の改善が掲げられて関連法案が可決・成立し、二〇一九年四月に施行された「働き方改革」も、額面通りに受け止めればリベラル風に見えないこともないけれど、やはり違う。残業規制を唱えつつ、残業の上限が過労死ラインすれすれの月百時間未満とされたことや、適用の要件が曖昧で、いずれホワイトカラー全般の裁量労働制適用への拡大が確実視されている高度プロフェッショナル制度ばかりが新自由主義なのではない。「働き方改革」は、〈生活時間を守る防壁としての「時間軸」から「一層の生産性向上へ向けた「成果軸」へと評価軸の転換を促す〉と分析するのは、元朝日新聞記者でジャーナリストの竹信三恵子氏だ。彼女は「働き方改革」関連法の施行直前に刊行した著書『企業ファースト化する日本』で、こうも書いている。

（従来の）「企業中心社会」も、企業という世界を中心に社員の家庭や教育が編成され、生活のすべての要素を企業に捧げさせるシステムではあった。だが、「働き方改革」の労働政策は、そのような企業による社員の支配にとどまらず、戦後に獲得した労働者保護の国際基準に沿って目指した労働法など社会的な規範の総体を、企業利益に役立つことを目的として再編し、女性の人権を基盤とした女性の職場への進出を、企業の活性化のための手段に変質させた。

同感である。ここまでに至ると、新自由主義に貫かれているビジネスの論理を政治権力が取り込み、両者のさらなる一体化が進められていくという、このイデオロギーの最終形態だとさえ言えてしまうのかもしれない。他にも〝一億総活躍〟や〝女性の活躍〟、〝人づくり革命〟など、個人の人生に関わるような政策のことごとくに、同様の狙いが込められていると、私は考えている。

ちなみに「働き方改革」関連法案の国会審議中にも、前述した政府統計の偽造と酷似した問題は発覚していた。裁量労働の労働者は一般の労働者より残業時間が少ないとする厚生労働省の報告が、実は異なるデータを無理やり突き合せた結果だったのだ。野党の異議申し立てで政府与党は法案の一部修正を認めたが、それでも「時間軸」から「成果軸」への転換促進という本質にはいささかの変更もない。

井手氏とはいずれもう一度、今度は聞くばかりではなく、存分に意見を戦わせてみたい。しかし本書のテーマは消費税そのものである。二〇一九年十月の一〇％への、だけでなく、財界や財務省が提案しているような一〇％台後半や三〇％を超える規模の増税が、この日本でなされた場合、井手氏の理想は叶うことになるのか、どうか。せめて安倍政権が、あるいは次の政権でも構わないが、消費税増税による社会保障の〝充実〟を本気で実現してくれるつもりであるのなら、可能性が開けないとは限らない。本書がこれから綴っていく内容に照らして、それでも私自身は消費税増税に反対するが、理屈は成立する。筋も通る。

しかし、問題は社会保障制度の現実だ。

社会保障制度改革の実態

未来を考えるためには、歴史を顧みなければならない。社会保障のために……の掛け声で消費税が導入されて三十年。社会保障は充実したか。そこまで行かずとも、せめて安定ぐらいは。とりわけ直近の、「社会保障と税の一体改革」だからと多くの人々が納得した形になったらしい、二〇一四年四月の消費税八％はどうだったのか。

このままでは社会保障制度が危うくなるからという理由で存在しなかった税制が誕生し、最初の三％から三倍近くにも税率が引き上げられたのに、政府はこの間も絶えることなく、財政危機だ、そのうち社会保障制度が維持できなくなるぞと騒ぎ立て続けている。おかしくないか。だったら何のための増税だったのか。

事実だけを述べておく。「社会保障と税の一体改革」の三党合意がなされて間もない二〇一二年八月に、「社会保障制度改革推進法」案が可決・成立した。「基本的な考え方」を定めた第二条の一に、こうあった。

自助、共助及び公助が最も適切に組み合わされるよう留意しつつ、国民が自立した生活を営むことができるよう、家族相互及び国民相互の助け合いの仕組みを通じてその実現を支援していくこと。（傍点引用者）

社会保障制度には従来、法的には定義らしい定義がなかった。かつては首相直属の「社会保障制度審議会」が存在し、たとえば一九五〇年には社会保険、公的扶助、公衆衛生、医療、社会福祉を「狭義の社会保障」として、これらに恩給と戦争犠牲者援護を加えたものを「広義の社会保障」とする、公的な助けを基本に据えた勧告が出されている。ところが一九九五年の勧告「社会保障体制の再構築」によって権利性が大幅に薄められ、「社会保障制度審議会」も二〇〇一年の省庁再編で厚労相の諮問機関

「社会保障審議会」に改組されて、実権を失う。

現代における社会保障の定義を、社会保障制度改革推進法が初めて定めたことになる。二〇一四年には同法に基づく「社会保障制度改革推進会議」が内閣に設置され、その報告書を下敷きにした「社会保障制度改革プログラム法」案が国会に提出されて、消費税率の八％への引き上げを半年後に控えた二〇一三年十二月に可決・成立した。

その第二条に、こうあった。

　政府は、人口の高齢化が急速に進展する中で、活力ある社会を実現するためにも、健康寿命の延伸により長寿を実現することが重要であることに鑑み、社会保障制度改革を推進するとともに、個人がその自助努力を喚起される仕組み及び個人が多様なサービスを選択することができる仕組みの導入その他の高齢者も若者も、健康で年齢等にかかわりなく働くことができ、持てる力を最大限に発揮して生きることができる環境の整備等（次項において「自助・自立のための環境整備等」という。）に努めるものとする。
2　政府は、住民相互の助け合いの重要性を認識し、自助・自立のための環境整備

等の推進を図るものとする。（傍点引用者）

公的な助けだと考えられていた社会保障制度が、いつの間にか〝自己責任〟をサポートするだけだということにされていた。「推進法」にはまだしもあった「公助」「共助」の字面さえ跡形もない。はたして半年後の二〇一四年四月には消費税率が八％に引き上げられたが、案の定と言うべきか、市民一人ひとりを待ち受けていたのは、社会保障の充実や安定とは正反対の仕打ちだった。さまざまな法改正や予算編成によって、年金は減額あるいは支給の先送りが進められ、医療費や介護費用の自己負担率が高まり、特別養護老人ホームの入所対象者が要介護「3」以上に限定され、〝後期高齢者〟と一方的に位置づけられた七十五歳以上の人の保険料軽減措置が縮小され、生活保護の生活扶助費や住宅扶助費、冬季加算などが削減されていき……。

二〇一八年度予算では、概算要求では約六千三百億円とされていた社会保障費の自然増部分（平均年齢の高まりなどに伴う）が、約五千億円にカットされた。過去の数字と合計すると、安倍政権の六年間で、自然増の抑制は約一・六兆円も減らされたことになる。在任中のトータルでは、構造改革の名の下に年間二千億円以上のペースで削減を進めた小泉純一郎政権時代を上回る削減幅になった勘定だ。

これもまたいつの間にか、〝人生一〇〇年時代〟などというスローガンが罷《まか》り通るようにもなっていた。老年関連七学会で構成される日本老年学会と日本老年医学会が、高齢者の定義を従来の六十五歳以上から七十五歳以上に引き上げると発表したのは二〇一七年一月のことである。世界では六十五歳で線引きをしている国々が圧倒的多数なのだが、高齢者と呼ばれてきた日本人の身体状況や活動能力を〝科学的に検証〟したところ、そのような結論が導かれたのだという。

憲法で保障された国民の生存権にも関わる事態だと言わざるを得ない。リベラルどころの騒ぎではない状況なのだ。

当然のことながら、現状は社会保障制度改革プログラム法の制定過程から、専門家の間では予見されていた。何もかもを見抜き、かつ政策決定者に明確に伝えていたのは、二〇一三年十一月二日の参議院厚生労働委員会に招かれた伊藤周平・鹿児島大学教授（社会保障法）の意見陳述だったが、まるで顧《かえり》みられることがなかった。

やや長いが、論より証拠である。議事録を要約しておく。

「（社会保障制度改革プログラム法案の）廃案を求める立場から意見を述べます。そもそも消費税を上げるのに、なぜ生活保護基準を引き下げて年金を引き下げるのか。児童扶養手当も連動して減額されていますから、消費税だけ上がって社会保障の給付が減ると。本当に、社会保障のために消費税を使うと言っていたのに、まったく違うというふうに多くの人は感じるんじゃないでしょうか。

今回のいわゆるプログラム法案ですが、これは社会保障制度改革推進法に基づいて制定されたということですが、改革の内容が非常に分かりづらい。徹底した給付抑制と患者・利用者負担増なので、私はこれは憲法違反だと思っています。このまま改革が実行されれば、貧困や格差がますます拡大し、したがって基になっている改革推進法、これ自体も憲法二十五条のいわゆる解釈改憲ではないか。

まず基本的考え方、二条に問題がありまして、本法案は受益と負担の均衡がとれた持続可能な社会保障制度の確立を図ることを目的としていますが、自助・自立のための環境整備等の推進を図るとなっていますね。これ自体が、社会保障の給付を受けるのは受けた本人の受益であって、それに応じた負担をすべきという考え方ですね。だから、負担しない奴には給付はないという考え方。私は間違っていると思います。社会保障の給付を受けるのは権利です」

「憲法二十五条一項、それから二十五条二項を読めば、「国は」と書いてあるんですよ。国は、全ての生活部門について、社会福祉、社会保障及び公衆衛生の向上及び増進に努めなければならない。最低限度の生活じゃないですよ、健康で文化的な生活です。

憲法の規定を踏まえて社会保障を定義すれば、失業しても、高齢や病気になっても、障害を負っても、どんな状態にあってもすべての国民に健康で文化的な最低限度の生活を権利として保障するのを社会保障と言うんです。助け合いや支え合いの仕組みを支援することではありません。制度改革推進法や本法案に見る社会保障の捉え方は、国家責任の原則をまさに打ち捨てて、歪曲しているんですね、社会保障概念を。

日本弁護士連合会も、会長声明の中で、これは改革推進法ですが、憲法二十五条に抵触するおそれがあると言っているんです。私もその通りだろうと思いまして。こんな法案を通したら国民の生活はぼろぼろになってしまいます」

伊藤氏はここから、社会保障制度改革プログラム法案に関わる政策の問題点を具体的に挙げていった。子ども・子育て支援と言いながら、保育園を利用するのに介護保険と同じような認定を受けなければならなくなる。短時間区分の子が多い保育園が減収になったり、保育士の労働条件は悪くなるという問題。待機児童解消を謳いつつ、保育所整備の補助金制度が廃止されたこと等々。

「これ、どういうことですか。

厚生労働省が発表した保育施設における事故調査報告によると、認可外保育施設で昨年、十二件の死亡事故が起きて、うち四件は無資格者だけの施設で発生しているんです。資格があればいいというものではないけど、保育の専門性をやっぱり担保する、それが欠如していたら子どもの命が危なくなるんです。

先ほどお話があった横浜市では、待機児童をゼロにした。だけど企業が入ってきて、鉄道の高架下に保育所を設置するとか、川崎市では産業廃棄物の処理置場の横に保育園。信じられますか。こんなところで保育して、詰め込んで、それで待機児童を解消すりゃいいのか。そこで事故が起きたり問題が起きたらどうするんですか。

医療提供体制改革の方向は、病床削減によって医療費を抑制しようと。病院で診ないで地域に帰す。でも受け皿は整っていません。で、早期退院をと。十分な医療や介護を受けることができない患者が続出すると思います」

「公的年金制度についても、マクロ経済スライドを発動する。でも、そもそも年金給付引き下げているんですよ。その引き下げの根拠もよく分からないんですが、そもそも年金の給付水準が低過ぎるじゃないですか、今。月四万円以下の年金生活者が五百万人を超す、特に女性の年金受給者三二％が年間年金額五十万円以下、百万人近い無年金。これを放置して年金水準を下げればますます生活が困難になりますし、ＯＥＣＤ（経済協力開発機構）諸国の中で最悪の水準です、一人親世帯の貧困率は。二〇〇〇年代半ばで五八％。で、児童扶養手当を削減するんですか。

まさに、何でもかんでも削減、それで消費税を上げるか。私は信じられないんですが。こういうことを平気でやって、政治が今問われていると思うんですね。こういう状況で国民の生活を追い込んでいって景気がよくなるとは到底思えないんですが」

本章の執筆のために、改めて伊藤氏に会った。彼が自著や資料を示しつつ、この間における社会保障の抑制や削減の実態を具体的に語る言葉は、重い。たとえば近年の政府が、消費税増税に関わって以前ほどには社会保障の〝充実〟を強調したがらず、〝持続可能な〟社会保障、という表現を多用しているように見えるが、と尋ねたところ、

「持続させたければ消費税の増税しかないのだという脅しめいた宣伝です。ですが、

社会保障とは安心できる国民生活を保障するための制度なのですから、制度自体を〝持続〟させたとしても、国民生活が成り立たなくなるなら意味がないし、本末転倒ではないですか。財源が本当に足りないのであれば、どこからか工面して、社会保障の充実に充てるのが政治でしょう。そもそも本当に財源が足りないのか、という疑問さえあります」

どういうことか。特に最後の問いかけは複雑で深い問題なので、本書の全編を通して考えていくつもりだが、ここでは伊藤教授の新刊『社会保障入門』から、基本的かつ重大な指摘を引いておこう。すでに検討してきた通り、すでに消費税率は引き上げられているにもかかわらず、その充実と安定化が目的なのだとされてきた社会保障はかえって後退の一途を辿っているのはなぜか、という話だ。

政府は、消費税率八％引き上げの初年度の消費税増収分は五・一兆円で、基礎年金の国庫負担財源に二・九五兆円、後代への負担のつけ回しの軽減に一・四五兆円、社会保障の充実に五〇〇〇億円を配分したと説明している。これをみると、大半は社会保障の安定化に使われ、充実は増収分の一割にすぎない。二〇一八年度予算でみても、消費税増収額八・四兆のうち、基礎年金財源に三・二兆円、後代への負担のつけ回しの軽減に三・四兆円、社会保障の充実に回されるのは一・三五兆円と、増収分の一六％程度にとどまる。

また、政府は「後代への負担のつけ回し」の表現にみられるように、社会保障の費用の大半を借金で賄っているかのように説明しているが、社会保障費は、他の歳出項目と同様、国債を含めた歳入全体から支出されており、所得税や法人税などの税収によっても賄われている。歳入に占める国債の割合は四割程度で推移しているから、それで案分しても、社会保障費のうち借金に依存しているのは四割程度と推計される。

そして、社会保障の安定化に消費税収を用いるということは、これまで社会保障費に充てられてきた法人税収や所得税収の部分が浮くことを意味する。いわゆる予算のすげ替えである。

そう、お金に色はついていないのだ。消費税の増税分は社会保障費に充てるなどといくら言われたところで、目的税にも特別会計にもなっていない以上、「すげ替え」

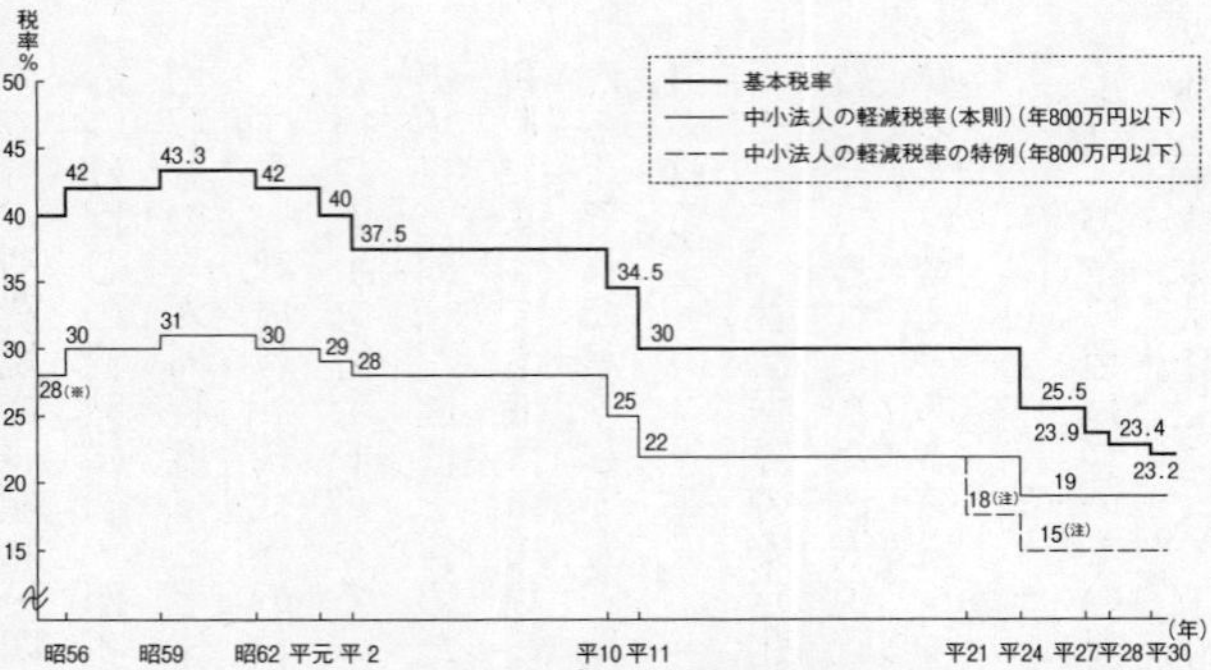

財務省「法人税に関する基本的な資料」

法人税率の推移

がどの分野に及んでおり、どれほどの規模に膨らんでいるのかなど、外からでは確認のしようがないのである。

すげ替えられた金の行先は、公共事業か軍事費か、あるいは法人税減税の財源か――。嘘とごまかしばかりがまかり通る政治。とりわけ消費税。チェック機能たるべきジャーナリズムの沈黙。

そう言えば、私自身にも、こんな体験があった。

二〇一〇年のある日、NHKの土曜朝のニュース解説番組「ニュース深読み」に出演した。テーマは消費税増税の是非である。私と同じ「外部有識者」として招かれていた元大蔵官僚が増税論を唱えたのは仕方がない。ゲストのタレント・榊原郁恵さんと俳優の辰巳琢郎さんは増税反対を訴える私の話をうなずいて聞いてくれたが、同席していた同局の財務省詰め記者が、珍妙な棒グラフを持ち出してきたのには参った。

スウェーデン二五・〇%、フランス二〇・〇%、イギリス二〇・〇%、ドイツ一九・〇%。対する日本はまだ五・〇%、まだまだ増税できる余地がある、などと話している。増税論者が好んで使う外国の事例とレトリックだ。

私は尋ねた。

——どうしてここに、アメリカがないんですか?

彼はそそくさとグラフのフリップを引っ込め、司会者が慌てて話題を変えた。アメリカには小売り段階でのみ課税される「小売売上税」のある州も少なくないが、国税として、しかもそれとは仕組みがまったく異なる消費税、あるいは付加価値税と呼ばれる税制は存在していない。徴税当局が不公平に過ぎると判断しているためである。

二〇〇〇年代に入って急速に進んだ構造改革によって、日本の経済社会は何もかもがアメリカに同化しようとしている現在。私はそのことにきわめて強い抵抗を感じ、批判を繰り返しているのだが、税制をスウェーデンに学ぶというなら、経済社会のありようも彼らのような福祉国家への転換を目指さなくてはならない道理だ。であれば近年の井手英策教授と似た立場ということになるけれども、記者氏はそうは言わない。アメリカへの同化はそのままで、ただ単に税制だけ、消費税率だけスウェーデンに近づけたいらしかった。

私はそれまで、NHKの番組にはしばしば登場させてもらっていた。だがあれ以来、出演の依頼をいただくことは一切なくなった。

以上は主に二〇一二年以降の、すなわち消費税率の八%、一〇%への引き上げが決定されてからの状況である。次章からは消費税の本質について論じたい。

第一章

消費税増税不可避論をめぐって

マスコミに広がる消費税増税支持論

消費税の大幅増税が不可避だと言われる。二〇〇〇年代の半ばからこのかた、本当にその必要があるのか、なぜ消費税でなければいけないのかの理由が満足に問われることもなく、そのような雰囲気が何となく定着してしまっているようだ。

「なにしろ財政が厳しいからね。消費税は広く薄く公平にかかる税金なのだし、国の苦境をみんなで分かち合う意味でも、増税もやむを得ないのではないかな」

訳知り顔の講釈が、街のあちこちから聞こえてくる。問題は、そう語りたがる人々が、消費税という税制の本質を少しでも理解できているのかどうか、という点だ。一人ひとりに問い質《ただ》すことはできないが、一般の主要な情報源であるマスコミが、いつの間にか消費税増税派ばかりになっていた事実だけは明白である。

一九八九年の導入以来、消費税の本質を比較的よく弁《わきま》えていたはずの『朝日新聞』までが、二〇〇〇年代に入ってからは批判的な視点を失った。特に消費税に紙数を割いた政府税制調査会（政府税調）の答申か、財界の報告書を引き写したような主張さえ珍しくない。

論より証拠。二本の社説とそれらの下敷きになっている文書を並べてみよう。

二〇〇七年十二月九日付社説のタイトルは、ずばり「消費増税なしに安心は買えぬ」だった。現在の福祉水準を維持するためには、増税による負担増が避けられない、として、

> では、その負担増をどの税金でおこなうか。それはやはり消費税を中心にせざるを得ない、と私たちは考える。
>
> 消費税は国民が広く負担する税金だ。国民みんなが互いの生活を支え合う社会保障の財源に適している。
>
> また、少子高齢化が進むにつれ、所得を稼ぐ現役世代は減っていくので、現役にばかり負担を負わせるわけにはいかない。一方で、所得の少ない高齢者のなかにも、現役時代の蓄積で豊かな層がある。こうした人々にも、消費する金額に応じて福祉の財源を負担してもらうことは理にかなっている。
>
> 所得税や法人税の税収が景気によって大きく変動するのにくらべ、消費税収は安

定していいるため、福祉の財源に適しているともいわれている。（傍点引用者）

次に二〇一〇年七月二日付の社説「財政再建と成長　両立へ、新たな道開こう」。菅直人首相や自民党の公約を受け、参院選の投票日を九日後に控えたタイミングで書かれた。もはや消費税増税は既定路線、歯向かう者は非国民だとでも言わんばかりの筆致が強烈だ。

ここへきてようやく、消費税から逃げない姿勢を政治が打ち出した。（中略）消費税などの増税から逃げ続ければ、行政サービスを支える政府支出を大幅に削ってもなお、国債という借金の泥沼から抜け出せそうにない。そのことに向き合うなら、増税反対ではすまない。国民生活を危機から守り、向上させていくには、財源をいかに確保し、どう使っていくかを真剣に議論しなくてはいけない。

それには「消費税タブー」を乗り越えるだけではだめだ。増税による税収を雇用増、市場創出、経済成長へと結びつけなければ意味がない。

政府税調答申と同発想の新聞社説

　そして政府税調の答申だ。最初に引用した社説の二十日ほど前、二〇〇七年十一月二十日に発表されたものである。

　信頼できるセーフティ・ネットの下で生活の安心が確保されることは、国民一人ひとりがその能力を発揮し豊かな人生を送るための基盤である。そのためにも、子や孫が未来に夢と希望を持てるよう、持続可能な社会保障制度を支える財源を確保することが税制の喫緊《きっきん》の課題である。その際、財源となる税収については、一定規模の社会保障の財政需要を賄えるものであると同時に、経済の動向や人口構成の変化に左右されにくいことがまず求められる。併せて、現世代の国民が広く公平に負担を分かち合うことを通じて世代間の不公平の是正に資することも重要である。

　消費税は、これらの要請に応え得るほか、財貨・サービスの消費に幅広く等しく負担を求める性格から、勤労世代など特定の者への負担が集中せず、その簡素な仕組みともあいまって貯蓄や投資を含む経済活動に与える歪みが小さいという特徴を有する。また、国境調整を通じて税率の変更が国際競争力に与える影響を遮断できるという面も有する。少子高齢化に伴って経済社会の活力の減退が懸念される状況にあっては、これらの特徴も重要な要素であり、このような様々な特徴を併せ有する消費税は、税制における社会保障財源の中核を担うにふさわしいと考えられる。

（傍点引用者）

いかがだろう。表現上の若干の違いはあるものの、基本的な発想はほぼ同一と断じて差し支えないのではあるまいか。税調答申の後段にある経済活動や国際競争力と消費税との関係については後述する。

民主党と自民党の二大政党は、どちらも近い将来の消費税増税を大前提とする、ほとんど有権者の買収に明け暮れてきた。麻生太郎政権が全国民を対象に一万二千円ずつ配った「定額給付金」。鳩山由紀夫政権が十五歳以下の子どもの保護者に毎月二万六千円を支給すると言い出した「子ども手当」……。

意義や理念は敢えて問うまい。いずれにせよ新たな財源が必要になってしまった現実は残る。バラマキの人気取りプラス「消費税率を引き上げて初めて財源が確保され、引き上げられなければ危険度を高めた財政事情が後の世代にツケ回しされていくのだぞ」との脅しを兼ねた一石二鳥、予定調和、詰め将棋。

政権交代と増税論議

自民党はかねて消費税増税と、これを実質的な財源とする法人税減税への情熱を隠そうともしてこなかった。だから政権の座にあった二〇〇九年三月に可決・成立させた「所得税法等の一部を改正する法律」の附則百四条に、〈遅滞なく、かつ、段階的に消費税を含む税制の抜本的な改革を行うため、平成二十三年度までに必要な法制上の措置を講ずるものとする〉の文言を紛れ込ませることまでした。所得税の法律で、近い将来の消費税増税を宣言したようなものである。

一方、当時は彼らの姿勢を安易だと批判し、無駄遣いを減らすのが先決だと主張し続けていた民主党は、〇九年八月の総選挙に「（衆院議員の任期の）四年間は消費税を上げない」と公約して圧勝したが、政権交代を果たして以降、態度を変えた。連立政権を組んだ社民党、国民新党との三党合意でも次の総選挙までの税率据え置きを決定しながら、年も明けないうちに仙谷由人・国家戦略担当相（当時）が早期の消費税増税論議に着手すべきと発言。参院選での菅首相の公約へと繋がった。マスコミも二大政党と一体化して、国民を痛めつけることが政治家の責務でもあるかのような言説が積み重ねられていった。

一般論としてはその通りなのだろう。ただし絶対に嘘をつかず、消費税の本質と、その増税論の実態を包み隠さず伝えた上で、という条件が守られる限りでの話だ。また、しきりに社会保障の財源という側面が強調されているが、それははたして、社会保障という用語の一般的な受け止め方と同じ意味であるのか、どうか。少なくとも北欧のような福祉国家に生まれ変わろうとしているわけではないのは明白である。

始まりは財界から

政府税調の二〇〇七年答申を想起されたい。前々項の引用文の後段部分が、税調や財務省が繰り返し訴えてきた財政再建とか財政健全化といった議論を逸脱していることに気がつかれた読者も少なくないはずだ。

これらはむしろ経済産業省や財界の論理である。グローバリゼーションの進展や一九九〇年代以降の規制緩和、構造改革路線を通して、雇用、教育、農業、医療、社会保障、郵政、公務員制度、司法制度、地方分権など、あらゆる領域で存在感を高めてきた多国籍企業の論理が、国民に消費税増税の必要性を説く政府文書に、かつてなくストレートな形で反映されている点に注目したい。

実際、この間には日本経団連が幾度となく、消費税率の引き上げと法人税減税をセットで求める提言を繰り返してきた。昨今の消費税増税論の源流は、二〇〇三年の元日付で公表された『活力と魅力溢れる日本をめざして』に求めることができる。当時の奥田碩《ひろし》日本経団連会長（トヨタ自動車会長＝当時、その後相談役や国際協力銀行総裁などを歴任）の名を採って〝奥田ビジョン〟と通称された報告書は、第1章「新たな実りを手にできる経済を実現する」の1「『民主導・自律型』システムが新しい成長をつくる」の（2）「活力を引き出す税制の再構築」で、次のように述べていた。

> 日本経済の新たな成長戦略を打ち立てる際に、税制の再構築は避けて通れない課題である。
>
> まず重要なのは、個人や法人の収益に対して直接負担を求める所得課税と社会保険料に過度に依存する構造を是正し、経済成長に対する影響が相対的に少ない間接

税のウエイトを高めていくことである。とりわけ、国民が等しく負担を分かち合う観点から、消費税の重要性は今後ますます高まっていく。税率引き上げのタイミングや支出の削減幅などの選択によって、必要となる消費税率は変わりうる。私たちの試算では、社会保障や財政構造の改革を前提に、２００４年度から毎年1％ずつ税率を引き上げた場合、２０１４年度から先は、消費税率を16％で据え置くことが可能になる。

消費税の段階的引き上げは、デフレ懸念を払拭し、住宅投資や個人消費を喚起する。現行の消費税には、益税の存在や逆進性など種々の問題が指摘されているが、インボイス制、内税化、複数税率の導入などの改革により、21世紀における基幹となる税目として機能するようにしていく必要がある。

第2に、日本企業の国際競争力を高め、企業が国内においてリスクに果敢に挑戦できるようにするとともに、海外からの直接投資を活発化させる観点から、法人税について、地方税を含めた実効税率を大幅に引き下げていくべきである。(中略)こうした税制改革を一体的に実施することによって、個人の就業や企業の新規投資を躊躇させる要因が取り除かれ、新たな一歩を踏み出しやすくなる。その結果、

新たな成長分野に効率的にヒト、モノ、カネを向けることが可能となり、経済が活性化されていく。（傍点引用者）

元日付の公表というのは、年末の御用納めまでに記者発表を済ませ、ただし元旦まで報道するなとの縛りをかけておかなければできない相談だ。年頭から国民の教化啓蒙を図りたい財界と、その広報係に甘んじている報道機関との関係が悲しい。参院選中の朝日の社説は、実際、これとそっくりだった。

経済財政諮問会議と日本経団連

二〇〇七年の元日に公表された『希望の国、日本――ビジョン2007』は、四年後の二〇一一年度までに二％程度の消費税増税はやむを得ないとするだけで、それ以上には踏み込んでいない。奥田前会長を引き継いだ当時の御手洗《みたらい》冨士夫《ふじお》日本経団連会長（キヤノン会長）の主導による〝御手洗ビジョン〟は、第一次安倍内閣のキャッチフレーズ「美しい国、日本」と連動し、憲法九条の改定や、教育現場、職場、スポーツ・イベント会場などでの日の丸掲揚と君が代斉唱などを提案するのに忙しく、消費税増税論は抑えた格好になっていた。

もちろん財界は、この間も消費税増税を急がせる動きを止めたわけではない。同じ年の秋、内閣府に設置された合議機関で、小泉構造改革路線の中心として知られた「経済財政諮問会議」が、「消費税の税率を二〇二五年度までに最低でも一七%程度にまで引き上げる必要がある」旨の試算を基に議論を進めていく方針を決定。そのまま現在に至っている。同会議には当時、他ならぬ日本経団連の御手洗会長が民間委員に名を連ねてもいた時期だった。まるで関係ないと受け止める方が不自然ではないか。

そして二〇一〇年四月十三日。翌五月に退任する御手洗会長の後任に米倉弘昌・住友化学会長が内定して間もない日本経団連は、再び具体的なシナリオを描いて見せた。前日に菅財務相、この日は仙谷国家戦略相と経済同友会が相次いで消費税増税の必要や可能性を公言し、夜のテレビニュースや翌日の朝刊各紙がこの話題で埋まったのは、偶然ではなかったはずである。

日本経団連のこの提言は『豊かで活力ある国民生活を目指して』。そのⅣ「成長戦略にかかわる税・財政・社会保障の一体改革」は、4の「税制分野」で——、わが国の税制は、基幹税として位置づけられる所得税では課税ベースの侵食が著しく、また同じく基幹税であるべき消費税は著しく低い税率であるため、いずれも十分な歳入を得るものとはなっていない。一方で国税・地方税ともに法人所得課税に過度に依存しており、景気後退期に税収を大きく損なうこととなるなど、財政を安定的に支えるという税制に求められる重要な機能を十全に果たしていない。（中略）

今、求められている税制改革とは、消費税率を一刻も早く引上げ、所得税の基幹税としての機能を回復し（図表4―14＝引用者注・ここでは図表1）、法人税への過度な依存を改め、社会保障給付をはじめとする中長期的な歳出の増大に耐えられる税体系の構築を一体的に講ずることである〉

〈2011年度予算編成に向けては、基礎年金国庫負担3分の1から2分の1への引上げ分の安定財源確保（消費税率換算約1％分）、社会保障費の自然増（毎年約1兆円）、待ったなしとなっている少子化対策（子ども手当を2010年度支給分に加え、満額給付すれば、消費税率換算1％強）など、巨額の新規歳出増が予想されている。一方で、内外からの国債の信認性に対する懸念も心配される。こうした点に鑑みれ

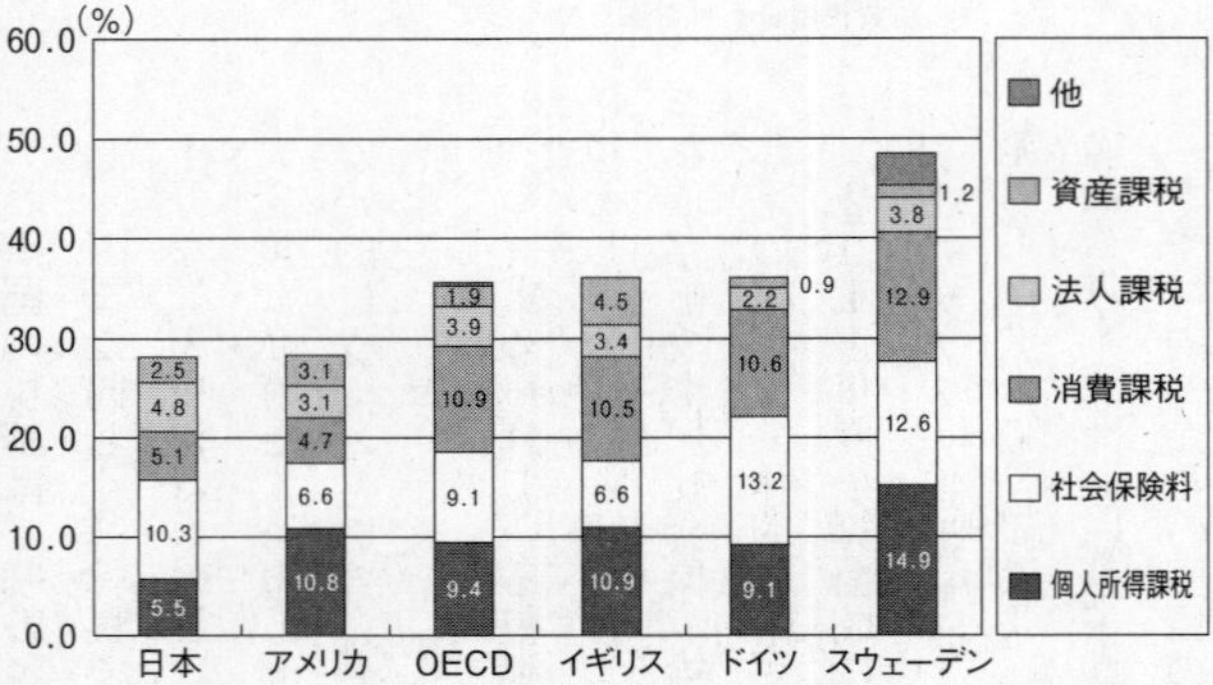

(注) 2007 年のデータ。「個人所得」には、給与所得に加え、資本所得も含まれる。
(出所) OECD「Revenue Statistics 1965-2008」
日本経団連提言『豊かで活力ある国民生活を目指して』(2010 年) より

図表 1　税・社会保険料負担 (対 GDP 比) の内訳の国際比較

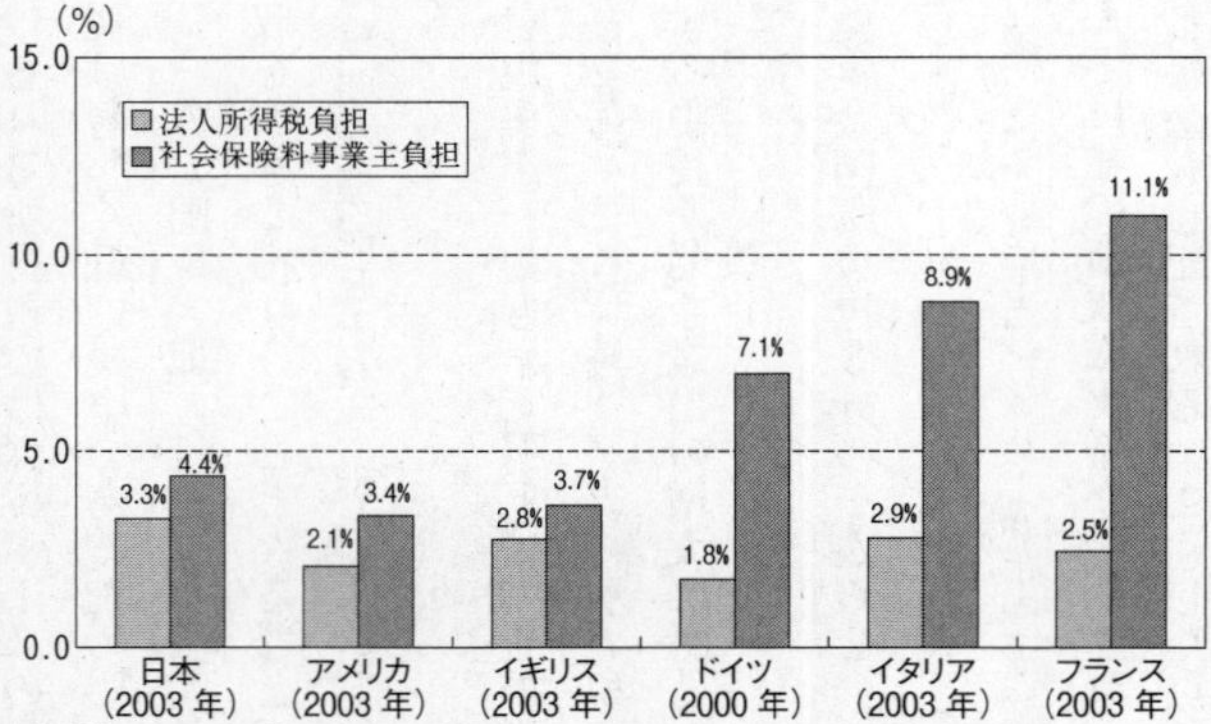

(出所) OECD「Revenue Statistics 1965-2004-2005Edition」
(備考) 法人所得税、社会保険料事業主負担をそれぞれ各目 GDP で割った数値を国際比較したもの。　財務省、2006 年

図表 2　法人税と社会保険料の負担の国際比較

> ば、2011年度から速やかかつ段階的に（たとえば、毎年2%ずつ引き上げ）、消費税率を少なくとも10%まで引き上げていくべきである。
> その後も、高齢者医療・介護の公費投入拡大、基礎年金の全額税方式化等、安心で持続可能なセーフティネットを確立するためには、国民の合意を得つつ、2020年代半ばまでに消費税率を欧州諸国なみの10%台後半ないしはそれ以上へ引き上げていかざるをえないと考えられる。（傍点引用者）

財界の「すべては経済成長のために」

あらゆる存在は経済成長のために捧げられるのが当然で、その牽引車たる多国籍企業、巨大資本こそがこの世の主人公なのだという自意識に溢れた提言だった。税制にも成長を促すか補完する道具としての役割ばかりを求めている。公正さとか法の下の平等とか、憲法で定められた生存権や財産権に照らしてどうかといった理念への配慮は皆無に等しい。主人公たる多国籍企業は経済成長を阻害しかねない要素も人間も容赦なく斬り捨てるが、全体を食わせてやっているのだから、それで割を食う連中を生かしておいてやる費用ぐらいは、彼らに食わせてもらっているお前たち下々が出しておけ、という論法であるようだ。

なお、この提言のうち、〈法人税への過度な依存を改め〉や〈所得税の基幹税としての機能を回復し〉の記述には、大いに議論の余地がある。日本経団連が提示した図には、社会保険料（健康保険、厚生年金、雇用保険等）の企業負担分が示されていないので、それを含めた国際比較も示しておきたい（図表2）。ヨーロッパの企業よりも日本企業が余計に負担しているわけでも何でもない実態がよくわかる。

二〇〇六年六月二日に開かれた政府税制調査会の会合に提出された、財務省の資料である。消費税をヨーロッパ諸国と同じ水準に引き上げたいと主張するなら、このようなデータも併せて用意してもらいたいと思う。

日本経団連の提言で、まだしも公正性が保たれているらしいのは、所得税が基幹税としての機能を失ってしまったという認識だけかもしれない。図表3が示しているように、かつて十九区分、最高税率で七五%あった所得税の累進課税の仕組みは、一九八〇年代半ばから緩和され続け、九九年からの八年間はわずか四区分、最高税率三七%という状況に至った。年間所得が百億円の人と千八百万一円の人の税率は同じであり、一千万円に満たない人ともあまり変わらないという、あからさまな金持ち優遇税

1974年〜	1984年〜	1987年〜	1988年〜	1989年〜	1995年〜	1999年〜	2007年〜
60万円 以下10%	50万円 以下10.5%	150万円 以下10.5%	300万円 以下10%	300万円 以下10%	330万円 以下10%	330万円 以下10%	195万円 以下5%
60万円 超 12%	50万円 超 12%	150万円 超 12%	300万円 超 20%	300万円 超 20%	900万円 以下20%	330万円 超 20%	195万円 超 10%
120万円 超 14%	120万円 超 14%	200万円 超 16%	600万円 超 30%	600万円 超 30%	1800万円 以下30%	900万円 超 30%	330万円 超 20%
180万円 超 16%	200万円 超 17%	300万円 超 20%	1000万円 超 40%	1000万円 超 40%	3000万円 以下40%	1800万円 超 37%	695万円 超 23%
240万円 超 18%	300万円 超 21%	500万円 超 25%	2000万円 超 50%	2000万円 超 50%	3000万円 超 50%		900万円 超 33%
300万円 超 21%	400万円 超 25%	600万円 超 30%	5000万円 超 60%				1800万円 超 40%
400万円 超 24%	600万円 超 30%	800万円 超 35%					2015年〜
500万円 超 27%	800万円 超 35%	1000万円 超 40%					4000万円 超 45%
600万円 超 30%	1000万円 超 40%	1200万円 超 45%					
700万円 超 34%	1200万円 超 45%	1500万円 超 50%					
800万円 超 38%	1500万円 超 50%	3000万円 超 55%					
1000万円 超 42%	2000万円 超 55%	5000万円 超 60%					
1200万円 超 46%	3000万円 超 60%						
1500万円 超 50%	5000万円 超 65%						
2000万円 超 55%	8000万円 超 70%						
3000万円 超 60%							
4000万円 超 65%							
6000万円 超 70%							
8000万円 超 75%							

図表3　所得税の税率の推移

制だ。(二〇〇七年、一五年と若干強化されたが、金持ち優遇であることは変わらない)表には含まれていないが、この間には地方税である住民税の累進課税も大幅に緩和された。十四区分だったものが八九年までに三区分(五%、一〇%、一三%)となり、二〇〇七年にはこれも廃止されて一律一〇%の完全フラット化。年間所得百億円の人も百万円そこそこの人も、課される税率は同じだというのが現状なのである。

かくて所得税の所得再分配機能は消失し、一九九一年度のピーク時には二十六兆七千億円あった税収も二〇〇九年度は十二兆八千億円へと半減した。偶然ではもちろんない。

財界の主導で進められた規制緩和、構造改革の、これも一環だった。彼らの基本的な発想を、当時も現在も構造改革の理論的支柱であり続けている竹中平蔵・東洋大学教授、慶應義塾大学名誉教授(経済学)が代弁したことがあるので紹介しよう。同教授が小泉純一郎政権の経済財政担当相に抜擢《ばってき》される前年の二〇〇〇年四月、日本経済新聞社から刊行した『経済ってそういうことだったのか会議』(後に日経ビジネス人文庫)だ。大手広告代理店・電通の出身で、ヒット曲「だんご3兄弟」をプロデュースしたクリエイター、佐藤雅彦氏との対談本で、話題が「累進課税による所得再分配の意義」に及んだ際――。

竹中　（中略）やはり多くの人は税による所得の「再分配効果」というのを期待するわけです。再分配効果というのは、たとえばこういうことです。佐藤さんはすごく所得が多いとする。こちらのAさんは所得が少ない。そうすると、Aさんは佐藤さんからお金を分けてもらいたいわけです。佐藤さんが儲けたお金の一部を自分ももらいたいんですよ。もらいたいときに、政府を通してもらうんですよ。

佐藤　でも、それ、もらいたいって、ずるいじゃないですか。

竹中　ずるいですよ、すごく。『フェアプレー《ママ》の経済学』という本にもはっきりと書かれているんです。著者はランズバーグという数学者なんですけど、すごくシンプルに見ていくと、今の税はおかしいと言うのです。彼はそれをこんなふうに表現しています。

子供たちが砂場で遊んでいるんです。ある子はオモチャをたくさんもっている。その子はお金持ちの家の子なんですよ。もう一人の子は家が貧しいからオモチャを一個しかもってないんです。しかし、だからといって、自分の子に向かって「〇〇ちゃん、あの子はオモチャたくさんもっているからとってきなさい……」などと言う親がいるかというわけです。

ところがそんなことが、国の中では税というかたちで実際に行われているという言い方をしているんですね。（傍点引用者）

竹中氏にかかると、貧しい人間はそれだけで泥棒だということにされるようだ。ちなみに『フェアプレイの経済学』（斎藤秀正訳、ダイヤモンド社、一九九八年）を著したスティーヴン・ランズバーグという人物は、オーソドックスな研究者ではない。数学者と経済学者を兼ねていて、私有財産権を絶対の価値と見なし、経済や社会への公共セクターの一切の関与を否定する、〝リバタリアン〟と呼ばれる、特異な系譜に連なる人物だった。

社会保障のごときは所得の少ない人間が多い人間から強奪する、泥棒同然の「ずるい」行為だという論法である。竹中教授は『経済ってそういうことだったのか会議』の別の箇所でも、「集団的なたかりみたいなものが所得再分配という名のもとに、税にまとわりついて生まれてくるわけです」（傍点引用者）などと表現していたが、はたして所得税の累進税率は極端に緩和され、彼らの悲願は叶えられたのだ。

この税目に基幹税の機能を回復させるべきだとの認識を示した日本経団連には、さすがに行き過ぎへの反省が窺《うかが》えなくもない。だが、では彼らがなお執念を燃やしている消費税増税に、累進税率の緩和、フラット化と同様の思想は込められていないだろうか。

もしも彼らの思惑通りに事が運んだら、どのような社会が現れるのだろうか。

消費税は国税滞納額ワーストワン

政府と財界とマスコミが素晴らしい税制だと大宣伝を繰り広げている消費税には、しかし、致命的な問題点がある。秘密でも何でもないのだが、きちんと語られる機会がどういうわけか、特に近年は極端に少ないので、ここではっきりさせておこう。

消費税は、国税のあらゆる税目の中で、最も滞納が多い税金なのである。

国税庁が二〇〇九年七月に発表した「平成20年度租税滞納状況について」によると、二〇〇八年度に新しく発生した国税の滞納額は、全税目で約八千九百八十八億円、対前年度比で一・八％増加した。このうち消費税は約四千百十八億円で対前年度比三・

四%増、滞納額全体のなんと四五・八%を占めている。

前期から繰り越された、つまり整理中の滞納額は全税目で一兆五千五百三十八億円、対前年度比三・八%減。消費税はこの二九・二%に当たる四千五百三十七億円で、対前年度比一・二%減。図表4、5をご覧いただきたい。どのように比べても消費税の滞納状況が最悪である実態がよくわかる。

なお滞納とは国税が納期限までに納付されず、督促状が発付されたものをいう。また消費税は一般に五%と理解されているが、実際は四%の国税と一%の地方税とで成っている。とはいえ徴収はすべて税務署など国の機関が行い、精算の上、地方消費税分を各都道府県に払い込む手順だから、徴収時点で国税と地方税の区別は存在しない。単純に地方消費税を除いている国税庁の発表の仕方は不公正な気もするが、だからといってこれも単純に合計してしまえばよいというものでもないので、とりあえずこのままにしておく。

なぜ、消費税の滞納が突出しているのか。消費税は消費者が商品やサービスを買う時に支払うものだと私たちは教えられている。消費税込みで提示された金額を支払えなければ何も買えない。ということは、一円だって滞納されることなどあり得ないは

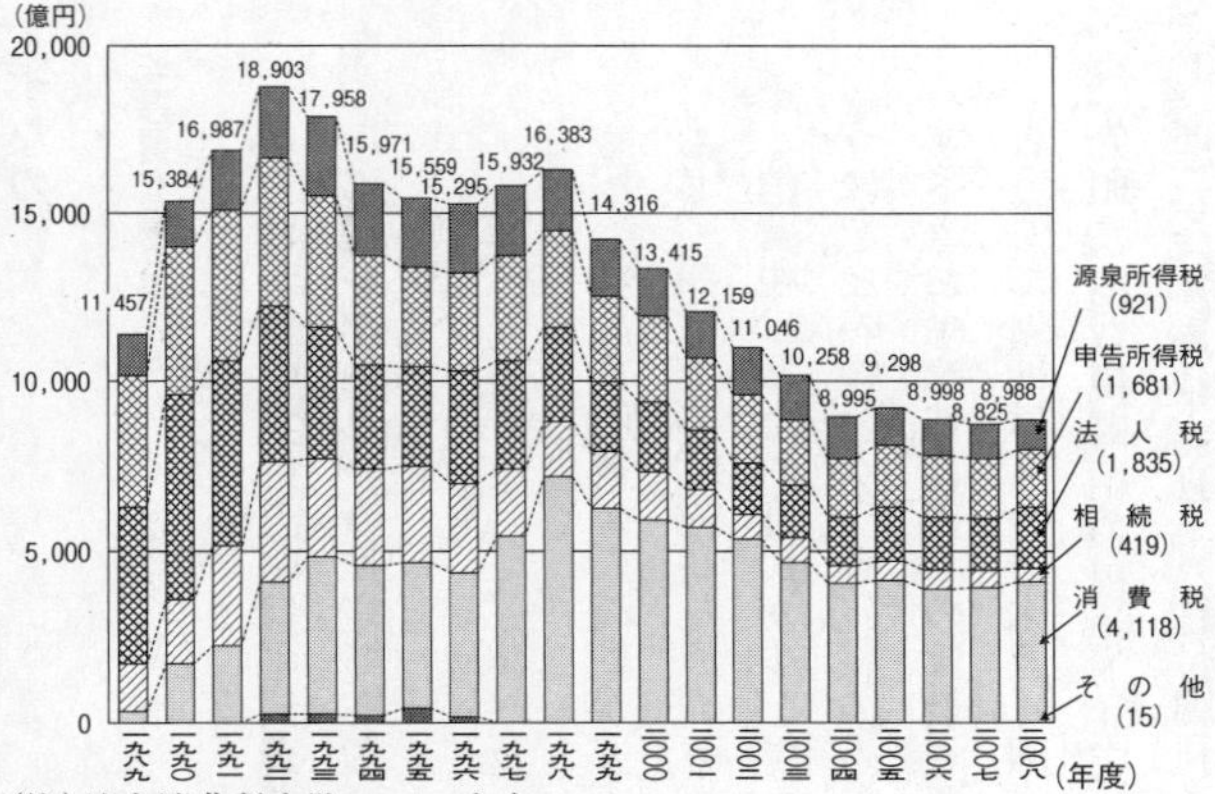

(注)地方消費税を除いています。

図表4　新規発生滞納額の推移

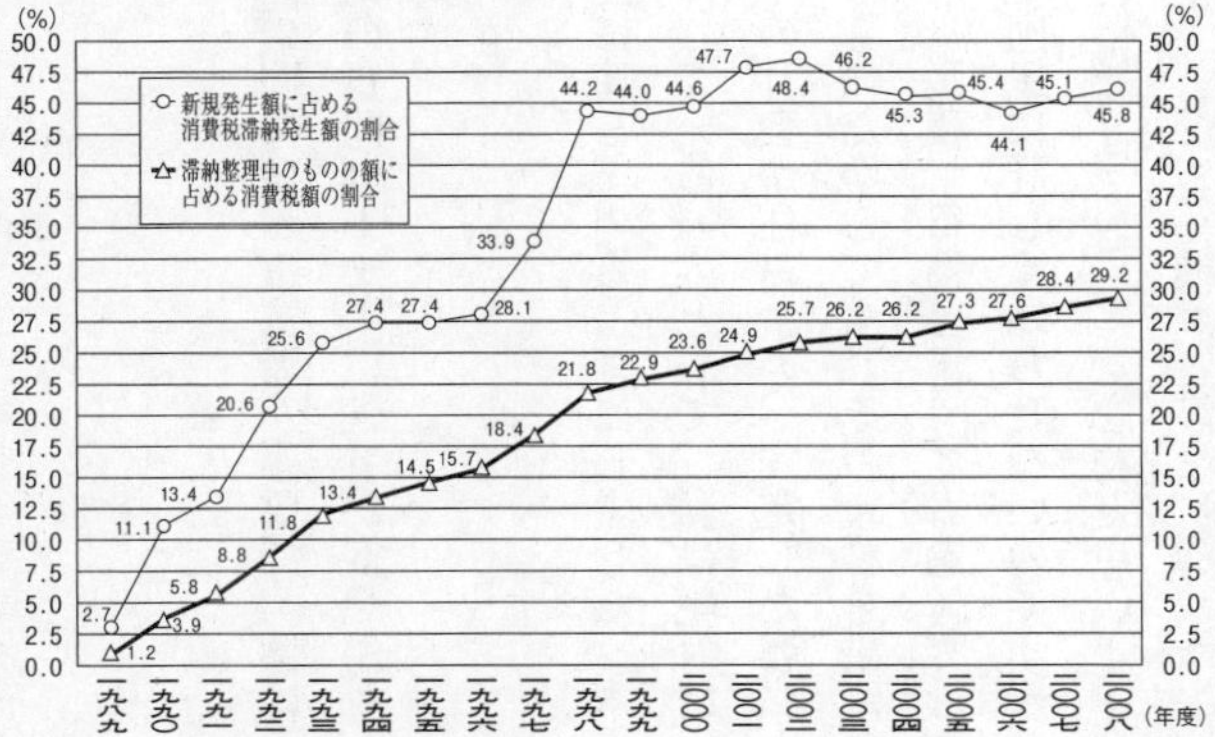

(注)地方消費税を除いています。

図表5　国税滞納額に占める消費税の割合の推移

図表4・5とも国税庁報道発表資料「平成20年度租税滞納状況について」より作成

ずなのに。

「悪質な業者のせい」では説明できない

最もわかりやすい説明は、消費者と国の間にいる事業者が悪質で、懐に入れてしまったに違いないという推定である。新聞の質問コーナーに読者が寄せがちな、こんな怒りが典型だ。

国へ納める消費税の滞納が五千億円に達していると耳にしました。本当ですか。もし、事実なら、納税をきちんと果たしている一人として、私は絶対に許しません。消費税は私たち庶民が少しでも日本の社会が住みよい、安定した姿になりますように、との願いから必死に納めているものだからです。その義務を果たさず、納税すべきお金を他に使うのは最も悪質な「脱税」行為と言っても過言ではありません。どうして新聞はもっと大きく報道して国民に詳しく知らせないのですか? 政治を先頭に消費税滞納の根絶方法を早急に確立することが急務と思います。(『産経新聞』二〇〇一年五月十八日付朝刊「読者オンライン」欄)

国会でも同じレベルの意見が飛び出すことがある。二〇〇八年四月十六日の衆議院財務金融委員会。下条みつ議員（民主党）の質問だ。滞納された国税の徴収を急げとの趣旨で、

「釈迦に説法ですけれども、源泉所得税とか消費税というのは、いわば中小零細事業主の一時預かり金でございますよね。一回取っちゃっていて、その取ったものを、しようがない、では銀行が迫ってきているから、国税が余り言わないから、銀行に先に返さないと貸してくれなくなっちゃう、運転資金に影響する、もしくは、運転資金で資金繰りがつかないところへ補てんしていってしまう。ですから、税金を払うのにも、目の前に来ることを先に優先して、お客さんが払った消費税や従業員から取った源泉部分を国に払わない。まず手前の自分のところで処理してしまう。この結果、こういう滞納連鎖が起きていると私は思います。（中略）ある意味で悪質な人もたくさんいるわけですよ、この方から取ることにも、もうちょっと地に足をつけて財務省の方向感としてやっていくべきじゃないかというふうに思います」

もちろん、どんな世界にも悪質な人はいる。ただ、それだけで片付けられて済むほど、消費税は簡単な税制ではないのである。

異様な滞納状況が意味するもの

国税収入における税目別の構成比は、下条議員がこの時点で承知できていたはずの二〇〇八年度の当初予算ベースで法人税が三〇・三％、源泉所得税（給与や報酬等の支払いをする会社などが、あらかじめ源泉徴収して納付する所得税のこと）が二三・八％。消費税は一九・四％だった。新規滞納額の半分近くが消費税だという状況は異様に過ぎる。

わざわざ消費税だけを選り好《え》みして滞納する人がそれほど多いとは考えにくい。滞納すれば従業員まで巻き込んでしまう源泉所得税はともかく、法人税だって、消費税と同じか、それ以上に滞納されてもおかしくないはずだ。

考えられる理由がひとつだけ。滞納が不自然に多いということは、消費税という税制の大本に無理がある。そういうことではないのか。

議論の大前提として、消費税の納税義務者は消費者ではないという現実が理解されていなければならない。消費税法第五条第一項〈事業者は、国内において行った課税資産の譲渡等につき、この法律により、消費税を納める義務がある〉。

では納税義務者が税務署の徴収代行を義務付けられているのかというと、それは違うのだという（第二章で詳述）。納税義務者たる事業者の、このあたりの法的立場が、実は消費税というテーマの眼目であるのだが、本章では法人税の納税義務者である法人や、従業員らの所得税の源泉徴収義務者である企業や官庁、団体などと、消費税の納税義務者である事業者とが、かなりの程度、重なってくることを確認したい。

消費税が法人税や源泉所得税と明らかに異なっているのは、納税義務者が、その納税分を外部から預かることとされている点だ。ということは、預かることができない場合がままある、ということでもある。

いわゆる「価格に消費税を転嫁できない」状態だ。一九八九年に消費税が導入された以前や、その後もしばらくの間は強く懸念されていた現実は、しかし、いつの間にか、黙殺されるのが当たり前のような雰囲気になってしまってはいないか。

それでも事業者は納税義務者だから、納付の期日が来れば自腹を切って、あるいは借金をしてでも、税務署に消費税を支払わなければならないことになっている。手元にお金が余っていれば、事の善悪、理不尽さへの屈辱を無理やり脇に置く限り、とりあえず急場を凌《しの》ぐことはできるかもしれない。ところが消費税は、事業の業績とは何の関係もなく、大赤字だろうが取り立てられる税金なのだ。

図表4を改めて眺めてみてほしい。導入からわずかに三年ほどで法人税に肩を並べてしまった消費税の新規発生滞納額が、数年間の横ばいを経て、一九九八年度に急増している事実に注目。他の税目は軒並み減少していたのに、消費税は七千二百四十九億円、対前年度比で三四・四%も増加したのだった。『国税庁統計年報書』(一九九八年度版)によると、件数ベースでは百十四万七千六百六十七件で、申告件数全体のなんと四九・七八%。二件に一件が滞納に追い込まれていた。

消費税の税率が当初の三%から五%へと引き上げられたのは前年の九七年四月である。その後の景気後退で、普通に考えれば九八年度は消費税の本来の課税標準(課税対象)である付加価値(売上高マイナス仕入高)が縮小していたのだから、それにつれて新規に発生する滞納額も減少していなくてはならないはずなのに、これは一体、どうしたことか。

そう、不況ゆえに激化した市場競争にあって、いわゆる「価格に消費税を転嫁できない」事業者が激増した。五％に引き上げられていた消費税率が丸ごと彼らにのしかかる。だから滞納額が急増した。

＊　＊

本章で提示した図表４「新規発生滞納額の推移」の最新版と、納税義務者が商品やサービスの価格に消費税分を「転嫁できない」が、自腹を切って納税する、そのためには具体的に何をどうしているのかを説明できる図を次頁に示しておく。前者は国税庁の発表、後者は筆者自身が作成したものだ。

もともと無理のある税制

年間の自殺者が三万人を超える状態が十年以上も続いている。だから有効な自殺対策を、という呼びかけは、とりあえず本書のテーマではない。消費税の滞納者が急増した一九九八年という年は同時に、この国の年間自殺者が初めて三万人を超えた年でもあったという事実を、とりあえず知っておいてもらいたいと思う。

国税全体の滞納額は翌九九年以降、新規発生額も滞納整理中の金額も、かなりの減

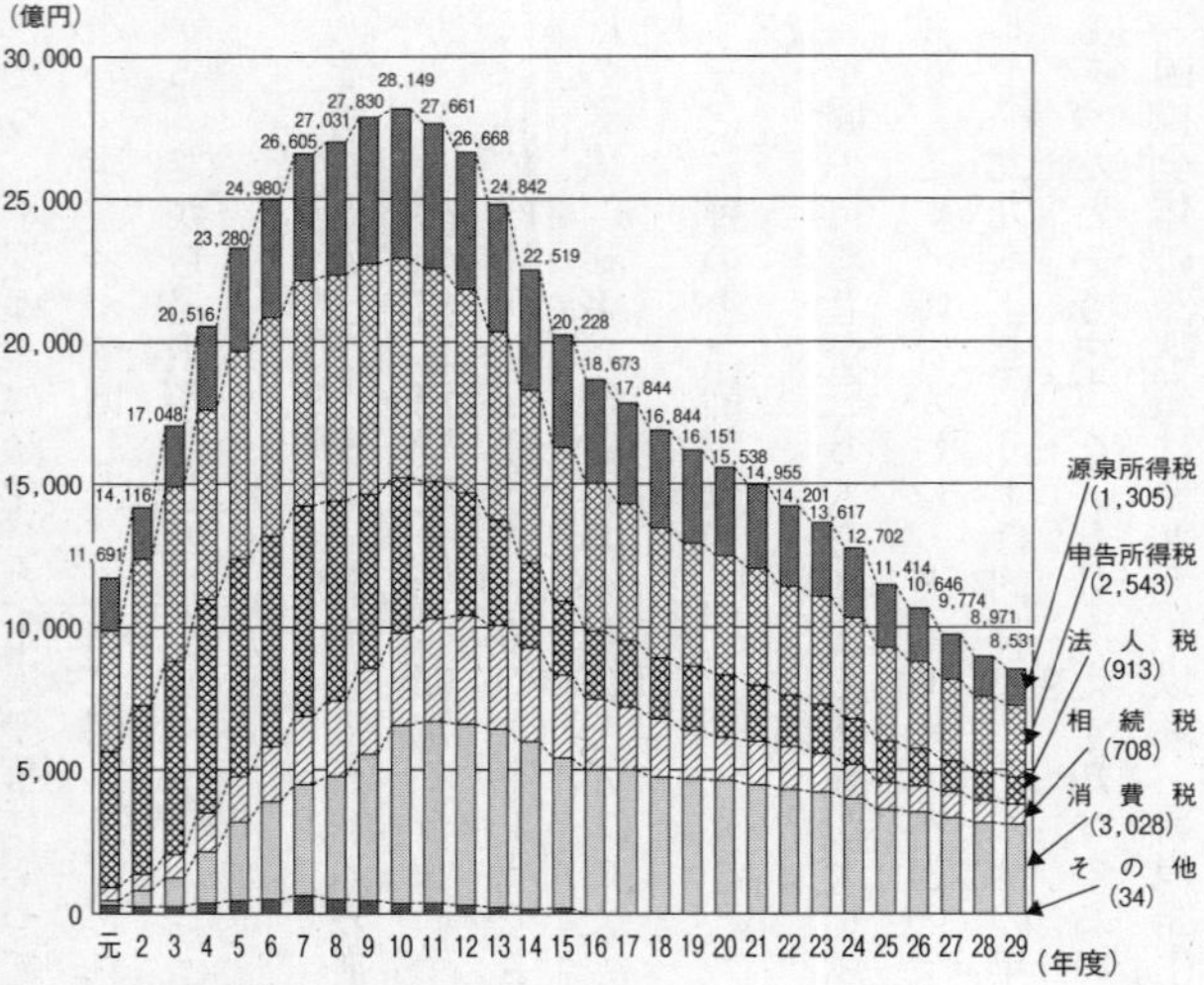

(注)地方消費税を除いています。

新規発生滞納額の推移

少傾向を続けている。消費税に限った滞納額も滞納件数（二〇〇七年度は六十七万三百五十六件で申告件数全体の一九・六％）も同様だが、これは決して消費税の不条理が解消なり改善されたことを意味するものではない。

徴税当局が強力な〝消費税シフト〟を敷き、凄まじい取り立てに走った結果だ。細かな事情や差し押さえの実態については第三章を参照されたいが、そうまでしてなお、消費税が国税滞納額のワースト

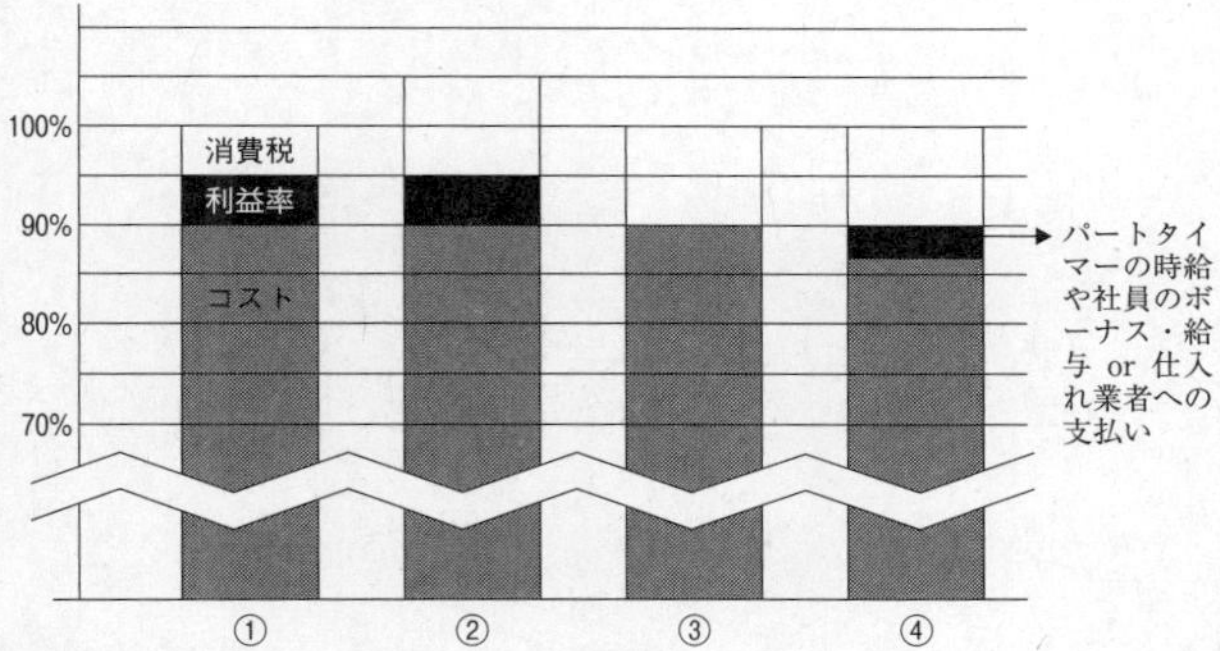

①消費税率５％の時代（とりあえず利益が出ていた場合）
②10％への税率引き上げで、多くの人はこう捉えている
③しかし、他との競争上、あるいは元請けと下請けの関係などから、増税分の値上げなど現実には許されない。または利益が出ないので廃業か倒産に追い込まれる。
④より弱い立場の者に負担を押しつけることで生き延びる。

（著者作成）

消費税収が零細企業や自営業を潰し、しかもデフレを加速させるというメカニズム

ワンであり続けている。消費税には無理があり過ぎるからである。

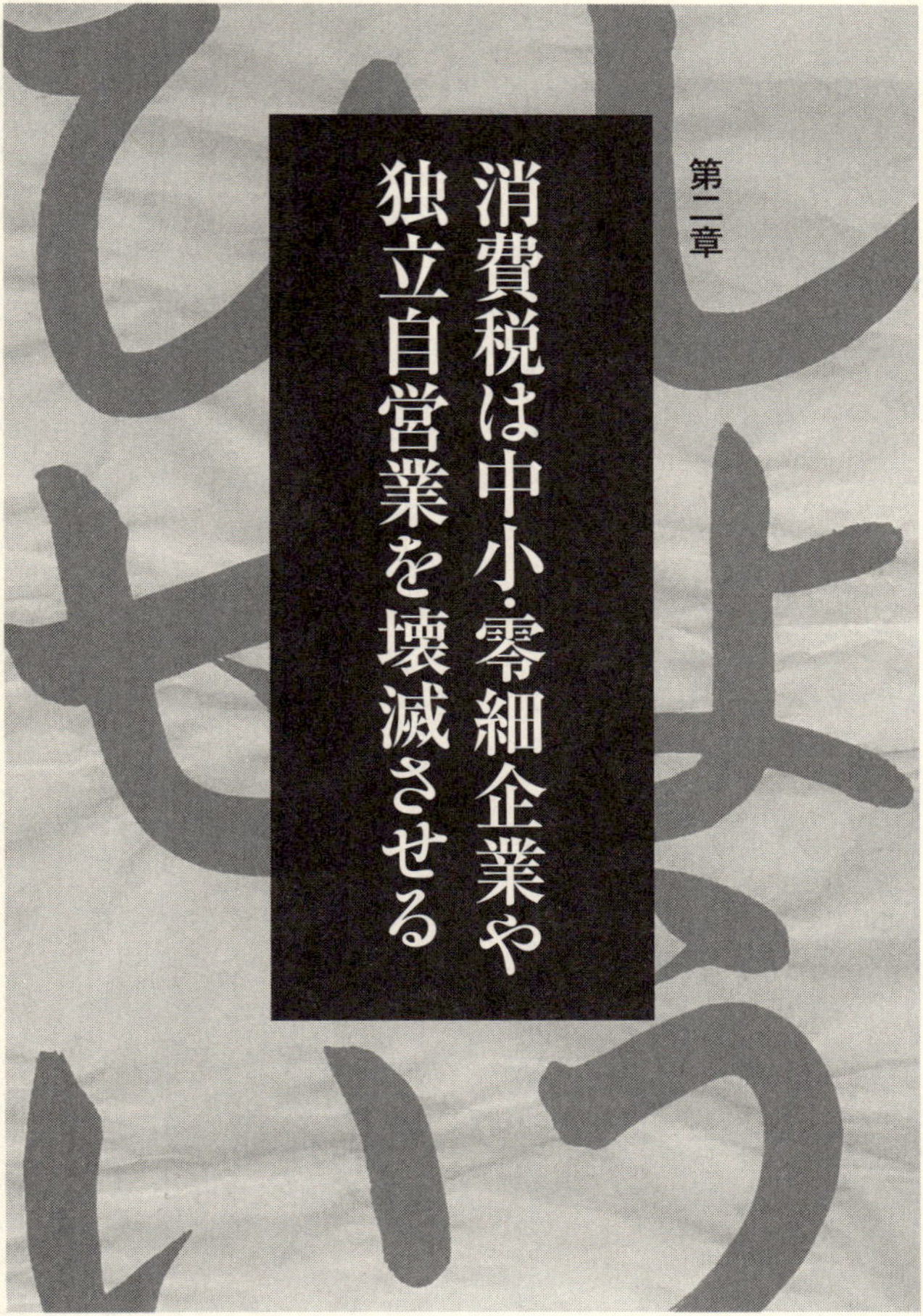

第二章

消費税は中小・零細企業や独立自営業を壊滅させる

ある食品加工業者の場合

大阪府内で食品加工の個人事業を営んでいる山田一郎さん（一九七六年生まれ、仮名）が突然、売掛金の合計約四百万円を泉佐野税務署に差し押さえられたのは、二〇〇八年十二月三日のことである。当時はほとんど自転車操業の状態だったというから、これでは十数人いるパートタイム従業員への賃金も払えない。さっさと潰れてしまえと言わんばかりの仕打ちに、山田さんは激怒した。

「税務署のやり方は無茶苦茶や。僕らに死ねと言うのか」

山田さんは確かに税金を滞納していた。その年の十月までに国税だけで約四百万円、うち三分の二が消費税だった。

「ざっと二年分ぐらいでしょうか。でも税務署の担当者とはきちんと話し合い、毎月、少しずつ分納していたんです。こんな金額では足りないから早いとこまとめて納めてくれ、ないものは払えないよ、などというやり取りはありましたが、とにかく払えるだけのものは払ってきたんです。

八月になって担当者が交替し、改めてまとめた納税をと求められましたが、払えるものならとっくに払っています。結局、では十月から十二月の納付状況を見させてもらうと言われて期日通りに払い込み、まあ年末が節目になりそうだなと思っていたら――」

差し押さえの予告書が送られてきた。十一月下旬の呼び出しには都合がつかず、ややあって取引先からの連絡で、一方的に差し押さえが実行された事実を知らされた。

「担当者との話し合いの結果が一方的に覆されたわけです。というのも、売掛金を差し押さえてきたのは彼ではなく、大阪国税局から派遣されてきた特別徴収官でした。それまでの経緯《いきさつ》や納税者の生活などとは無関係に、何がなんでも税金を召し上げていく役職だそうです。取引先の総務部長にも、この人が出てきたら終わりやで、と告げられました。

実際、冷たい、人間味のかけらもない人でしたね。税務署を訪れて『僕らに死ねと言うのですか』と尋ねたら、『そんなこと言うてません』。『じゃあ、どうやって生活すればよいのか』と詰め寄ると黙り込む。こいつにだけは死んでほしいと、今でも思ってます。

一時は自殺も考えました。もう従業員に給料も渡せないと思うと、みんなの顔が目に浮かんできましてね。自宅の近くには電車も走っていますから、ここから飛び込んだらどうなるのかなと、線路の脇を行ったり来たり……」

免税点引き下げで身銭を切る下請け業者

山田さんは二代目経営者である。食品加工の事業は二〇〇〇年、それまで自営業を営んでいた父親が創業した。数百人の従業員を擁して大手のスーパーやコンビニエンスストア向けに惣菜を製造販売している中堅食材メーカー・B社の社長と親しかった関係で、下請け工場の設立を求められたためだった。

二〇〇四年に先代が他界して、山田さんが事業を継承した。当時の事業規模は年商五千万円超。ただしこの時期、唯一の得意先であるB社はそれまで以上のコストダウンを図るため生産態勢の中国シフトを急いでおり、やがて山田さんの工場の受注量は激減した。加工の単価も従来の四割以下に切り下げられて、二〇〇六年度には売上高が二千万円を割ってしまう。当然、利益も確保できない。

最悪のタイミングだった。山田さんが事業を継いだ二〇〇四年度は、消費税の免税点が従来の三千万円から一千万円に引き下げられた年でもあったのである。

パート従業員を抱える事業が年商一千数百万円台では、もはや限界ラインだ。免税点が三千万円のままなら、山田さんはまだしも消費税の納税義務を免れていたのだが、現実は違った。切るだけの身銭がないので分納していたら、売掛金を差し押さえられた。

「今回のことでは、つくづく自分の無知を思い知らされました。B社への請求書には消費税五％を外税方式で明記し、その分も支払っていただいていたので、きちんと転嫁できていると考えていたんです。任せっきりだった税理士さんにも、税金は払えと言われたら払っていればいいとだけしか言われませんでしたし。

でも、よく考えてみると、請求書の上では消費税を転嫁できたことになってはいても、その分も含めて単価を引き下げられているわけです。利益など上げられるはずもありません。こうなってみると、消費税を転嫁できる、できないという表現の仕方に、どれほどの意味があるのかと思えてくるのですよ」

山田さんの嘆きは、差し押さえにまでは至っていなくても、この国の中小・零細事業者がほぼ例外なく体験している悲喜劇だ。だからこそ消費税は、税目別の国税滞納額で最悪の状況にある。繰り返すが、それだけ無理のある税制なのだ。

紆余曲折の末、山田さんは年末の土壇場で、差し押さえ処分を解除させることに成功した。だから、とりあえずはこうして生き長らえ、話をしてくれることもできる。

これだけでは、しかし、一般には理解されにくいかもしれない。そもそも消費税とは、消費者が負担する税制だと伝えられてきたのではなかったか。

問題は、その説明が意図的な嘘であったことなのである。消費者は自らが消費税を負担しているつもりでいる。ところが法律上、納税義務者は事業者すなわち個人事業者や法人であって、消費者ではない。それぞれの意識と立場とのギャップは、消費税という税制の実態をきわめて複雑にし、かつ、いわば観念の世界にさえ近づけてしまっている。

価格に転嫁できない中小・零細業者

消費税が一九八九年四月に導入された当時、マスコミには一円玉をめぐる話題が溢れた。それまで使われる場面がほとんどなかった一円玉の需要がつり銭などで急増する、電卓やレジスター業界は思わぬ特需でホクホク顔、などというエピソードの数々だった。

今になって振り返ると、いかにも問題の根幹を外した小ネタ、町ダネの類《たぐい》でしかない〝報道〟ばかりが大部分を占めていた。報じた側がどこまで意識していたのかどうかはともかく、なんとなく面白おかしい話題に終始させ、新税の本質から人々の目をそらせる効果ばかりを招いてしまった感がある。

ただ、そうして一円玉に焦点を当てた町ダネの中にも――これまた意識されていたかどうかは別として――実は重要な問題提起を孕《はら》んでいたものが、案外、少なくなかった。たとえば『中日新聞』の一九八九年四月十六日付朝刊、中部経済面に載った〈駄菓子屋さん、がけっ縁／消費税導入で細々経営に追い打ち／10円、20円売りに転嫁とても無理〉の見出しがついた記事――。

名古屋市港区で四十年間も駄菓子屋を営んできたA子さん（66）は「零細な商いだから、消費税などは無関係だと思ってきた。それが、消費税導入直前になって、問屋から仕入れ値に三％を上乗せするといわれて驚いた」と話す。

A子さんは三十数年前、夫と死別。駄菓子屋を営みながら女手ひとつで息子を大学まで出した。「三十円、五十円の菓子に転嫁しろといっても、子供から税金なんて取れない。もう年だし、やめるしかないだろうか」と悩んだ。

しかし、A子さんは結局、四月一日以降も値上げせず頑張っている。なじみの問屋が「値上げして売れなくなったらうちのほうも困るから」と、アメ玉などは従来の卸価格の中に三％分の税金を吸収して卸してくれているからだ。でも「大手メーカーの菓子や文房具は三％分値上がりしたのを仕入れている」といい、ジワジワ経営を圧迫してくる税負担の重みを訴える。

大手スーパーやコンビニエンスストアは、コンピューターで管理されたレジスターを備えており、菓子類にもきっちり三％を転嫁している。

免税業者でも仕入れでは消費税を負担

駄菓子屋ならどうせ免税業者だろ、だったら消費税を取らないのが当り前で、取れば〝益税〟じゃないかと反発される読者もおられるかもしれない。確かに駄菓子屋さんと呼ばれる商売の年商は二〇〇三年度までの免税点だった三千万円に満たない場合が大半だったろうし、A子さんの店も例外ではない。この点は記事の別の部分にも明記されていた。

それでも、なのである。

同市緑区で十年来、駄菓子屋をやっているC子さん（50）も「三十円以下の品物は、一円未満の端数切り捨てで消費税分はとれない。パンや菓子などは売値に占める仕入れ価格のウエートが高いので、消費税分が転嫁できないと本当に困るんですよ」と、弱り切っている。

菓子類の卸値は「売値の八割くらい」（A子さん）といい、三％でも自己負担ならもうけはかなり減ってしまう。（中略）

駄菓子屋に限らず、おじさん、おばさんが営むいわゆる「パパ、ママストア」は、後継者がいないことや大資本のスーパー、コンビニエンスストアに押されて減少の一途だ。

消費税は消費者が負担する税金だと言われるが、それほど簡単な仕組みではない現実がよくわかる。駄菓子屋さんだと商品単価が安すぎて、あるいは子どもを相手に一円玉を何枚よこせなどとは言えないというのが転嫁できない主な理由だが、A子さんの場合、彼女の思いに共感した問屋さんまでが、消費税分の持ち出しを余儀なくされたことになる。

要は消費者、というより顧客との関係次第。次に示すのは一九八九年三月、消費税の実施を一週間後に控えた東京都足立区関原の「一番街商店街」が、「値上げはしません。今のうちに価格をみておいて」と呼びかける看板を立てた、というニュースである。

ことし二月に入って買い物客の主婦らから「消費税でこの品も値上がりするの?」の質問が多くなった。「消費者の間では〝なんでもかんでも値上がりする〟という気持ちが強いことを肌で感じた」と、商店主ら。

同商店街振興組合(五十畑満理事長)は「これでは消費税の転嫁など、とてもできる状況にない」と判断。二月十三日の理事会で、同商店街としては団結して消費税を転嫁せず、三%分は各店の努力で補うことを決定した。同商店街は半数近くが、年間売り上げ三千万円以上で消費税納付義務のある店。非課税店も仕入れ品にかかる三%は負担しなくてはならないが「転嫁して、下町のおかみさんらにそっぽを向かれては大変」と〝自腹〟で負担することにした。ただし、業界組合が、外税にして三％を転嫁することを決めた肉店だけは例外とした（『毎日新聞』一九八九年三月二十五日付夕刊）。

バブル経済のピークを迎えようとしていた時代だ。実際、便乗値上げが目立っていたのは確かだし、経済企画庁が設置していた「物価ダイヤル」には苦情電話が殺到。理容や豆腐、幼稚園などの業種で闇カルテルが発覚するなど公正取引委員会の検査を受けるケースも相次いで、マスコミはその種の報道ばかりに躍起になっていた。

とはいえ消費者が負担するとされた新税を価格に乗せると、それだけで白い目を向けられてしまうという反応は、本来、理不尽としか言いようがない。だが現実に、主婦たちにそっぽを向かれたら最後、一番街商店街は致命傷を負うことになる。安くて便利な大手スーパーやコンビニの大資本に彼らがわずかなりとも対抗するには、お客様の税金も持たせていただくという形で、消費者の歓心を買うしかなかった。

間接税？　直接税？

あれから二十年余。この間の免税点の引き下げで、駄菓子屋さんも商店街も、そのほとんどが納税義務者になった。一方では長引く不況で市場全体が縮小し、競争の激化は著しい。消費税率も三％から五％へと引き上げられて、彼らが自腹を切るウェイトはますます高められてきた。

読者には、ここでぜひ考えてみてもらいたい問題がある。消費税とは間接税なのか、それとも直接税なのだろうか。

多くの方は間接税だと思い込んでいるはずだ。実際、どの解説書にもそう書いてある。だが、ちょっと待ってほしい。

一般的に両者の定義は、〈法律上の納税義務者と担税者（租税を実際に負担する者）が一致することを立法者が予定している租税を直接税といい、税負担の転嫁が行われ両者が一致しないことを立法者が予定している租税を間接税等という〉（有斐閣『経済辞典』第四版）。消費税を納税義務者ではない消費者が負担しなければならないのであれば確かに間接税だが、実際にはこうして、転嫁できるのできないのという現実がある。自腹を切らされれば納税義務者と担税者が一致してしまい、そうなる可能性を立法者が承知していたなら、これは直接税だということになりはしないか。

そもそも本当に間接税なら滞納など発生しない。つまり、消費税は間接税と直接税の二つの顔を持っている。鵺《ぬえ》のような税制なのである。

免税点引き下げをめぐる国会論戦

中小・零細事業者にとっての消費税の本質が、国会論戦でもかなり浮き彫りにされた時期がある。二〇〇三年の一月から三月にかけて、翌〇四年四月からの消費税の免税点引き下げを含む「所得税法等の一部を改正する法律案」の審議だった。

日本共産党が衆参両院で追及していた。ここでは〇三年三月二十五日の参院財政金融委員会における池田幹幸議員と、主に小林興起・財務副大臣とのやり取りを紹介しよう。重要な内容とニュアンスを含んでいるので話し言葉の要約は行わず、やや長い紹介になるが、容赦されたい。免税点が三千万円に設定されていたのは、それ以下の規模の事業者の事務負担を軽減する目的だったはずだが、これを引き下げるのは事情が変わったということなのか、などとジャブを繰り出しながら、池田議員が畳み掛けていく。

——消費税創設時の小規模零細業者の実態は現在も何ら変わっておらず、いわんや、デフレ経済の進展や価格競争の激化により、仕入れにかかわる消費税分の価格転嫁がより困難になっており、いわゆる益税どころか、むしろ損税となっている。こうした実態を考慮せずに免税点制度を縮小・廃止することは、消費税分を転嫁できないことによる企業収益の圧迫要因を増加させるだけでなく、事務負担を過度に増大させ、小規模事業者の経営に重大な悪影響を及ぼすものであるということで、（中略）まずその上に立った対策を考えるべきじゃありませんか。

小林「御承知のとおり、一方では国民の皆様から、何となく自分たちは消費税を取られているんだけれども、それが本当に国に納税されているのかと、そういう疑問の声が上がってきているのも、御承知のとおりであります。

そういうことを配慮いたしまして、やはり国民の皆様に消費税払っていただいたらそれは税当局に来るんだということも示していかなければならないということの中に、それじゃ三千万以下でいいのか、一千万以下でいいのかとか、そういうようなことになってくるわけでありまして、（中略）先生おっしゃるとおり、大変だというような方々に配慮しまして、いろいろと相談業務あるいはPR業務ということについては税当局としても更に一層頑張っていきたいというふうに考えているところでございます」

――引き続き免税点の引下げについてなんですが、これは経済産業省がアンケート調査やっている。（中略）そこによりますと、法案の（中小企業）特例縮小に関して、仮にあなたの会社が、商店が課税業者となる場合には消費税を価格に転嫁できますかと聞かれたのに対して、これに対する回答、売上げ二千五百万から三千万円の階級でほとんど転嫁できないと答えている、それから一部しか転嫁できないと答えている、その合計が四五・四％です。全階級の平均で見ますと五二・三％です。（中略）この理由は何だと思われますか。

小林「何といいますか、全部消費税は納めなければならぬですけれども、あるいは力関係で、業界なんかで、消費税をおれは払わない、まけろとか、そういうようなことがこの日本でございますからあるのでないかと、中小企業の実態等を見た感じで、私は個人的にはそんなことも推測するわけでございますが、しかし理論的に言いますと、やはりそこは払っていただく、納税義務があるということでやってまいりませんと、いつまでもそういう悪い、一部にあると言われております習慣を残して、いや、結局そういうものはまけてしまえばいいんだということではこの消費税が普及してまいりませんので、やはり払っていただくことが当たり前なんだという風潮をどこかできちっと作っていかなければいけないということもありましょう」

経産省のアンケートが示す価格転嫁の実情

小林副大臣の話は論点のすり替えが甚だしい。現実の消費税がきわめて不公正な税制である現実を百も承知の上で、そんなことは関係ない、納税義務者が払うことになっているのだから黙って払えばよいのだと居直ってみせていた。

とはいえ彼が消費税の現実の一端を認めざるを得なかったのは、池田議員が示した経済産業省の調査結果があればこそである。二カ月前の衆院予算委員会（二月二十四日）で、やはり共産党の佐々木憲昭議員の質問に対する平沼赳夫経産相の答弁を受けて同省が公表した、前年二〇〇二年の八月上旬から九月上旬にかけて全国の一万千七百十七事業者を対象に実施されたものだ（図表6）。

売り上げの規模が小さくなるほど一方的な負担を強いられていく実態がよくわかる。なお回収率は七七・三％の高率だった。

さて、池田議員の追及は続いた。一九九二年度と二〇〇一年度の比較で、法人税の滞納発生割合が半減しているのに対して、消費税のそれは逆に増加しているなどといったデータを、この時点における当局の最新資料で示しつつの質問に、政府側は国税庁の村上喜堂・課税部長が答えた。

――これは消費税の滞納がやっぱり深刻になってきているということを実態《ママ》に示しておるわけですね。そうすると、じゃ、その理由は一体何なんだろうかということなんですが、いかにお考えでしょうか、理由。

村上「（中略）法人税の場合、御案内のとおり、赤字になれば法人税の納税はございませんから、やはり経済情勢が悪いと、その企業の経営状態が悪くなってくると赤字になってまいります。そうしますと、納税がございませんから、したがって滞納も発生しないということだと思います。消費税は、一方、赤字黒字関係ござい

（単位：％）

売り上げ階級	ほぼ全て転嫁できる	完全な転嫁はできない	
		一部しか転嫁できない	ほとんど転嫁できない
1000 万円以下	42.7	57.3	
		22.3	35.0
1000 万円から 1500 万円	49.8	50.2	
		22.6	27.6
1500 万円から 2000 万円	47.6	52.4	
		25.1	27.3
2000 万円から 2500 万円	51.7	48.3	
		22.4	25.9
2500 万円から 3000 万円	54.6	45.4	
		19.1	26.3
全体	47.7	52.3	
		22.6	29.7

（中小企業庁 2002 年調査より作成）
日本共産党 佐々木憲昭 衆議院予算委員会提出資料
「中小企業における消費税実態調査」より

図表 6　免税事業者が課税事業者となる場合の消費税の転嫁

ませんから、経済情勢に沿って滞納があるのではないかと思います」

――正にそのとおりなんです。ここのところが大事なところなんですね。そうしますと、消費税の場合、売上げが伸びないと、景気が悪くて。そこで、売上げが落ちている中で、消費税が転嫁できないと、消費税も自己負担している。こういう実態が今の（滞納の）状態を悪くしているわけなんですから（中略）。少なくとも、免税点引下げということになりますと、この実態をむしろ悪化させる、そういうことになるということじゃありませんか、今の部長の説明からいっても。当然、論理的にはそういうケースになりますね、大臣。

消費税は事実上の売上税なのだ。政府税制調査会や財界、マスコミが口を揃える「消費税収は景気に関係ないので安定している」という説明の陰には、こんな実態があった。ただでさえ赤字の中小・零細事業者が、顧客との力関係で弱いがゆえに消費税分を価格に転嫁できないか、消費税分以上の値引きを強いられ、それでも消費税を納めろと迫られる。滞納だらけにならない方がおかしい。

再び登壇した小林副大臣は、しかし、さらにのらりくらりと居直りを進めていった。

小林「おっしゃるとおり、この状況下で滞納が増えるか増えないかといえば、多分増える可能性もあろうかと思うわけでございますが、しかし、税というのを取る、いただく方から見ますと、滞納がありそうだから取らないとか、そういう考え方でなくて、やはりいただくところからいただくと。いただけるというか、そういう状況にあるわけですから、売上げがあって、そこからいただくわけですから。理想論に基づいて、理念に基づいて、さっき言いました公平性という理念に基づいてきちっといただくということで課税をするわけでございます。

課税をした後は実態論になるわけでございまして、（中略）ただ、いずれにいたしましても、ずっと国民の間から出てきております、私たちが納めた消費税がどこかへ消えちゃっているんじゃないかと、いわゆる益税解消という議論もございますから、そういう面での公平性というのは非常に大きく担保したという形になるのではないかと思っております」

「益税」への根強い誤解

またしても益税論が持ち出されていた。ここで「益税」についての典型的な認識を挙げてみよう。インターネット上の「ヤフー知恵袋」で、ベストアンサーに選ばれていた説明だ（回答日時二〇〇九年一月四日）。

消費者は、どんな会社でもどんなお店でも、モノやサービスを購入した場合には消費税を支払いますよね？　この支払った消費税は、その会社やお店に支払ったわけではなく、国に税金として支払っているわけです。会社やお店は、消費者から税金を預かり、のちのちその預かった消費税を国に納めるという仕組みになっています。

しかし、実際にはすべての会社やお店が、国に消費税を納めているわけではありません。たとえば、会社設立後2年間は消費税の納税義務はありませんし、3年目以降であっても、年間の売上が1千万円を超えないような所は消費税を納めなくてもよいのです。（中略）そうすると、国に支払うつもりで消費者が支払った税金が、国には納められず、そのお店のもうけとなっている事になります。これが、消費税の益税問題とよばれるものです。

誤解に満ちた記述である。池田幹幸参院議員の質問にあった「いわゆる益税どころか、むしろ損税となっている」という指摘を思い出してもらいたい。先に名古屋市の駄菓子屋さんや東京都内の商店街の話題で触れた、事業者が仕入れの際に支払う消費税分のことは無視されている点にも要注目だ。

匿名の回答者が徴税関係者ではなく、善意の第三者であるなら、しかし、あまり責めるわけにもいかない。問題は、他ならぬ国税庁が国民を積極的に欺き、権力のチェック機能たるべきジャーナリズムがその片棒を担ぎ続けてきた現実にこそあるからだ。早い話が、ここに取り上げた国会論戦を正面から報じた商業マスコミは存在しなかった。国会という公の中の公の場で明らかにされた消費税の本質を、だから、この国の納税者は誰も知らないままでいる。

陰謀論の類《たぐい》では決してない。次項で決定的な証拠を示そう。

消費税の本質を浮き彫りにした重大判決

消費税は憲法違反だとする国家損害賠償請求事件の判決が東京地裁民事第十五部で

言い渡されたのは、一九九〇年三月二十六日のことである。元参議院議員で「サラリーマン新党」の最高顧問だった青木茂氏ら合計二十人が〝益税〟問題を俎上《そじょう》に載せて、「消費税法の納税者は消費者であり、事業者は徴税義務者である」との解釈を前提に、「にもかかわらず消費者から支払われた消費税が国庫に納付されない、事業者によるピンハネを認めている仕入れ税額控除、簡易課税、事業者免税点の各制度は、恣意的な徴税を禁じた憲法八十四条と国民の財産権を定めた同二十九条に違反し、また事業者間に不公平な扱いをもたらすものでもあるので、法の下の平等を定めた同十四条にも違反している」旨の訴えを起こしていたのだが、鬼頭季郎裁判長はこれを棄却した。

すなわち消費税は憲法に違反していない、合憲であるとの判断だ。一九八九年四月の導入から一年、それまでも批判の的だった〝益税〟に司法がお墨付きを与えた格好の重大判決だったにしては、ごく一部の例外を除いて、マスコミ各社の扱いが妙に小さかった。

ともあれ判決文を精読してみる必要がある。事の善悪を措《お》く限りにおいて、それは消費税というものの本質を浮き彫りにした、見事な理解ではあった。この判決内容が広く伝えられ、真っ当な議論が積み上げられていたなら、その後の税率アップも、近年における重税化への動きも、起こり得なかったのではないか。

判決理由は述べていた。

――納税義務者とは誰か？

税制改革法一一条一項は、「事業者は、消費に広く薄く負担を求めるという消費税の性格にかんがみ、消費税を円滑かつ適正に転嫁するものとする」と抽象的に規定しているに過ぎず、消費税法及び税制改革法には、消費者が納税義務者であることはおろか、事業者が消費者から徴収すべき具体的な税額、消費者から徴収しなかったことに対する事業者への制裁等についても全く定められていないから、消費税法等が事業者に徴収義務を、消費者に納税義務を課したものとはいえない。

つまり、事業者は消費者（小売業以外の業種では顧客一般）に対する商品やサービスの販売価格に消費税分を上乗せしてもよいし、しなくても構わない。消費者の側（同前）もまた、購入価格に消費税分を支払ってもよいが、支払わなければならないとは定められていないというのである。

いくつかの制度は事業者間の不公平を招きかねないのではないかとの指摘には、税率の低さを理由に甘受を迫っている。論理的であろうとする態度そのものが、この判決には欠落していた。

右制度（引用者注・仕入れ税額控除＝第三章で詳述）は、結果的には、全く免税業者からの仕入れに頼らない業者と、全面的にそれに頼る業者との間に、納税義務上差異が生ずる結果をもたらす。しかしながら、理論的に右のような差異が生じ得るとしても、多くの業者は免税業者からもそうでない業者からも仕入れを行ない得る。右制度によって利益を受ける程度は、業者によって幾分異なりはするものの、その恩恵を受ける機会は理論上はどの業者にもあること、控除割合が三パーセントであること、並びに仕入先が免税業者である確率がそれほど高いものであることを消費税は予定していないことを考慮するならば、前記制度による差別の程度が、著しく不合理な程度に達しているとはいえない。（中略）

同制度（事業者免税点）によって免税業者が得る可能性のある最大限の利益は対価の三パーセント以下であり、割合としてはさほど高くはない。しかも、これは、免税業者が消費者に消費税分を無条件に三パーセント全部転嫁した場合に理論上最大値の差別が生じ得るものに過ぎない。

――憲法八十四条違反ではないのか？

不公平な徴税を危惧する追及に対する判断に至っては、およそ不誠実としか言いようがない屁理屈が展開された。重大な部分だから、眼光紙背に徹していただきたい。

先に述べたように、消費税相当分の転嫁の仕方は、事業者の対価等の決定如何に委ねられており、その運用如何によっては、消費者に対する実質的な過剰転嫁ないしピンハネが生じる可能性もなくはない。この点において、消費税負担者である消費者側から見れば、消費税分につき、自己の負担すべき額の決定が恣意的に行われるように見える余地はある。

しかしながら、消費者が消費税相当分として事業者に支払う金銭はあくまで商品ないし役務の提供の対価としての性質を有するものであって、消費者は税そのものを恣意的に徴収されるわけではない。そして、法律上の納税義務者である事業者が、恣意的に国から消費税を徴収されるわけでもない。したがって、消費税法は、租税法律主義を定めた憲法八四条の一義的な文言に違反するものではない。

（『判例時報』一三四四号より。傍点はいずれも引用者）

小売商と消費者との間（事業者と顧客との間）における、消費税とは要するに物価なのだ。転嫁できるもできないも、とどのつまりは売る側の腕次第。力関係で勝れば転嫁に加えて便乗値上げもできようが、劣れば自分で被るしかない羽目に陥らされる〝けものみち〟。

多国籍企業のグローバル・スタンダードを、町場の金物屋さんにも適用するとの宣言だったのかもしれない。最終的に誰が負担しようと、徴税当局は取れるものが取れさえすればよいのである。

消費税とは力関係がすべてであり、問題だらけなのは明々白々だけれども、税率も低くて全体的には大したことがないのだし、お国のためなのだから我慢しろとだけ、この判決は言っていた。税率を引き上げる場合はこの限りでない、とも言っていない。先に消費税の本質を浮き彫りにした判決だと書いたが、その大部分は被告である国側の主張を容れたものである。とすれば消費税とは国民の寛容――というより実際は不案内か無知――を前提にのみ成立し得る、とんでもなく不誠実な税制だということになりはすまいか。

〝益税〟〝損税〟に司法がお墨付き

もともとは消費者の視点から、益税許すまじという趣旨の訴訟だった。これはこれで一般の支持を受けやすい、突き詰められると厄介な論理で、国としてはこの段階から矛盾を認めてしまうと消費税そのものが成り立たなくなる可能性がある。そこで当時の大蔵省（現、財務省）は、消費税のつもりで消費者が支払う金額はあくまでも物価の一部であり、〝益税〟などという概念は法理論的に存在しないという主張を展開し、東京地裁もこれを自らの判断とした。実体経済の上でどうであろうと、そんなものは結果論でしかない、と。

と同時に、判決は、同じ理屈で、事業者の〝損税〟の合法をも含意させていた。〈消費者が消費税相当分として事業者に支払う金額はあくまで商品ないし役務の提供の対価としての性質を有する〉というのであれば、価格に転嫁できるかどうかは事業者の裁量か能力次第、自己責任ということになる。免税点の引き下げや市場競争の激化などで〝益税〟が実体経済においても消滅しつつあり、かつ税率の大幅引き上げが構想されている現在に至って、この時の判断が消費税の悪魔性を正当化する機能を果たそうとしている。

力関係による下請けいじめの横行は当初から懸念されたことだ。公正取引委員会も、消費税が導入される三カ月前の一九八八年十二月末、消費税の負担を下請けにしわ寄せしないよう求めるガイドラインを公表。この方針を徹底するとして、八九年の年明けには通産省（当時）・中小企業庁とともに全国四百三十二の業界団体とスーパー、百貨店、メーカーなど資本金一億円以上の企業六千四百七十社に通知していたが、実効が上がったとは言いがたい。

消費税に絡む下請けいじめは、後に二〇〇四年四月の法改正で、免税点の引き下げなどとともに商品の値札を消費税込みとする「総額表示方式」が義務づけられた際にも注目された。たとえば本体価格千九百十円の商品に五％分の税額を乗せると表示が二千円を上回ってしまうので、「税込価格千九百九十円」の値札で割安感を維持するため納入業者に値下げを強いる、などといった行為が横行したのだ。

公取委も事業者間の取引に関する調査や厳正な対応に努めたとされるが、所詮は対症療法に過ぎない。消費税という仕組みの根幹がピンハネも下請けいじめも許容している以上、時間の経過につれて、この税制が経済社会の陰惨な力関係をより深刻にさせてきている現実も、弱い業者はそれを甘受せよと言い放った前記・小林財務副大臣のような国会答弁もまた、自然の成り行きではあるのだった。

東京地裁の判決が言い渡されてから八カ月後の一九九〇年十一月二十六日、今度は大阪地裁民事十九部（河田貢裁判長）が、ほぼ同じ内容の判決を言い渡した。やはりサラリーマン新党を中心に、全国から公募した原告団四十七人による訴えで、同党は東西二つのいずれの訴訟でも控訴しなかったため、これらの判決はそのまま確定した。

「預かり金」のウソ

消費税が語られる際、必ずと言ってよいほど使われる言葉がある。「預かり金」だ。先に〝益税についての典型的な認識〟として紹介した「ヤフー知恵袋」の〝ベストアンサー〟を思い出されよ。また東京地裁での裁判でも、原告側の青木茂氏らは、消費税の納税者は消費者だとする主張を裏付けるのに、当時の政府広報資料を証拠として提出していたのである。判決文の「請求の趣旨」の項には、訴状の主張が次のように要約されていた。

政府広報「消費税って何でしょう。」によれば、消費税を税抜きで処理する場合、課税売り上げに対する税額については「預かり金」、仕入税額控除対象額については「仮払い金」として処理を行うよう指導しているが、右のような処理は所得税法に基づく給与所得者からの源泉徴収額に関する源泉徴収義務者の経理処理と全く同様であり、大蔵省（引用者注・現、財務省）及び自治省（同・現、総務省）もまた消費税の徴収義務者が事業者であって、納税義務者は消費者であるということを前提としている。

消費税は物価の一部であって消費者からの預かり金などではなかったことは、しかし、すでに明らかだ。東京地裁判決は預かり金だとする解釈を明確に否定し、政府広報の記述についても、〈消費税施行に伴う会計や税額計算について触れたものであって、法律上の権利義務を定めるものではない〉、すなわち物の譬《たと》え程度のものでしかないと断じて、そのまま確定している。一般の消費者はこうした事実を知らないか、十分には理解できないまま、いつの間にか刷り込まれた嘘を真実だと思い込まされ、何かを買うたびに消費税を支払っているつもりでいるのにすぎない。

そうなるように徴税当局は世論を操作してきた。ここでは最もわかりやすいサンプルとして、東京国税局の中吊り広告をいくつか紹介する。

中吊り広告による世論操作

初期の消費税啓発ポスターの写真をご覧いただきたい。

「私らさぁ、給料から源泉で所得税ひかれて、ちゃんと消費税も払っているのに　そ、い、い、い、い、い、れを預かる人のなかに　きちんと税務署に納めない人がいるなんて、ぜったい許せないじゃん。」（傍点引用者）

女優の室井滋さんが怒り心頭に発している。一九九九年の暮れから二〇〇〇年の三月にかけて、同じ画像がテレビコマーシャルでも流されたと、少し後の新聞記事にあった（『朝日新聞』二〇〇〇年七月十九日付朝刊）。

八百屋さんからの帰り道を連想させる写真と、源泉徴収云々のコピーとの対比に注目。自営業者のすべてが脱税の常習犯でもあるかのような印象を植え付け、とりわけ給与所得者の不信感を煽《あお》って敵視させる目的としか考えられない。満員電車に揺られて苛立っているサラリーマンには、実に効果的だったのではあるまいか。

東京・大阪両地裁での国側全面勝訴も、その判決を勝ち獲った自らの主張さえなかったことにしてしまう国税庁の悪質なプロパガンダには、さすがに一定の批判が寄せられたと言われる。そこで、翌年の同時期に展開された中吊り広告では、

「マナーだよ　全員納税。」

の大見出しで、ザ・ドリフターズのいかりや長介さんが登場。テレビドラマ『踊る大捜査線』の古参刑事役で若いファン層を拡大していた時期だっただけに強い印象を残したようで、後に二〇〇四年三月に亡くなった際も、この広告を懐かしむ声がネット上に溢れることになるのだが、バストショットの脇に記されたセリフは、前回よりは悪質さをやや薄めてはいたものの、やはり国税局の嘘だった。

「オレが払った消費税、あれって、いわば預り金なんだぜ。だから、ちゃんと納めてほしいな。オレの税金、社会に生かしてほしいからさ。」（傍点引用者）

三種類目の中吊り広告には八百屋さんスタイルの男性が登場。さらに二〇〇二年の

「税に親しむため」として全国自治体の徴税に協力する団体が税の書道展を開催している

暮れから〇三年の三月にかけての、女優・宮地真緒さん編では、NHK朝の連続テレビ小説『まんてん』でお茶の間の人気者になったばかりの彼女が、

「とめないで！　私の払った消費税。」

と呼びかけていた。小さく「消費税は、預り金的な性格の税です。」（傍点引用者）の〝説明〟付き。

「いわば」よりは「的な性格」のほうがまだマシだとか、そういう問題ではまったくない。にもかかわらず、徴税当局の出鱈目は特に報道されることもなく、「消費税は預かり金」のイメージは定着していった。

大衆向けの中吊り広告とかテレビCMなど所詮は宣伝、嘘も方便だと徴税当局は考えているらしい。実はこの間、専門的な公式文書や政府高官、財務省・国税庁幹部の

オレらが払った、消費税
マナーだよ全員納税。
滞納しない、正しい納税。

私らさぁ、給料から源泉で
所得税ひかれて、
ちゃんと消費税も払っているのに
それを預かる人のなかに
きちんと税務署に納めない人がいるなんて、
ぜったい許せないじゃん。
滞納しない、正しい納税。

とめないで！私の払った消費税。
消費税は、預り金的な性格の税です。期限内にきちんと納めて下さいね。

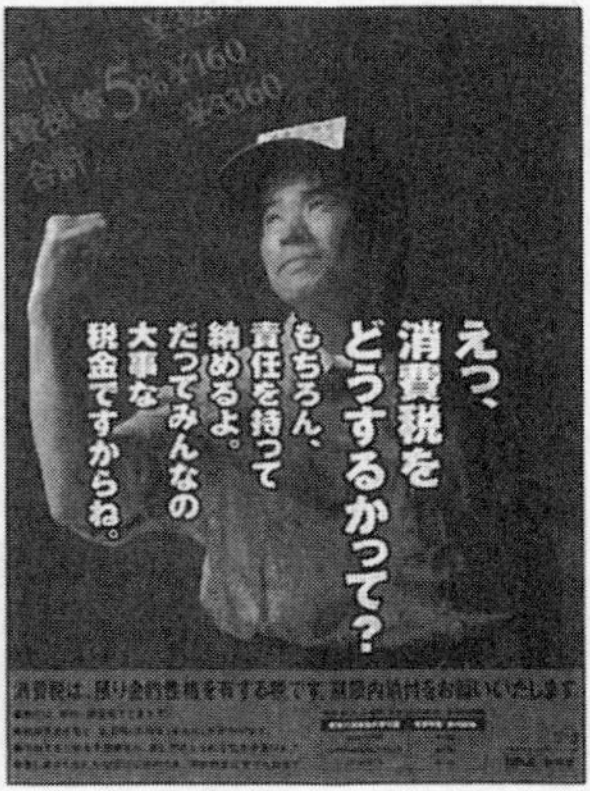
えっ、
消費税を
どうするかって？
もちろん、
責任を持って
納めるよ。
だってみんなの
大事な
税金ですからね。
消費税は、預り金的性格を有する税です。期限内納付をお願いいたします

（資料提供／湖東京至氏）

発言では預かり金云々の表現が巧みに避けられていた時期もあるのだが、消費税の増税気運が高まってきた二〇〇〇年代後半以降は、そうでもなくなりつつあるようだ。

「法人税や所得税などを含めた全体の滞納残高は、07年度は約1170億円で、ピークだった99年度の約1900億円から8年連続で減りました。ただ、消費税の滞納残高はここ5年、300億円台前半で横ばいで、課題が残っています。消費税は消費者からの預かり金的な性格があり、その認識が一部に浸透していないようです」（傍点引用者）

消費税導入二十年目を半年後に控えての「税を考える週間」に、菅野良三・名古屋国税局長（当時）が『朝日新聞』のインタビューに答えて述べていた（二〇〇八年十一月十二日付朝刊名古屋地方版）。再び〝預かり金〟キャンペーンが展開されていく兆しだったのかもしれない。なお滞納残高等は彼の管轄内に限られた数字である。

本末転倒の「クロヨン」ロジック

徴税当局は、どうあっても消費者と自営業者とを反目させたいらしい。消費税は消費者が支払っているという共通認識が深まれば、事業者が納税義務者であるところからもたらされる消費税の本質は覆い隠せるし、とすれば増税論に対して確実に登場してはくる反対運動も、底の浅いものにしかなりようがない。いざ増税となった暁にも、簡易課税制度など中小企業特例のさらなる縮小や、インボイス方式の採用、納税者番号制度の導入など、財務省の〝悲願〟とされる大型政策へと繋げていくことができるからではないか。

しかも彼らは強烈な武器を用意している。俗に「クロヨン」と呼ばれるロジックだ。課税されるべき所得金額を「サラリーマンなどの給与所得者が九割は当局に捕捉されているのに対して、自ら確定申告している自営業者は六割、農民に至っては四割しか把握されていない、不公平だ！　全国民に番号を割り振り、すべての取引をガラス張りにする納税者番号制度が必要だ」などとする論法を、多くの読者は耳にされたことがあるに違いない。

「クロヨン」論は消費税とも密接不可分の関係にある。所得税は不公平だから広く薄く公平な大型間接税が必要で、いずれはその比率を高めなければならないなどという議論は、「クロヨン」論の影響力がなかったら成立し得なかっただろう。

実に単純でわかりやすい、かつ人間心理の深奥を突いた決め付けである。「クロヨン」論は、サラリーマンだけが真っ当な納税者で、自営業者や農民はみんな脱税の常習犯だと決めつける誹謗《ひぼう》中傷そのものだ。税務署はそれほど甘くない。普通の人間が所得を誤魔化して脱税など図ろうものなら、たちまち身ぐるみ剝《は》がれてしまう。

とりわけ問題なのは、「クロヨン」論の大前提だ。サラリーマン税制こそが正統な徴税・納税システムだとする発想である。このような言説に同調することは、自ら納税者としての権利を放棄することに他ならない。

民主主義における所得税は、自営業者や農民が行っているような、納税者自身の手による申告納税が原理原則であり、現実の世界標準でもある。サラリーマン税制は例外中の例外でしかない。源泉徴収は日中戦争のさ中の戦時増税が始まりだし、これと給与所得者に納税事務の一切を勤務先に委ねさせる年末調整とのコンビネーションは、戦後、徴税要員の不足などを理由に、大蔵省が納税者としての給与所得者の権利を剝《はく》奪《だつ》した結果だった。詳しく知りたい読者には、拙著『源泉徴収と年末調整』（中公新書）か、その改訂版である『サラリーマン税制に異議あり！』（NTT出版）、『大増税のカラクリ――サラリーマン税制の真相』（ちくま文庫）をぜひ参照されたい。

嘘に塗《まみ》れた税務運営が常態化し、やがて申告納税の方が逆に邪道扱いされるようになった。労働人口の多数派を占めるに至った給与所得者は、しかし、納税者の権利を取り戻すどころか、かえって当局の誘導にたやすく乗せられて申告納税の正しい納税者を敵視し、彼らの権利まで奪い取るための戦力に組み込まれてしまっている。

ちくま文庫版の刊行に当たり、転嫁の問題について、最新の状況を加筆しておく必要がある。「消費税転嫁対策特別措置法」（いわゆる「消費税還元セール禁止法」）が施行されたのは二〇一三年十月。翌年四月に消費税率八％への引き上げを控えていた時期で、主に小売業などが消費者に対し、〝価格に消費税分を上乗せしない〟ことを売りにする広告や宣伝を禁じ、また転嫁カルテルや表示カルテルを独占禁止法の適用除外とするなど、中小零細の卸売業者等が増税分を商品価格に円滑に転嫁できるようにすることを目的に制定された。当時は二〇一七年三月までの時限立法だった（その後二〇二一年三月まで延長されている）。

同法によって、政府は内閣官房を中心に、公正取引委員会や各業界の監督官庁が連携して、大手スーパーによる買い叩きなどに対する監視を強化。違反した企業には公取委が支払いを勧告し、社名を公表するなどするという。

一定の効果がなくはなかったと思われる。中小企業庁が二〇一八年八月に実施したモニタリング調査でも、アンケートに応じた八千五百九十二事業者の八八・二％が「すべて転嫁できている」としており、そのうちの多くが「以前より理解が定着したため」「特措法で転嫁拒否が禁じられたため」などと回答していた。調査方法が異なるので単純な比較はできないが、二〇〇二年の調査結果（図表6）とは雲泥《うんでい》の差。慶應義塾大学の井手英策教授が、序章のインタビューで転嫁の問題をどこか楽観視していた根拠でもあった。

だが、はたしてそうか。政府があらゆる取引を監視することは物理的に不可能だ。目下の政治情勢では、中央官庁の秘密保持に強い不信を抱くのが中小・零細事業者の心理でもある。

しかも特措法は、大手スーパーなどの意向を容れ、消費税の文言を用いない、たとえば増税幅と同じ「三％値引き」とか、増税時期と重なる「春の生活応援セール」といった表現は禁じていなかった。実際、政府が民間の取引に介入し過ぎれば、それは自由主義経済における〝企業努力〟の否定にもなりかねない。いかにも消費税らしいジレンマで、要は転嫁を保証する対策など取りようがないのである。さらにまた、政

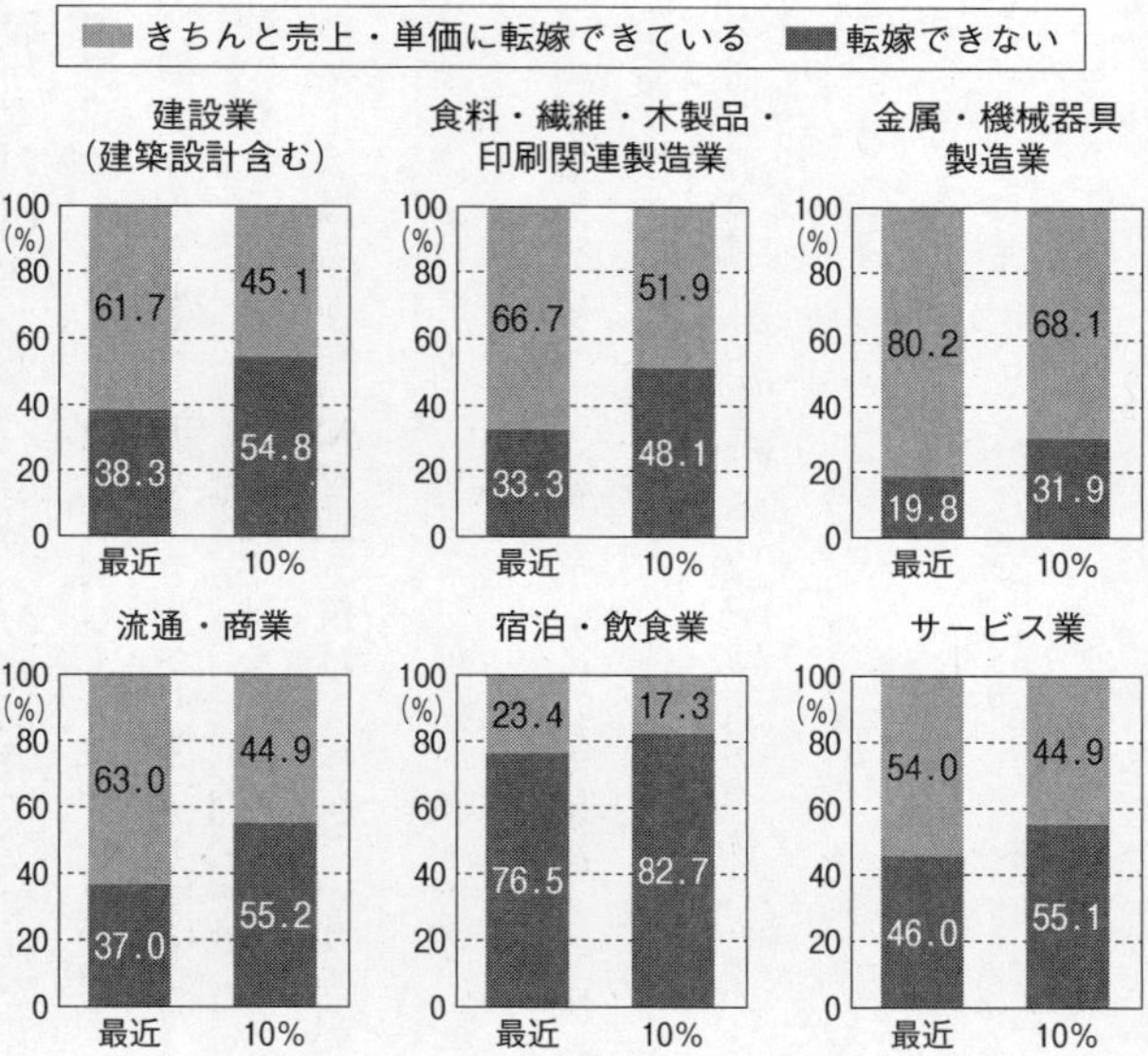

（全国商工新聞第 3336 号 11 月 12 日付より）

消費税が転嫁できるか
（最近の状況と 10%になった場合）

府与党の内部では、一〇%への増税時に、それでも消費の低迷を防ぐ目的で、「消費税還元セール」の表現を解禁しようとする声が強まってもいる。転嫁カルテルや表示カルテルが可能な業種はまだいい。弱い者がより多くの負担を強いられる消費税の本質は不滅なのだ。特措法があろうとしなかろうと、転嫁できないケースは増加の一途を辿り続けているというのが、個人事業者としての私自身の実感である。

中小規模の事業者ら約二十万会員を擁する全国組織・全国商工団体連合会付属の「中小商工研究所」が二〇一八年下期に実施したアンケート調査を前頁に示した。中小企業庁の調査とはだいぶ違う数字が現れている。

第三章

消費者が知らない
消費税の仕組み

ある税務署員の告白──〝消費税シフト〟

都内某所で大規模税務署の中堅署員に会った。氏名も肩書も明らかにできない。消費税の徴収に関する当局の方針や態勢を話してもらった。

「長年にわたって消費税を滞納している納税義務者を、税務署の最前線では〝優良事案〟と呼んでいます。取り立てれば上に褒めてもらえるからで、しかも手段を選ぶ必要はないとまで指示されている。倒産や廃業に追い込む結果を招いても構わない、いや、消費税を滞納する奴らなど潰してくれ、などというセリフさえ、署内では当たり前のように交わされているんですよ。変な言い方ですが、そういう発想が税務署の文化のようになってしまいました」

国税庁は一九九八年度頃から、あらゆる税目の中で消費税の徴収を最優先する〝消費税シフト〟を敷き続けている。税率が三％から五％へと引き上げられ、かつ不況が深刻化した前九七年度に新たな滞納が対前年度比で二五％ほども激増したのが契機だった。

山一證券や北海道拓殖銀行などの破綻が相次いで、〝貸し渋り〟はおろか、〝貸し剝がし〟まで横行した時期のこと。ややあって九九年度の会計検査院報告に、このままでは〈消費税に対する国民の信頼を失いかねない〉と指摘されるに及んで、全国各地の税務署では担当外の職員までが消費税の徴収に振り向けられ、「法人税の調査はさておいても消費税を」の檄《げき》が飛ぶようになっていったという。

税務署員は続けた。

「この間には特定の税目だけを追いかけるやり方はよくないという議論も出て、やや大人しくなった時期もなくはなかったのですが、二〇〇〇年代後半になって、またぞろ税率アップが重要課題になってきたせいでしょう、とにかく消費税の調査は早期に着手せよ、という大方針が下りてきています。若い署員の中には、例の裁判の存在さえ知らない人が少なくありません。消費税が消費者からの預かり金ではないと国税庁自身が主張して導いた東京地裁の判決なのに、ろくに教えてもいないのですね。

もちろん現場にはいろいろな人がいます。無理がありすぎる税制だから滞納が増えるのだと理解している人は、でも、全体のせいぜい半分ぐらいかな。国税組織としては納税者の事情はどうあれ滞納イコール悪、罪、であり、それを減らす職務は絶対の正義という考え方なので、今では猶予だの分納だなんてふざけるな、何が何でも差し押さえだって署員が珍しくもないんです。

本来はそれなりの手続きが求められている制度なのですよ。予告の書面をできれば手渡し、それでも誠意のある反応がない場合に限り副署長や上司、審理担当者らを交えた審議会を開いて協議して、これは悪質だと判断せざるを得ないとなって、初めて実施できるのが差し押さえという強硬手段なのです。だけど近年は、手続き自体が形骸化している。税率が五%の現状でもこんな具合なんですから、もしも一〇%とか一五%なんてことになったら、いったいどうなってしまうことやら。消費税の徴税はほとんど高利貸の取り立てと化すのか、そうなる前に、みんながダウンしてしまうのか」

業者の実情を無視した過酷な取り立て

高利貸云々は比喩ばかりでもないようだ。政府は構造改革の一環として地方税の徴収の民間委託を急がせて、すでに大阪府など多くの自治体が実施に踏み切っている。いずれは国税も同様の流れに乗せられていく可能性が高いとされる。

公権力とビジネスの境界が曖昧にされることには重大な危険が伴う。しばしば指摘される個人情報の流出だけの問題ではないのだが、本書のテーマからは離れるので、これ以上は触れない。

消費税の徴収がまだ高利貸の取り立てそのものにはなっていないはずの現在、しかし、たとえば第二章の冒頭で紹介した大阪府の食品加工業・山田一郎さんを見るがいい。彼はパートタイムの従業員に支払わなければならない賃金の分も含めて、売掛金の数カ月分を差し押さえられてしまった。

事は事業者や従業員の生存権にも関わる問題だ。国税徴収法も当然、滞納処分の停止要件等を定めた第百五十三条などで非道な差し押さえを戒めてもいるのだが、納めようにも納められないケースが少なくない消費税の徴収現場では、ほとんど無視されているのが実情だという。

山田さんもまた、彼だけなら難を逃れることは不可能だったかもしれない。窮状を聞かされた従業員一同が、まず立ち上がった。

○○社（原文は実名）が今回差押されている11月分の加工賃とはそのほとんどが私達従業員の給与にあたるものであり、差押が解除されなければ私達の給料が支給されなくなり且つ生活に即支障が出るので是が非でも今回の差押の解除を嘆願致します。

真実のみが持つ迫力と言うべきだろう。泉佐野税務署で山田さんは、この嘆願書と一通の資料とを、総務課長に示した。「滞納整理における留意事項について」。国税庁の徴税課長が、二〇〇一年六月一日付で各国税局の徴収部長および沖縄国税事務所の次長に宛てた通達である。

それによれば、滞納整理の目的は、租税債権の確実な徴収と、租税負担の公平を図ることだ。それゆえにこそ徴収職員には大きな権限が与えられているのであり、したがって〈滞納処分に当たっては、法令に反することがあってはならないことはもとより、滞納者の実情等を考慮し、応接中の言動や行動等には十分配慮したところで、適正かつ適法に滞納整理を実施するとともに〉などとある。

とすれば賃金すなわち従業員の労働債権まで分捕る差し押さえが、〈滞納者の実情等を考慮し〉たものでないのは明らかだ。総務課長は「署長に相談する」と言って退席し、一時間後、差し押さえの解除が決定したという。

山田さんはまだしも幸運だった。どれほど生存権を訴えても聞く耳を持たない徴税官は決して少数派ではないとされ、実は国税徴収法にも労働債権を保護する具体的な条文は存在しないのだ。

だから、十二分の理論武装はもちろん、自らの精神力や周囲の協力、最終的には徴税当局の理解、担当者の人間性など、よほどの僥倖《ぎょうこう》が重ならないと、抗《あらが》いきれるものではない。消費税のために自らの命を絶たされていった人々の叫びを、私たちには聞いておかなければならない義務がある。

死に追いやられる自営業者たち

二〇〇八年四月十八日、夜。

長崎市内の住宅地に近い山中で不審な乗用車が発見され、車内に一人の男性の亡骸《なきがら》が見つかった。乗用車の中で、カッターのような刃物で首を切り裂いている。付近でケーブルテレビの敷設工事業を営むS・Kさん（当時四十九歳）だった。警察は現場の様子やSさんが置かれていた状況等から、自殺と断定した。

「いつも明るくて、冗談ばかり言っていた人なのに……。遺書は残されていませんでしたが、私にはわかります。主人は消費税に追い詰められたのです」

同い年の妻のEさんが唇を噛んだ。もうじき三回忌がやって来る頃に、市内のご自宅で伺った話である。

Sさん夫妻は長崎市内の中学校の同級生だった。二十歳で交際を始め、二十七歳で結婚。一男二女がいる。

電気関係の仕事をしていたSさんが独立したのは一九八九年、二十九歳の時。滑り出しは順調で、やがて年商五千万円、最大で八人のアルバイト従業員を擁する規模に成長させることができた。

ケーブルテレビの普及に伴い、しかし競争も激化する。主に下請けの形で展開していた商いにも、九〇年代半ば頃からは翳《かげ》りが生じ始めた。

「従業員が第一という人だったせいか、売り上げに対して出て行くお金がすごく多かったんです。人手は外注でなく直に雇っていたし（派遣会社などを活用して外注にすると消費税を節税できる。詳しくは第四章で）、残業代や諸手当をきちんと支払い、ケータイ代とかガソリン代のような経費もすべて負担していましたから。

ずいぶん長いこと、消費税を料金に転嫁することもしていませんでした。ようやく乗せさせてもらうようになったのは数年前からですが、料金そのものの値崩れが激しくて」

はたして税金の滞納が増えていく。二〇〇〇年代に入って赤字に陥ると、それでも督促される消費税が仇になった。〇七年末までには滞納総額が八百万円を超えた。

「それでも税務署の方と相談をしながら、月に十五万～二十万円程度ずつは分納を進めていたんです。主人は嫌がるし、体調も悪かったので、私が税務署に毎月、毎月、持って行って。収支報告書も提出していました。

でも大変だった。〇七年の十一月以降は二万円とか、そんな金額しか支払えなくなって、いろいろ言われながらも私は何度も何度も税務署に顔を出して、誠意を見せていたつもりなんです。ところが――」

〇八年二月二十五日。すなわち従業員への給料の支払い日に、Sさんは元請けのケーブルテレビ会社からの電話で、二月分の売掛金の全額、約四百五十万円を差し押さえるとの通知があったと知らされた。消費税の滞納額を少しだけ上回る金額だった。

「従業員の給与だけは」と走り回ったが

給料の不払いは許されない。とりあえず一カ月分だけは元請けの社長が翌三月分の工事代金を担保に立て替えてくれたものの、それは急場しのぎ以外の何物でもなかった。

差し押さえの解除を求めるSさんに、長崎税務署は三つの条件を突きつけてきた。①滞納返済計画の提示、②今後に発生する税額で滞納を出さない、③担保の提供。とりわけ②は、赤字でも自腹を切らされる消費税の性格をよく表している。条件を満たすのは難しいとSさんは言い、では解除できないとだけ、税務署員は答えたという。大阪府の山田一郎さんが救われる決め手となった、〈滞納者の実情等を考慮〉せよとする「滞納整理における留意事項について」が顧みられる場面は、最後まで見られなかった。

Sさんは金策に走り回ったが、どれも不調に終わる。万策尽きて、最後に頼った近しい親戚の家で、別の関係者と口論になり車で飛び出して行った、それが生きている夫をEさんが見た最後だった。四月十五日の夕刻。

三日後の十八日の夜、Sさんははたして変わり果てた姿になっていた。Eさんが語る。

「税務署の担当者には、『あんたたちのせいだ』と言わせてもらいました。お悔やみの言葉、ですか？　いいえ、『規則ですので』だけです。滞納するから悪いんだと、それだけでしたね。

いいえ、私は相続を放棄したので、その後は何も言ってきません。それっきりです。主人が大切にしていた従業員たちが、とりあえずケーブルテレビ会社の関係で仕事は貰えているのが救いと言えば救いですが」

ふと気がつくと、Eさんの部屋には夥《おびただ》しい数の表彰状が飾ってあった。地元の少年野球チームの監督をしていた主人は、いくつもの大会で優勝や準優勝の栄誉を獲得していましたものと、彼女は胸を張った。

いきなり差し押さえられた個人工務店

赤木剛さん（仮名）は、中部地方某県のある町で、工務店を経営していた。幾人もの職人を使いながら、自らが腕のよい二代目の棟梁として、寺社の建築に携わった経験もしばしば。会社組織にはせず個人商店の形態を貫いて、ピーク時には年商で一億円以上を売り上げていた。

それでも昨今の不景気はいかんともしがたい。二〇〇六年度の売上高は五千万円を割り込み、所得税も大したことはなかったが、消費税は利益の多寡に関わりなく、六十二万円を課せられた。

赤木さんは、しかし、なぜかこの消費税を直ちには納めなかった。資金繰りの都合だったとも言われるが、資産家だった彼が、この程度の金額を支払えないなどということはあり得ないとの評判が専《もっぱ》らである。

〇九年の初秋、私は現地を訪れ、日頃から彼の確定申告の相談に乗っていた関係者に会って話を聞いた。それによれば――、

「昨年（〇八年）の正月が明けて間もない日のことでした。赤木さんは私のところへ来て、ひとしきり話し込んでいったんです。何でも前年の十二月、税務署に自宅と事務所の土地を差し押さえられたと言うんですね。しかも、事前に何の通告もなかったのだとか。

赤木さんはもともとその土地を担保に地元の信用金庫から金を借りていた。でもま

だ余裕があったので、もう少し借りるつもりで年末に信金を訪ねたら、差し押さえられているのでもう貸せないと、断られてしまったそうです。

何だあ、そりゃあ!? ですよね。すごく優しい反面で気の強い方でしたから、消費税を納めなかった最初の段階で、税務署との間でトラブルがあったのかもしれない。無礼なことを言われて、『どうとでもしろ』ぐらいの言葉を返していたとしても、私は驚きません。

意趣返しとしての差し押さえなんてありっこないと信じたいところですが、それから半年余りしか経っていないわけでしょう。赤木さんは何よりも、信金側の対応にショックを受けていたようでした。それはそうですよ、長年の取引で、とてもよい関係なんだと、日頃から自慢していたのですから。

いつもは寄ってくれてもすぐに帰っていく方が、この日に限って、三時間も。税務署や信用金庫のことばかり、でも笑いながら話していきました」

仕事がなかったとは思えない。赤木さんは翌月も新築と増改築の注文を、それぞれ二件ずつ受けていたそうである。

しかし彼は、この日のうちに首を吊ったという。享年六十二歳。遺書はなく、ただ、材料費などの支払い先リストと簡単な明細だけが残されていたそうだ。

徴税のため「とにかく差し押さえろ」

関係者が続ける。

「自殺は公表されず、日にちもずらして、何かの病気の発作ということで処理されました。小さなお孫さんたちに知らせたくないというご遺族の意向なので仕方ありませんが、でも私は口惜しい。赤木さんも同じ気持ちだっただろうと思います。

あの後、税務署にも押しかけましたが、酷《ひど》いものでした。担当者が一人でやっていたので何もわからないの一点張りで、ではその担当者に会わせろと言っても出てこない。

ここの県税事務所はね、とにかく差し押さえろという方針なんです。徴税のためなら人権なんて完全に無視。事務所内には滞納者の一覧表が貼ってあり、差し押さえた相手の名前のところに造花を刺していく。選挙で当選確実が出た候補者みたいにね。自民党や民主党の本部でやってるの、テレビで見たことあるでしょう?

そうやって税務職員を鼓舞したら滞納が大幅に減ったって、県知事がマスコミで威張ってますよ。彼らは当然、市町村の税務課や国の出先の税務署とも連携して動きます。同じ県にいて、税務署だけが人権重視だなんてことはあり得ません」

にわかには信じがたい内容を含む話だったが、地元紙や全国紙の県版のバックナンバーを調べてみると、確かにこの県の徴税態勢には強烈なものがあった。二〇〇八年に県と県内の市町村が任意団体「県地方税滞納整理機構」を設立。弁護士や警察OBまでスタッフに参加させ、差し押さえた資産の件数で〇八年度は前年度の二倍、〇五年度と比べると十一倍にも達したと伝えられる。金額ベースでも十億円の期首目標を軽々とクリア。翌〇九年は十二億円の達成を目指した。

全国最低レベルと言われた地方税の徴収率を引き上げるための態勢強化とされる。自動車を動けなくするタイヤロックの活用や、差し押さえた動産・不動産のインターネット公売はもちろん、滞納者が消費者金融に支払った過払い金の返還を求める訴訟まで起こした。取り返して税の滞納分に充てるためである。

なおネット公売を行っている自治体は珍しくないが、この県では宮沢りえのヌード写真集や、ワシントン条約や「種の保存法」で保護の対象とされるウミガメの剝製《はくせい》まで出品されて、ちょっとした話題になった。

切羽詰まっていたわけでもない赤木さんが、それでも自らの命を絶たなければならなかった動機は、どこまでも不明だ。だが、こうして背景を探っていくと、わからないでもない気がしてくる。

赤木さんは消費税の仕組みをよく知っていた人らしい。職人への報酬の支払い方でも、節税を可能にする方法を活用していたという。それだけに、何もかもが馬鹿馬鹿しくなってしまったのではないか。

「消費税なんかお客さんから貰えやしないよ。貰ってない税金をお前が払えって税務署が言ってくる。何だあ、そりゃあ!?」

赤木さんの口癖だったという。彼が最期の場所に選んだ自宅事務所の入り口は、差し押さえられた土地の象徴だったのかもしれない。

「仕入税額控除」という仕組み

消費税の重大な構成要素なのに、ここまで意識的に詳しく触れずにきたテーマがある。仕入税額控除である。

複雑になりがちな記述を避け、わかりやすさを優先した結果だが、消費税の本質を論じる以上、避け続けるわけにはいかない。まずは国税庁のＨＰに掲載されている「消費税のあらまし」（平成三十年六月）から、該当部分を抜き出してみる。

1．基本的な仕組み（3）課税の仕組み

〈生産、流通の各段階で二重、三重に税が課されることのないよう、前ページの図（引用者注・図表7参照）のように、課税売上げに係る消費税額から課税仕入れ等に係る消費税額を控除し、税が累積しない仕組みとなっています。〉

用語の説明　5　課税仕入れとは

〈事業者が、事業として他の者から資産を譲り受け、若しくは借り受け又は役務の提供を受けることをいいます。

課税仕入れに該当するもの……●商品の仕入れや、機械等の事業用資産の購入・賃借、事務用品の購入、賃加工や運送等のサービス提供を受けること　●免税事業者や消費者からの商品や中古品等の仕入れ

課税仕入れに該当しないもの……●土地の購入や賃借、株式や債権の購入、利子や保険料の支払などの非課税取引　●給与、税金の支払など〉（傍点引用者）

給与の支払いは課税仕入れに該当しない、という部分を記憶しておかれたい。近年における非正規雇用の増加と密接な関係があるのだが、詳しくは第四章に譲ることにして、ここでは仕入税額控除の基本を述べていく。

見かけほど難しい仕組みではない。売上高が一千万円を上回る事業者はすべて消費税の納税義務者とされているので、そのままだと一つの商品やサービスが消費者の手に渡るまでに経由した事業者の数だけ、税に税が幾重にも、複利でかかってしまう。消費者が負担するという建前そのものが成立しなくなる。

そうならないように仕入税額控除という仕組みが導入された。

国税庁ＨＰ「消費税のあらまし」（平成30年6月）より

こういうことである。

　事業者は仕入税額控除を活用したい。赤字でも取り立てられる消費税の、数少ない節税機会なのだから当然だ。このため小売店が問屋から商品を仕入れる際にも、メーカーが町工場に下請け仕事を発注する場合にも、〈課税仕入れ等の事実を記載した帳簿と請求書等の両方の保存が必要〉（「消費税のあらまし」）になってくる。

　この点を捉えて、だから消費税を価格に転嫁できないなどということはないはずだと言いた

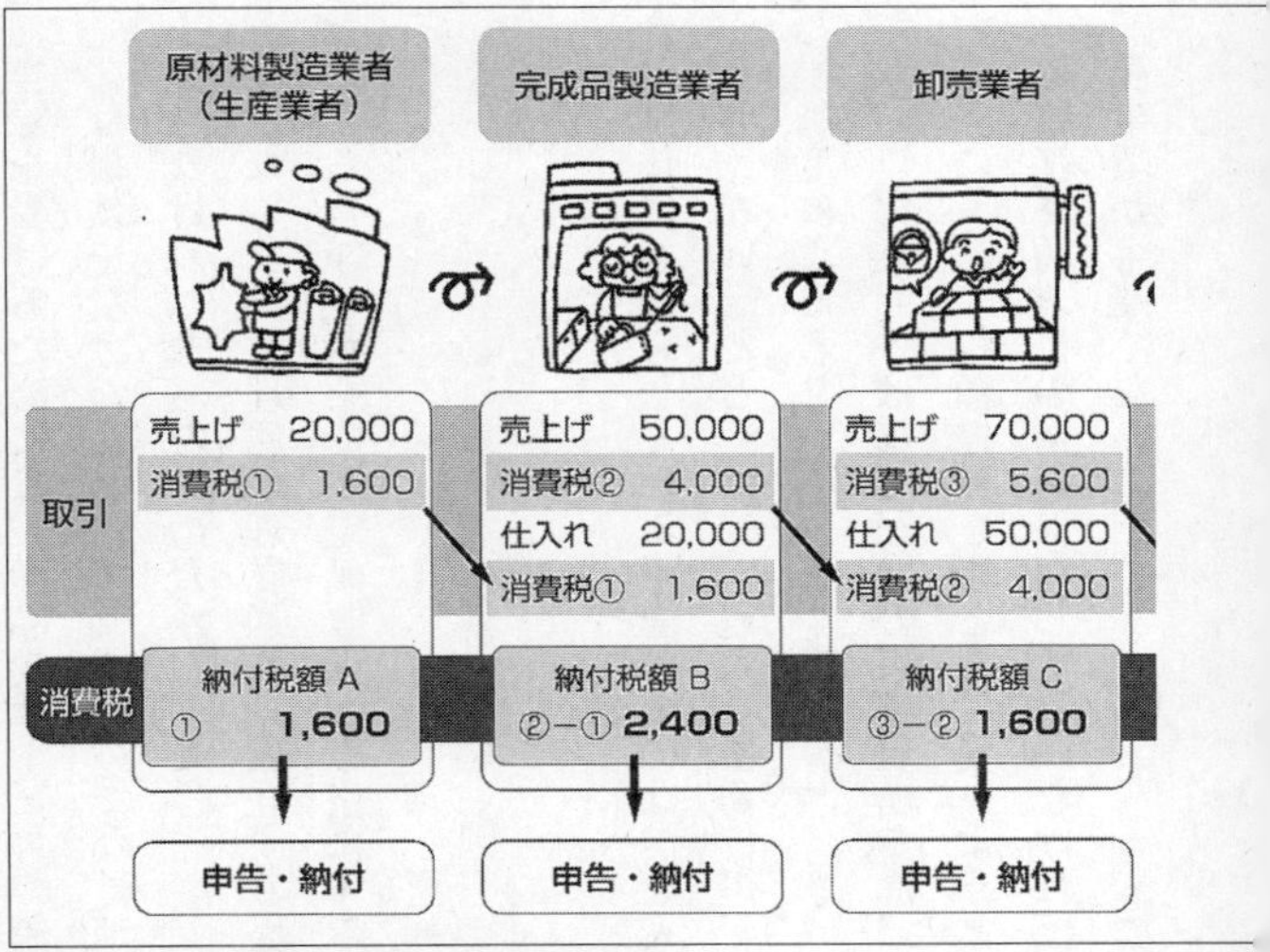

図表7　消費税の負担と納付の流れ

がる論者もいる。事業者が仕入税額控除を受けるためには、商品やサービスの流通経路における前段階、すなわち仕入先には提供を受けた商品等の価格だけでなく消費税分に相当する金額を支払った事実を残さなければならないのだから、と。

理屈はその通りだが、現実にはそうはならない。理屈が理屈通りに成立する場合があるとすれば、それはカルテルなどによる無競争状態で、定価販売が厳格に守られている場合だけである。

過大な事務負担

消費税が零細な事業者や日本社会の全体にもたらしている不徳の中には、仕入税額控除の構造がもたらしている部分が小さくない。たとえば、①過大な事務負担、②徴税当局の恣意的な運用、③輸出戻し税制度による著しい不公正——。

①については、特に零細でなくても、自営業と呼ばれる程度の事業規模では、とても対応できるものではない。前述のように、仕入税額控除をまともに受けようとすれば、課税仕入れ等の事実を証明できる帳簿や請求書の類《たぐい》を保存しておかなければならないのだが、この際に求められる記載事項が半端でないのだ。

「消費税のあらまし」などによれば、帳簿には課税仕入れの「相手方の氏名または名称」「年月日」「内容」「対価の額」、課税貨物（輸入の場合）なら「引取年月日」「内容」「引取りに係る消費税額及び地方消費税額又はその合計額」が。仕入先に発行してもらう請求書や納品書、領収証等には「書類作成者の氏名または名称」「年月日」「内容」「対価の額」「書類の交付を受ける事業者の氏名または名称」が、仕入れ税額控除を受けようとする事業者が作成した仕入れ明細書、仕入れ計算書等で、記載事項について相手方の確認を得たものには「書類作成者の氏名または名称」「相手方の氏名または名称」「年月日」「内容」「対価の額」が。課税貨物に関して税関長から交付を受けた輸入許可証等には「保税地域の所轄税関長」「引取り可能になった年月日」「内容」「課税貨物の価額並びに消費税額及び地方消費税額」「書類の交付を受ける事業者の氏名または名称」が、それぞれ、記載されていなければならない。

帳簿も請求書等の書類も、保存を義務付けられている期間は、課税期間の末日の翌日から二カ月を経過した日から七年間。消費税はシンプルな税制だと形容されやすいが、ためにする印象操作も甚だしい。特に専門の要員を置けない零細な納税義務者にとっては、まるで消費税の計算をするために事業を営んでいるような錯覚にさえ陥ってしまう。

消費税にはそうした不満を抑える仕組みも用意されてはいた。「みなし仕入れ率」で消費税の納付額を計算する「簡易課税制度」である。あくまでも「みなし」であるから実態とは食い違う場合もままあり、〈多額に設備投資を行った場合などで一般課税により計算すれば還付となる場合であっても、還付を受けることはできません〉(「消費税のあらまし」)とはいうものの、とりあえず過大な事務負担からある程度は解放されるメリットがある。

この制度は、消費税が創設された際、免税点制度などとともに、中小零細事業者のための特例措置の一つとして制度化された。簡易課税制度を選択できるのは売上高が五千万円以下の事業者に限られる。当初は五億円以下だったものが、幾度かの見直しがあり、免税点と同様に、二〇〇四年度に大幅に引き下げられてしまった。

年商五千万円の規模では、専門の要員を置くことは不可能に近い。そのことだけでも消費税は、零細な事業者に過重な負担を強いている。

小出事件

次に②の「徴税当局の恣意的な運用」について述べる。どの税目にもある問題だが、消費税の、とりわけ仕入税額控除をめぐるトラブルが枚挙に暇《いとま》がない実態が、まるで報じられもしていない現状は異常だ。

消費税は創設からあまり経過していないこともあり、裁判事例はさほど多くない。武田昌輔・成蹊大学名誉教授の集計によると、二〇〇八年六月までに言い渡された判決は約八十件を数える程度なのだが、このうち仕入税額控除に関わるものが二十二件を占めている（「消費税における判決の検討」『税制研究』二〇〇九年二月号）。

たとえば――、

一九九二年八月三日の午後二時五十分頃、大阪府堺市の自宅兼事務所で電気工事業を営んでいた小出義人さん（当時四十六歳）は、堺税務署署員Y氏の来訪を受けた。前月二十七日の不在時に事前の連絡もなく訪問され、二十九日にまた来るとのメモが残されていたので、電話をかけて日程を調整したのだった。

小出さんは税金に詳しい知人のI氏に立会人を頼んでいた。Y氏は彼を「守秘義務違反の恐れがあるので外してくれ」と言ったが、納税者自身の意志で同席させるのだから、理由になっていない。確定申告を代行してもらったわけでもないので税理士法とも関係ないのに、Y氏は「外さないと調査ができない」と繰り返すばかり。I氏が仲裁に入ろうとすると、「お前は黙っとれ」と怒鳴られたという。

小出さんは帳簿や資料を整え、相手に見えるよう示してもおいたが、Y氏は眺めもせずに席を立った。この間、約四十分。

その後も同様のやり取りが幾度か重ねられた。Y氏は取引銀行などへの反面調査を進める一方で、小出さんに対しては一向に調査しようとしない。ようやく九月に入って小出さんは自分が消費税の納税義務者になっていたことを知り、期限後申告とともに仕入れ税額控除分を差し引いた消費税二十五万八千六百円を堺税務署に納付した。

Y氏はそれでも訪ねてきた。十月中旬、別の署員を伴って、だが何もしないで帰っていったという。小出さんには結局、九一年度の仕入税額控除を全面的に否認する更正処分が下された。彼が納付しなければならない消費税額は八十一万八千七百円とされ、すでに支払った分との差額五十六万百円と、期限内に申告しなかった無申告加算税八万四千円の追徴が通知された。

実態にそぐわない提出書類の要件

この事件も裁判になった。処分の取り消しを求めて大阪地裁に提訴した小出さんの請求は、しかし、一九九八年八月十日、八木良一裁判長によって棄却されてしまう。

全面的な敗訴なのだが、原告側の主張が認められた部分もあった。納税義務者が仕入れ税額控除を受けるための要件である帳簿や資料等の「保存」という用語について、判決は文字通りに「所持・保管」を意味するとの解釈を示したのである。

税務調査の際に提示されなければ「保存」と認めないとする国税庁の主張は排除された。恣意的な運用に一定の歯止めがかけられた格好ではあるが、大阪地裁判決は同時に、過大な事務負担に耐えられない零細事業者への死刑宣告にも等しい側面も持ち合わせていた。

前述の、納税義務者が「保存」を義務付けられている請求書や領収証に求められる五つの記載事項を思い出してみてもらいたい。消費税法第三十条九項の定めだが、現実社会との間には、当然、深いギャップが横たわっている。

原告側の代理人を務めた関戸《せきど》一考《いっこう》弁護士の指摘は重大だ。彼はこの規定と大阪地裁の判断について、著書で次のように述べている。

5要件とは次の①から⑤をいう。

①領収書の作成者の氏名
②売買の年月日（あるいは期間）
③売買の対象物・内容
④売買金額
⑤宛名（上様ではだめ）

皆さん、この5要件は当たり前のことだと思うだろうか。否、決してそうではない。私は、法廷で実例を示して、5要件が当たり前のことではないと訴えた。

「先日、松江地裁に行った。その折、出雲空港から裁判所までタクシーに乗った。その時にもらった領収書がここにある。そこには代金、日付とタクシー会社名の記載があるのみで、5要件の③と⑤がない。でも空港から裁判所までのタクシー料金ということは、私が補足説明すればわかるはず。これが中小零細事業者の実態だ」と。

我々は30条9項を厳格に解すると中小零細事業者の実態に合わないので、他の資料や状況から5要件を判断できるように弾力的に解釈すべきであることを税理士に協力を求めて意見書として提出した。

しかし、裁判所はこれに耳を貸さなかった。小出事件では提出した領収書のうちでこの要件をすべて満すものはわずか1種類だけで残りは不十分であるとして結局仕入税額控除を否定されてしまった。(中略)

今後、もしこの判決で示されたような30条9項の厳格解釈を税務調査の現場でやられたら、納税者との間で大混乱が生ずる。なぜならたとえ5要件を満していなくとも、それは納税者の支払った経費分に消費税が含まれていることは間違いはないからである(関戸考『税金裁判ものがたり――「納税者」のための税務訴訟ガイドブック』せせらぎ出版、二〇〇四年)。

大げさに感じられるかもしれないが、実際、判決は関戸弁護士が恐れたタクシーの事例に限りなく近いものだった。ガソリンスタンドの領収証にガソリン代とバッテリー液、ウォッシャー液の区分が示されていないとか、賃貸ガレージの代金を銀行振り込みで受け取ったとする原告宛の受取書に何の対価か記されていないなどといった、通常なら問題になるはずもない商取引を見咎《みとが》める堺税務署の更正処分に、大阪地裁の八木裁判長はお墨付きを与えたことになる。

徴税当局の恣意的な運用で追いつめられる

仕入税額控除をめぐる裁判は他にも数多く繰り返されている。津、高松、東京などの地裁では国税庁側の主張をそのまま追認する判決が相次いだ。まだしも「保存」の意味を限定した大阪地裁判決は例外的な地位に追いやられ、徴税当局の恣意的な運用には法的な歯止めがかからなくなってきている。

なお、堺税務署には早い時期から小出さんを敵視していた節があった。一九九七年六月二十日に小出さんが大阪地裁に提出した陳述書には、Y氏が二人連れで来訪してきた際の様子が、こんなふうに描写されていた。

Y氏は「帳簿等を二人で見た方が早いので二名で来た」と言いました。しかし前回立会人をはずしても見ようとしなかったので、I氏の同席のまま調査を受けることにしました。テーブルの上に前回と同じ帳簿、領収書等を置き、二人の目の前に一覧表（集計表）を置いて、この中でどこかおかしい所があるか尋ねました。（中略）私はY氏らが資料を見たあと不審と思われる点について帳簿や原始資料を確認する際に「Iさんは席を外してもらってくれ」と言えば私ははずしてもらうつもりでいました。しかしY氏は「立ち会いがいると調査できない」と言って立ち上がり、H署員に「ニタッ」と笑いながら、「これでいいな」と言ってこの日もすぐに帰りました。この間時間は約一〇分位でした。

このやり取りを聞いてY氏ははじめから調査をするつもりなどなく、私の対応を別の署員に確認させるために連れてきたのだと思いました（イニシャルは原文では実名）。

敗訴した小出さんは、一定の成果を得た判決の意義を喜びはしたものの、仕事への情熱を日に日に失っていった。確定してしまった追徴課税の支払い方法を相談しに税務署へと赴いたのは、弘美夫人だった。

――すぐには納められないのです。

「お金を借りるところがあるやないですか」

――府や市の事業融資はもう受けていますので。

「他にもあるですやん」

――消費者ローンのことですか。

「そういうこともありますね」

税務署員は、サラ金から借りて来いと言いたかったらしい。そんな誘導には乗らずに分納を重ねて支払い終わった小出さんは、しかし、判決から五年も経たない二〇〇三年一月、帰らぬ人となった。

堺市内の自宅で、弘美夫人に話を聞いた。

「あの人は初めから消費税を怒っていました。今は三%でごまかされとるけど、じきに二〇%くらいに上げられるでと、いつも言っていた。その通りにされそうですね。

うちの商売は下請けのまた下請けでしたから、元請けさんに消費税分を請求し、払ってくれたとしても、必ずそれ以上の値引きを強いられる。いくら働いても儲からないので、私がパートに出て生活費を稼いでいたんです。

消費税に殺されたんですよ。あんなものがあったのでは、何の展望も持てません。本来は明るくて、みんなに好かれていた人やったのに、最後の頃はお酒ばかり飲んで、

『もう、あかんねん』って」

輸出戻し税

　零細事業者が直面させられている悲惨とは裏腹に、消費税は大企業、とりわけ輸出比率の高い大企業にとっては実に有利に働く。彼らは消費税という税制によって、莫大な不労所得さえ得ていると断定して差し支えない。

　比喩ではなく、現実のお金の流れだ。仕入税額控除の構造に関わる問題点の③、輸出戻し税のことである。

「消費税のあらまし」によれば、消費税は国内での取引に課税されるものであり、輸出や国際輸送など輸出に類似する取引では免除されるという。消費税法第七条の規定だが、これだけでは意味も理由もわからない。大蔵省（現財務省）主税局の出身で、税制シンクタンク「ジャパン・タックス・インスティチュート」の所長も務める森信茂樹・中央大学法科大学院教授の記述が、徴税側の説明としては比較的こなれているのではないか。

消費税は、輸出入取引について競争条件を同じくするという観点から、国境調整が行われます。具体的には、輸入貨物を課税対象とする一方で、輸出取引については免税とします。これは、消費地課税（仕向け地課税）原則の考え方によるものです。つまり、外国に輸出される物品などは、通常、輸出先の国においても間接税が課されるので、わが国から輸出される物品などに消費税を課税すると二重に課されることになります。そこで、物品やサービスの消費について課される間接税は、物品やサービスが消費される国において課税することとし、輸出される物品などについては、間接税の負担がかからないように国境税調整（免税）を行うわけです。この結果、輸入取引については、税関において国内取引と同様の消費税負担を求めるとともに、輸出取引については、国内で発生した消費税負担は完全に除去されることになります。このような制度は、消費税を導入している世界各国が採用しており、国際的慣行となっています（森信『抜本的税制改革と消費税――経済成長を支える税制へ』大蔵財務協会、二〇〇七年。傍点引用者）。

仕入れ時の消費税がまるまる還付される

理屈はよくわかる。だが肝心のことが書かれていない。問題は〝輸出取引については、国内で発生した消費税負担は完全に除去〟する作業が実際にどう運営され、いかなる結果が導かれているのか、である。

輸出企業は輸出する商品や商品を製造するための部品等を仕入れた際、すでにその対価とともに消費税分の金額を支払い済みだ（という形になっている）。仕入れた商品やこれを材料に組み立てた製品を国内で販売する場合は、消費者から受け取る消費税分から仕入れのために支払った消費税分を差し引いて納税する。つまりは「仕入税額控除」だが、輸出の場合はゼロ税率が適用されることになる。とすれば輸出企業が仕入れのために支払った（という形になっている）消費税分はほとんど還付されてくる。こんな計算だ。

――輸出企業A社がB社から五千円で商品を仕入れて、一万円で輸出したとする。すると課税仕入れにかかった消費税額の約二百三十八円（x円×1・08＝5000円＝4630円＋370円）を、課税売上げ一万円にかかるゼロ税率イコール〇円から引いたマイナス三百七十円という仕入れ税額控除の計算式が成立し、ということは三百七十円が丸ごと輸出企業Aに還付されることになるのである。その総額は半端でない。

政府の予算書をもとに概算すると、たとえばまだ五%だった二〇〇八年度における消費税の還付総額でも約六兆六千七百億円。この金額は同年度の消費税収十六兆九千八百二十九億円の約四〇%に相当している（いずれの数字も国税消費税四%と地方消費税一%を合計したもの）。

では、どの企業がどのくらいの還付を受けているのか。関東学院大学の元教授で税理士の湖東京至氏が、主な輸出企業の有価証券報告書を基礎資料に試算したところによると、この前年の二〇〇七年度に最も多額の還付金を得たのはトヨタ自動車で、約三千二百十九億円だった。以下、ソニー、本田技研工業、日産自動車、キヤノン、マツダ、松下電器産業（現、パナソニック）……などと続いていた（図表8参照）。

各地の税務署から主要十社に振り込まれた還付金の総額は約一兆千四百五十億円で、全体のやはり三〇%近くを占めていた。試算は各社単体での売上高から導かれているので、近年の子会社を活用したグループ戦略の流行に合わせて連結決算の業績をベースとすれば、この金額はいっそう跳ね上がる。

事実上の「輸出補助金」

理屈の上では、彼ら輸出企業は仕入れの際に支払った消費税分を取り戻したまでのことであり、何千億円の還付を受けたところで、本来、何のメリットもないはずだ。むしろ還付までの金利を考慮すれば、マイナスにならなくてはおかしい理屈だが、どこまでも机上の空論にすぎない。ここまでの記述で読者には自明だと思われるが、念のため、湖東税理士が一九九九年に発表した論文を引いておこう。

> しかし、実際の経済取引においては取引上の強者は常に価格支配力を有しており、たとえ消費税分が外税方式で下請業者に支払われている形式になってはいたとしても、その分下請単価が引き下げられていれば税込み支払い額と同じになる。実際に当該輸出企業が消費税分を税務署に納付するわけではないのだから、結局輸出戻し税制度は一人歩きをはじめ、税制を通じて公然と補助金を与えることになってしまう。この場合の補助金は議会の承認を得た目に見える補助金ではなく、いわば「かくれた補助金」であり、憲法の意図する財政議会主義（憲法八三条、八五条）に違

（単位：億円）

順位	会社名	年間還付税額	年間総売上高	年間売上中輸出の割合
1	トヨタ自動車㈱	△3,219	120,792	70.6%
2	ソニー㈱	△1,587	45,131	76.8%
3	本田技研工業㈱	△1,200	40,880	74.5%
4	日産自動車㈱	△1,035	39,232	65.5%
5	キヤノン㈱	△990	28,879	87.0%
6	マツダ㈱	△803	24,642	72.9%
7	松下電器産業㈱(注5)	△735	48,622	43.5%
8	㈱東芝	△706	36,856	52.0%
9	三菱自動車工業㈱	△657	19,035	80.0%
10	スズキ㈱	△518	20,316	59.6%
	合計	△1兆1,450億円		

（注1）各社の事業年度は平成19年4月1日～平成20年3月31日（ただしキヤノンだけは平成19年1月1日～平成19年12月31日）。

（注2）各社の年間総売上高は有価証券報告書によった。

（注3）各社の輸出販売割合は当該企業のホームページなどによった。

（注4）年間還付額は地方消費税分1%を含め5%として推算した金額である。

（注5）現、パナソニック（株）

湖東京至「仕入税額控除制度の廃止は可能か」より

図表8　2007年度分、消費税還付金上位10社

反する。（中略）

今日、財界は法人税率引き下げの大合唱を行っている。すでに、平成一〇年度、一一年度と二年連続して法人税の大幅減税が行われている。彼らは法人税減税による税収減を消費税の税率引き上げによって賄おうというのである。なぜ財界は、消費税の税率引き上げに固執するのであろうか。じつは、彼らは消費税の税率をいくら引き上げても痛痒を感じないのである。彼ら巨大企業は経済取引上強者であり、常に価格支配力を有しており消費税を自在に転嫁できる。彼らは確実に顧客に前転するほか仕入先・下請業者にも後転する。しかも、輸出戻し税制度により消費税をまったく納めないばかりか巨額の還付を受ける。還付金額は税率が上がれば上がるほど大きくなる。つまり、彼らは消費税の税率引き上げによりまったく被害を受けないばかりか、場合によると後転効果により利益を生むことさえ可能なのである

（湖東『消費税法の研究』信山社出版、一九九九年。傍点引用者）。

アジア新興国でも輸出振興を後押し

事実上の輸出補助金としての輸出戻し税が、消費税以後の日本経済を、それ以前に

も増して輸出志向へと促していったとも言える。ちなみに前記の森信・中大法科大学院教授が形容した〝国際的慣行〟とまで断言できるかどうかはともかく、輸出戻し税の制度は中国やインドでも採用されており、輸出の振興に重大な役割を果たしてきた。たとえば二〇〇九年度の上半期にインドの衣料品輸出が落ち込んだ際、アジア各国の駐在員向けに日本語でビジネス情報を発信している『The Daily NNA』は伝えていた。〈インド政府は中南米、中東、オセアニアなどの新規市場の開拓を支援しているが、（衣料振興委員会の）バイド会長は「成果が出るには時間がかかる」と主張。「政府はまず、繊維関連製品の輸出戻し税率を早急に引き上げるべき」と述べ、輸出競争力を高めることが重要だとしている〉（二〇〇九年十一月五日付）。

中国やインドの輸出戻し税もまた、そして日本のそれと同様に、外資系の輸出企業にも分け隔てなく恩恵を与えてくれる。日本企業の現地法人にも適用されるのは当然だ。

リーマン・ショック以降の経済界では「アジア内需論」が活発である。経済成長の著しいアジア各国を輸出先ではなく内需市場と捉えて成長戦略を描こうというのだが、単純な精神論にも思えるこの議論も、特に日本企業の製造拠点が多く立地している中

（単位：億円）

企業名	事業年度	売上高	輸出割合（%）	還付金額
トヨタ自動車	2017年4月～2018年3月	12兆2,014	66.6	3,506
日産自動車	同　上	3兆7,506	81.6	1,509
本田技研工業	同　上	3兆7,873	87.9（推定）	1,216
マツダ	同　上	2兆6,359	83.3	767
キヤノン	2017年1月～2017年12月	1兆9,300	79.3（推定）	638
三菱自動車	2017年4月～2018年3月	1兆7,210	84.1（推定）	598
SUBARU	同　上	2兆0,878	80.4	561
村田製作所	同　上	9,485	91.7（推定）	484
新日鐵住金	同　上	3兆2,666	34.6（推定）	284
シャープ	同　上	1兆7,159	49.9（推定）	251
パナソニック	同　上	4兆0,560	31.7	220
スズキ自動車	同　上	1兆8,528	48.2	198
日立製作所	同　上	1兆9,302	50.0（推定）	196
合　計				1兆0,428

この表は各社の最新の決算書などにより湖東税理士が推計計算したものです。

輸出大企業（製造業13社）に対する還付金額推算（税率8%）

（単位：億円）

	税務署名（所在県）	赤字額	推定される赤字の理由
1	豊田税務署（愛知）	△2,982	トヨタの本社があるため
2	神奈川税務署（神奈川）	△869	日産の本社があるため
3	海田税務署（広島）	△589	マツダの本社があるため
4	大阪西税務署（大阪）	△386	石原産業、山善などがあるため
5	右京税務署（京都）	△299	村田製作所の本社があるため
6	今治税務署（愛媛）	△167	渦潮電機、今治造船などがあるため
7	阿南税務署（徳島）	△21	日亜化学の本社があるため
8	大月税務署（山梨）	△20	シチズン電子があるため
9	竹原税務署（広島）	△16	

各国税局の発表値により湖東作成。数値は消費税の国税と地方消費税を合わせた8%のもの。

消費税の税収が赤字になっている９つの税務署

税率8%（2017年4月1日～2018年3月31日年度）

国やインドの輸出戻し税があってこそ成立している側面があるのではないか。

消費税にまつわり兆の単位が動く制度の存在が、一般にはほとんど知られていない現実は不気味に過ぎる。新聞記事のデータベースで「輸出戻し税」を検索しても、ほとんどヒットしない。これは諦めて「消費税」と「輸出免税」をかけて探すと一定量の表示があるものの、この制度を悪用して輸出を偽装し、不正還付を受けた事業者が国税局に告発された、地検に逮捕されたなどという発表の垂れ流しばかりで、制度の本質に迫る調査報道や解説は皆無に等しかった。

前のページに、消費税還付金上位社の二〇一七年度ランキング（上）を示した。図表8と同様に、これも東湖京至氏が作成したものである。還付した税務署のランキング（下）も並べた。

第四章

消費税とワーキング・プア

自営業が滅べば失業率は倍増する

消費税の税率が引き上げられると、中小零細の事業者、とりわけ自営業者がいかに大きな打撃を被るかを述べてきた。事は特定の層の生死にも関わる喫緊の問題で、消費税の本質そのものだからだが、同情はできても、所詮は他人事と受け止められている読者が多いのではないか。

零細な自営業者など市場から消え失せてくれた方が、むしろ全体の生産性が向上して結構だとする反論さえ聞こえてきそうだ。実際、消費税増税を主張する経済学者らの中には、そう公言して憚《はばか》らない人々も決して少なくないのである。

好悪の感情や、論者の人間性を敢えては問うまい。ただ、自営業者だけが犠牲にされて済まされるほど、消費税のマイナス面は小さくないということだけを、ここでは指摘しておきたい。

わかりやすい設問から始めよう。消費税増税の直撃を食らった自営業が倒産や廃業に追い込まれ、また従来にも増して後継者離れが加速すれば、どういうことが起こるか。

自営業主はもちろん、その家族も従業員たちも、食べるためには転職を余儀なくされる。しかも業種を問わず、もはや独立自営の商売には重税が上乗せされる理不尽を思い知らされた結果なのだから、圧倒的多数の人々は、どこか勤め口を探すことになるはずだ。

雇用市場は求職者で溢れる。空前の買い手市場が訪れるに違いない。

総務省の労働力調査によれば、二〇〇九年の平均で全国の自営業主と家族従業者は男女合わせて約七百九十六万人で、前年より三十五万人も減少し、十二年連続の減少となった。全就業者約六千二百八十二万人中の割合は一二・七％だ。就業人口の八六・九％は雇用者（正規か非正規かを問わず「雇われている人」を指す統計用語。一般的には「被雇用者」）が占めている。

一方で同じ時期の完全失業者（仕事に就いておらず、仕事があればすぐ就くことができる者で、仕事を探す活動をしていた者）は約三百三十六万人だった。これを労働力人口（就業者と完全失業者の合計）で割って算出される完全失業率は五・一％となった（季節調整値）。

さて、七百九十六万人は少数派ではあっても、かなりのボリュームであることは確かだ。このうちざっと三割、二百四十万人ほどが廃業などで自営業を辞め、雇用市場に流入すると仮定してみよう。完全失業率は八・七%にハネ上がる計算で、さらには彼らが雇っていた従業員たちも加わってくるわけだから、軽く二桁の大台に乗ってしまう可能性が低くない。存続していれば後を継ぐことができていた子どもたちも、将来の不安定要因だ。

所詮は仮説である。三割という数字に具体的な根拠はない。私自身はこれでも随分と控え目に見積もったつもりだが、高齢の自営業夫婦がそのまま年金生活に移行する選択や、廃業した自営業者の商権を奪った企業による雇用枠の拡大などといった要素を、特に強調する議論もあり得よう。

もっとも、失業率云々はわかりやすさを最優先した近未来シミュレーションだった。実は税率の引き上げを待つまでもなく、すでに消費税は被雇用者にも重篤なダメージをもたらしてしまっている。いわゆる格差社会、ワーキング・プア問題の重要なテーマである非正規雇用は、他ならぬ消費税が拡大させたという現実をご存知だろうか。

一本の新聞記事を示したい。さまざまな意味で象徴的な事件だった。

派遣装い消費税逃れ／風俗店グループ、2億円　国税指摘

京都市を拠点に神戸、横浜、熊本の各市で風俗店を展開する企業グループが国税当局の税務調査を受け、06年までの3年間で消費税約2億円を免れていたことがわかった。女性従業員をダミー会社からの派遣と偽り、納税額を不正に減額させていたという。こうした手口の消費税逃れは人材派遣業を中心に発覚していたが、風俗業でも明らかになった。国税当局は他の業種でも横行している恐れがあるとみて監視を強めている。

消費税は、企業が顧客から受け取った分から、自社が仕入れの際に支払った分を差し引いて納める仕組み。本当は直接雇用だが派遣と偽装すれば、「派遣元」に支払う費用にかかる消費税の名目で、税負担を小さくできる。

不正を認定されたのは、「××××××グループ」としてファッションヘルス13店舗を展開する、有限会社「○○○○」（京都市）などのグループ数社。売り上げの一部しか申告しないなどの手口による約11億円の所得隠しも指摘され、追徴税

額は重加算税約1億2千万円を含めて計約5億1千万円に上った〉（『朝日新聞』二〇〇九年一月二十六日付朝刊、社名や店舗名は原文では実名）。

大方の読者には意味不明だったのではないか。それで当然。消費税という複雑きわまるシステムにある程度以上の知識がないと、この事件を把握するのは難しい。他の新聞の中には、記者自身が理解できなかったらしく、消費税の事件であることをことさら小さく、まるで法人税の脱税でもあるかのように誤魔化しているものさえ散見された。

記事の二段落目がミソである。つまり第三章で概説した「仕入税額控除」の仕組みが悪用された事件なのだ。

「仕入税額控除」の悪用による脱税

消費税の納税義務者は、売上高に消費税率八％を乗じた金額を丸ごと召し上げられているわけではない。税務署に納付するのは、そこから仕入れのために支払った消費税額を差し引いた金額になる。すなわち「仕入税額控除」である。

一般に言う経費の多くが仕入税額控除の対象としての「課税仕入れ」に該当するが、該当しないと定められている経費も少なくない。正社員らに支払う「給与」が、まさにその右代表だった。

消費税法第二条第一項第十二号は、課税仕入れの定義を〈事業者が、事業として他の者から資産を譲り受け、若しくは借り受け、又は役務の提供を受けること〉だとしながら、〈所得税法第二十八条第一項（給与所得）に規定する給与等を対価とする役務の提供を除く〉との但し書きを添えている。ならばと所得税法を紐解けば、そこには〈給与所得とは、俸給、給料、賃金、歳費及び賞与並びにこれらの性質を有する給与（以下この条において「給与等」という）に係る所得をいう〉とあった。

ということは、給与等の見返りではない役務の提供を受けた形を整えれば、仕入れ税額控除の対象になる。合法的に節税できるのだ。だからこそ京都の風俗店グループは、ダミーの派遣会社まででっち上げたのである。

経費に占める人件費のウェイトが高い業種に、この手口による脱税が目立つという。件《くだん》の記事には、大阪府忠岡町の人材派遣会社社長が大阪地検に逮捕された事件（二〇〇七年一月）や東京都中央区のソフトウェア受託開発会社が東京国税局に告発された事件（〇八年六月）が列挙されていたが、その後も東京都内の食品加工請負会社（〇九年四月）や古着屋チェーン（同年七月）、ビルメンテナンス会社（二〇一〇年四月）などが次々に摘発されている。

「消費税は主要な税目の一つで、税収面での位置づけも高い。不正を行う業者に対しては厳正な姿勢で対応する」

福岡国税局のコメントだ。国税庁の取り組みを報じた『朝日新聞』西部本社版（二〇〇九年二月九日付朝刊）に掲載されていた。

これは、これで、いい。脱法行為が易々と見逃されるようでも困るが、しかし、どこかおかしくないか。

風俗店や人材派遣会社のオーナー、経営者らは実態を偽ったから捕まった。では何も偽らず、仕入税額控除の仕組みに適応した人事・労務のあり方を追求してみたら？

――

派遣に切り替えると合法的に節税できる消費税

現実の企業社会がそのまま回答だ。不正など働かなくても、実際に正規の雇用をできるだけ減らし、必要な労働力は派遣や請負、別の事業者に外注する形にすれば、それだけで大幅な節税ができてしまう。そのための派遣子会社を設立するやり方も、近年ではごく一般的になっている。

この際、しかし労働力を外注する側は仕入税額控除のメリットを享受できるにせよ、納税義務者としての派遣子会社は課税売上高に応じた消費税を納めなければならないのだから、企業グループ全体としてはさほどの節税にはならないのではないかとの疑問が生じる。ところが消費税法には、資本金が一千万円に満たない法人は、設立後の二年間は売上高の如何にかかわらず、納税を免除されるという規定があるのだ（第十二条第二項）。この規定を活用し、たとえば派遣子会社の設立と閉鎖をめまぐるしく繰り返す手法が、ありがちなパターンだ。もちろん京都の風俗店グループも実行していた。

ダミーかそうでないかなど徴税当局の見解次第。大企業の合法的な人事戦略と、風俗店グループの脱法行為と、実はあまり変わらない。消費税とは、企業経営者をして、そのような行動に誘《いざな》う税制なのである。

再び総務省統計局の労働力調査によると、二〇〇九年平均の非正規職員および従業員（パート、アルバイト、派遣、契約社員など）は約千七百二十一万人で、被雇用者（役員を除く）の三三・七％だった。男女別では男性が一八・四％、女性は五三・三％。これらは速報値であるが、おしなべて非正規の労働者は正規の労働者よりも待遇が悪く、不安定で、非人間的な扱いを受けやすい実態は、今さら繰り返すまでもない。

前年（〇八年）まで増加の一途を辿っていたのが初めて減少に転じた形だが（直接の比較が可能なデータは二〇〇三年以降）、被雇用者の非正規化に歯止めがかかったのではない。リーマン・ショック以来の世界的な不況に伴い、真っ先に非正規雇用者が切られた結果だ。人員削減は非正規だけにとどまらず、正規の職員や従業員も対象となったので、被雇用者全体が減少してきた（図表9・10参照）。

よほどの規制が敷かれない限り、今後も非正規雇用は拡大し続けると思われる。二〇一〇年代の半ばにかけて、団塊と呼ばれた最後の世代が企業社会からリタイアしていくが、彼らの多くが享受した正規雇用の身分は、次の世代にはあまり継承されない可能性が高い。

経済のグローバリゼーションは、それほどまでに人件費削減を求めてきた。公式な数値目標が掲げられているわけではないものの、政財官界の主流は近い将来、非正規

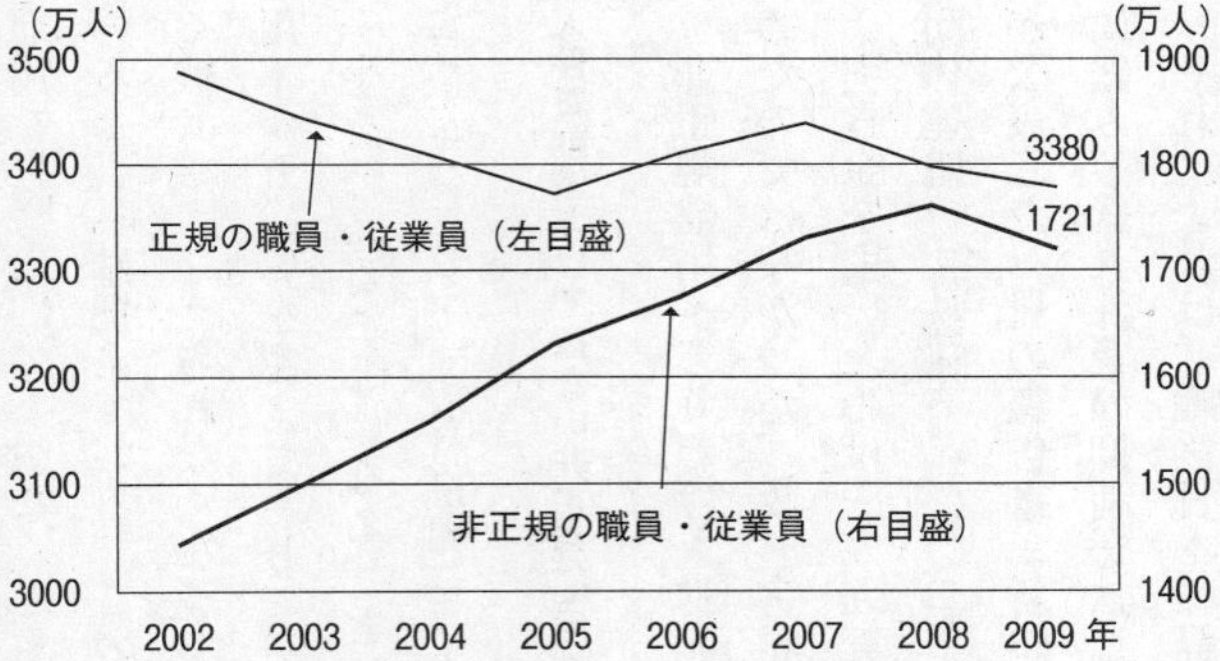

図表 9　正規、非正規の職員・従業員の推移（男女計）

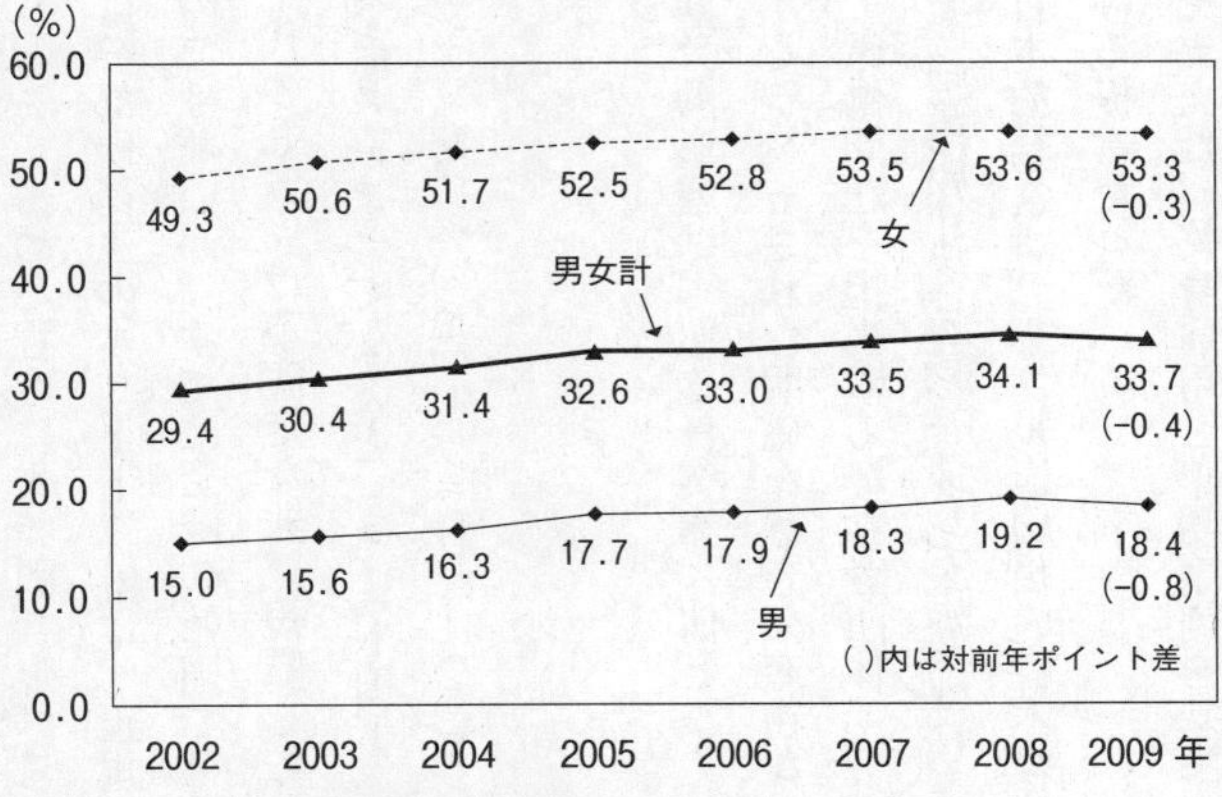

図表 10　非正規の職員・従業員の割合の推移

図表 9・10 とも総務省統計局「労働力調査」より

雇用を勤労人口の、少なくとも七〇～八〇％を占める程度にまで引き上げるつもりでいると、私は把えている。このままでは幹部候補生のエリート以外は、正規の職に就く機会さえ与えられなくなってしまうのではないか。すでにお隣の韓国では非正規雇用率が五〇％を超えており、「今の二十代の九五％は不安定な非正規職を転々として一生を終えることになる」という観測さえ高まっているという（ＮＨＫスペシャル「ワーキングプア」取材班編『ワーキングプア　解決への道』ポプラ社、二〇〇八年）。

人件費削減だけではない非正規雇用拡大の背景

非正規雇用、とりわけ人材派遣という労働形態は、ある日突然、何となく拡大し始めたのではなかった。政財官界が共有する、統一された明確な意志の産物なのである。引き金を引いたのは一九九五年五月、労働問題を担当する経営者団体「日本経営者団体連盟」（日経連、二〇〇二年に経団連＝経済団体連合会と合併して現在は日本経団連）が公表した一冊の報告書『新時代の「日本的経営」』。バブル崩壊後の日本経済の低迷に鑑み、総人件費の抑制を強く呼びかける提言だった。

それによれば、戦後日本の経済成長を支えた、終身雇用・年功序列を基調とした日本的経営モデルは再検討されなければならず、企業の従業員は以下の三タイプに〝多様化〟されるべきであるという。すなわち幹部候補生「長期蓄積能力活用型」とスペシャリスト集団「高度専門能力活用型」、および必要に応じて容易に増減できる労働力「雇用柔軟型」。

三番目の階層「雇用柔軟型」が、イコール非正規労働者だ。日経連加盟の大企業各社はもちろん、国会や官庁や裁判所の、その後の労働政策も立法、司法判断もことごとく、この報告書のシナリオに沿って展開されていく。なかんずく一九九九年に原則自由化され、二〇〇三年には製造業での派遣労働を解禁した労働者派遣法は、まさに使用者側の都合をそのまま法制化したもの以外の何物でもなかった。

消費税の存在は、したがって非正規雇用を拡大させた主たる原因ではない。主たる原因は周知の通り、正規雇用よりも非正規雇用の方が人件費を圧縮でき、かつ固定費から変動費に変えてしまえることが大きいが、それが節税にも通じるとなれば一石二鳥。統計的なデータもなく、定量化は難しいものの、経営側のモチベーション（動機付け）を高めたことは間違いない。まとまった研究や報道がないので断言はできないが、消費税とはもともと、そうなるように制度設計されたシステムだったのではないかとさえ考えられる。

消費税のこうした機能と危険性を早くから予知し、警鐘を乱打した優れた調査報道がなされたことがある。消費税の大幅増税が政治日程に上りつつある現在こそ、その意義が改めて見直されるべきだと思われるので、一部を抜粋しておく。『朝日新聞』二〇〇〇年十一月三日付朝刊「時時刻刻」欄、くらし編集部の西前輝夫記者による報告だった。

リストラで浮く消費税／正社員減らし、節税

消費税が正社員のリストラを進め、派遣社員を増やすことに一役買っている、との見方が広がっている。企業が正社員を派遣社員に切り替えるのは、人件費削減が最大の理由だが、納める消費税も少なくてすむからだ。一九八九年の消費税導入以来、人材派遣事業所は二倍に膨れ、派遣社員は今年、首都圏だけで過去最高の延べ百万人になると予測されている。その一方で、消費税率が九七年に五％に上がり、九八年以降三年連続して正社員は減少している。経団連が、二年後から消費税を一〇％以上に引き上げる構想を示すなど、増税論議はしだいに本格化してきているが、

税率を上げればリストラが一段と進む可能性も否定できない。

売上高数十億円の東京都内の情報サービス会社には、中枢の情報処理部門などに三十数人の派遣社員がいる。

「新しい機械の導入で、高い給与の技術者を正社員として縛り付けておく必要がなくなった。派遣社員だと消費税が減ることも意識した」と社長は言う。派遣社員への切り替えで、人件費が減った。そのうえ、消費税の納付額も六、七百万円減らせたという。「ほかの企業努力で、これだけの利益を出すのは容易ではない」。

記事はこの後、正社員に支払われる給与は仕入税額控除の対象にならないが、派遣社員への報酬だと対象になる仕組みを概説。ずばり、こう続けていた。

この結果、課税対象となる売り上げや従業員数が同じなら、正社員だけの場合より派遣社員がいるほうが控除額が増える。派遣社員の報酬全体の消費税税率（五％）分だけ、納付額が減ることになる＝図参照（ここでは割愛）。

中小企業など消費税分を完全に価格に上乗せできないこともある会社にとっては、消費税は赤字でも課税される外形標準課税と同じように映る。

ある税理士は、「消費税は結果的に、売り上げに対して正社員の給与の比率が高い会社ほど、納付額が多くなる仕組み。利益を確保するために、派遣社員などを雇い納付額を減らそうとする力が働くことは避けられない」と分析している。(中略)

ある大手の証券会社は消費税が導入される半年前、自社関連の人材派遣や管理事務の受託を主な業務とする子会社を設立し、七百人の社員を移籍させた。昨年には子会社を分社している。この手続きによって、運用しだいでは証券会社は年間数億円の消費税を節約できる計算になる。

金融機関や大企業の多くは、社員の大半が出向社員で一〇〇%出資の派遣会社を設立している。親会社だけへの派遣は「もっぱら派遣」として禁止されているが、親会社への派遣や事務受託が中心。中小企業が設立した会社もある。

この記事は日本経済新聞を除く主要紙を網羅した新聞データベースで、〈消費税〉と〈派遣〉、〈仕入れ〉を掛け合わせた検索で発見した。本書で引用した他の報道も合わせると、この頃までの『朝日新聞』は、消費税の本質をまだしも追及していたことが窺《うかが》える。

増加する〝一人親方〟の苦悩

消費税の節税を企図した労働力の外注化は、金融機関や大企業の専売特許ではない。ある程度の人員を抱えた中堅、中小企業はもちろん、従業員数人規模の零細事業主たちもまた、生き残るため、自腹ばかり切らされる消費税の負担を少しでも逃れるためには、他者へのしわ寄せを躊躇《ためら》わなくなっていく。

この際、業種や規模による特性もまま見られる。金融機関や大企業は派遣のための子会社を新設するのが常であり、派遣を本業とする会社や風俗店グループには、ダミー会社を偽装する例が珍しくない。

土木・建設の業界では〝一人親方〟が増加した。中小零細の事業者が、大工や左官、鳶《とび》、土工、石工、建具師、電気工事士などの技能を持つ従業員を個人事業主として独立させ、請負契約を結んで外注化する傾向が著しい。

事業者たちはそうして人件費や、雇用に伴う労災保険や交通費のコストを抑え、また消費税の納付額を合法的に圧縮する。建設業の就業人口が一九九〇年代末の六、七百万人から二〇一〇年二月の時点で約五百万人にまで激減したにもかかわらず、一人親方だけはほぼ五十万人台半ばを維持し続け、全体に占める割合を一割強にまで高めてきた。

首都圏の土建一般労働組合で組合員の相談業務を担当している人物に会って話を聞いた。各地で地域ごとに組織化された土建一般労組は、建設業界で働く者であれば誰でも加入できる産業別個人加盟の労働組合で、一人親方も事業主も組合員だ。彼が受ける相談も、労災保険や税金の申告など、経営の領域に及んでいる。

「多くの組合員が大打撃を受けるのがわかりきっていたので、消費税には一貫して抵抗しています。特に免税点が三千万円から一千万円に引き下げられた時には大反対しましたよ。でも駄目だった。ということは、できることは何でもやって節税しなければ、食っていけなくなるわけでね。当然のように外注化が進みました。

荷揚げのような単純作業は派遣です。一人親方にされていくのは職人ですよ。若くて十分な技術も身に着いていないのに、今まで雇われていたところから、突然、『外注にしたいから独立しろ』と言われる人が多いですね。応じれば会社持ちだった労災保険が適用されなくなるので、一人親方労災に加入しないと、ケガをしても補償が下りません。それでウチの組合に入ってくる。

近頃の建設現場には、ですから雇用された労働者が一人もいなかったりします。全員が個人事業主。独立していると言えば聞こえはよいけれど、実態は半世紀前の状況に逆戻りした感じです。

大工や左官には、長い間、健康保険がなかったんです。日雇い労働者には昭和二十八年に『日雇労働者健康保険法』というのが制定されたのに、一人親方のための健保は用意してもらえなかった。昔のまんま、『ケガと弁当は手前《てめえ》持ち』なんて言われてね。

それでずいぶん運動して、日雇い健保の擬制適用を受ける形ができたのですが、一九七〇年、財政難を理由にこの仕組みも廃止されてしまいました。独自の健康保険組合を創設したのは、その後の話です」

従業員を抱えられない会社、無理に独立させられる職人

大手の住宅メーカーが急成長していた時代だった。地域の工務店が次々に下請け化するのにつれて、一国一城の主《あるじ》であるよりも安定を望む職人は彼らに雇用され、労働者としての権利を手に入れていった。

勝ち取ってきたものが、再び奪われていく逆回転。一人親方労災に加入できる職人は、まだしも恵まれた方だという。大半の一人親方には、その程度の余裕さえないのである。

でもね、と彼は顔を歪めた。

「従業員を抱えている組合員が、もうやっていけそうにない、どうしたらよいかと相談に来たら、僕はやっぱり、独立させて請負契約を結び、外注の形にした方がいいと言いますよ。だって、そうしなければ、大ケガの危険と隣り合わせながら、命がけで稼いだ金を、みんな消費税で持っていかれてしまうだなんて、こんなふざけた話はないからね。仕事そのものがなくなって、辛うじて残っている仕事を同業者同士で取り合っている状況では、お上に納める分をお客さんに転嫁するなんてこと、できるはずがありません。

年間売上高が五千万円を超えたら、もう従業員は抱えていられないというのが、この業界の常識です。簡易課税制度の適用を受けられなくなるので、事務負担は限界を超えるし、消費税額もハネ上がってしまうんですね。

つくづく馬鹿馬鹿しい。以前と同じように仕事をしているのに、消費税のせいで従業員を無理やり独立させなきゃならないだなんて、国ぐるみでわざわざ不安定な人間を増やしているようなものじゃないですか。若い職人が一人親方にされた日には、アパートを借りるのだって大変になるんですよ」

一国一城の主を目指しての独立なら、どんな苦労にも耐えられよう。だが、現代の職人たちは、ただ安くこき使われるためにだけ独立を強いられ、一人親方にされていく。

だからといって事業者たちを十把一絡《じっぱひとから》げに責めるのも酷である。消費税さえなければ、このような挙に出る必要のない工務店や建設会社が、いくらでもあったのだ。

第三章で紹介した長崎市のケーブルテレビ敷設工事業のSさんは、節税のための外注化を図らなかった。従業員を直接雇用し、労働の対価は給料とか賃金の名目で支払い続けて、ついには自殺に追い込まれた。

中部地方某県の工務店主・赤木剛さん（仮名）は、仕入税額控除の仕組みを熟知して、外注化も駆使していた。けれども結局は消費税のせいで、自らの命を絶った。

それでも、消費税率が五％や八％であるうちは、どうにか食いつないでいられる人がいたかもしれない。だが、これが一〇％や一五％に引き上げられてしまったら――。

大義名分は「社会保障の充実」だが

消費税は自営業を破壊し、被雇用者をワーキング・プアに貶《おとし》めてきた。だが、たとえば政府税制調査会の元会長である石《いし》弘光・一橋大学名誉教授は書いている。

今日、わが国において消費税は、社会保障と密接不可分な形で議論されている。到来する少子高齢化の下で、社会保障制度を持続可能なものにするためには、安定財源の確保が欠かせないからである。税制全体を見渡しても、安定財源として消費税以外のものは見当たらない。したがって、将来の日本の経済社会にとって、税率引き上げを含め消費税の役割を検討することは極めて重要な課題であるといわざるを得ない。明らかに消費税は社会保障財源として復権し、かつ市民権を得たといえよう（石『消費税の政治経済学』日本経済新聞出版社、二〇〇九年）。

何か変だ。消費税に人生を台無しにされた人々が、その消費税を財源とする社会保障で助けていただく。これはいったい、どういう光景なのだろう。

社会保障制度を維持するには消費税の増税だとする旨を、石名誉教授は強調する。彼だけの持論ではない。政府税調も経済財政諮問会議も、要は消費税増税を推進しようとする人々は、一〇〇％に近い確率で、同じ論法を口にしてきた。

とはいえ歴史を紐解くまでもなく、この国の指導者層が本気で社会保障の充実を考えているとは考えにくい。とりわけ小泉純一郎政権以降の構造改革路線では、それどころか市場原理と自己責任原則ばかりが謳《うた》われて、逆に社会保障の解体が進められてきたのではなかったか。

石名誉教授のような議論は、しかし、何も消費税を増税する目的でばかり登場してくるものでもない。むしろ純粋に社会保障の充実を訴え、より公正で平等な社会の形成に取り組んでいる人々までが、財源論となると、どこか安易に消費税率の引き上げを持ち出したがる傾向があるように思われる。

ドイツ・カールスルーエ工科大学「起業家精神養成のための学部横断研究所」のゲッツ・W・ヴェルナー教授が好例だ。就労の有無や所得の多寡にかかわらず、政府がすべての個人に無条件かつ一律に最低限の所得を保証する「ベーシック・インカム」の代表的な提唱者。彼は二〇〇五年に刊行された経済誌の対談で、導入のための費用はどうやって調達するのかと問われて、こう答えていた。

別の面、すなわち消費に目を向けましょう。人間が消費するという事実は、共同体が調達しなければならない例のインフラ関連の必需品にゆきつきます。（中略）税というものはそもそも社会的な貢献に対して課税されるのではなく、社会的な価値創造を消費することに対して累進的に課されるべきものでしょう。すなわち、誰かが、他者よりも多くの財やサービスを利用する必要に迫られるのであれば、彼はより多くの税を支払わねばならない。この私の主張もじつは新しい考えではありません。私たちはとうに消費税を持っているのですから。（中略）つまり、私たちはこの税制をさらに発展させて、消費に対してのみ課税して、貢献〔価値創造たる生産〕に対しては非課税にするのです。たくさん消費する者はたくさん税を払い、つつましく生活する者は少ない税を払う。なぜなら、後者は前者よりも道路や飛行場を利用することが少なく、エネルギー消費もゴミの排出量も少ないからです。つまり、共同体から要求するところが少ないからです。

——しかし、消費税が唯一の財源だとすると、低所得層は現在よりも大きな打撃を受けるのではありませんか？

そのためにベーシック・インカムを導入するのです。その額は、個々の市民に最低限度の生活を保証しうる額、人間的な生活を可能にする額でなければなりません。もちろん付加価値税（消費税）も支払うことができる額です（渡辺一男訳『ベーシック・インカム』現代書館、二〇〇七年）。

社会保障の財源には最もふさわしくない消費税

あるいは、橘木俊詔・同志社大学経済学部教授である。彼は『日本の経済格差』（岩波新書、一九九九年）で今日に至る格差社会論の先鞭をつけた経済学者であり、私自身も座談の機会を与えられる栄に浴したことがあった（橘木編『封印される不平等』東洋経済新報社、二〇〇四年）。私淑させていただいている学識経験者だが、敢えて失礼を顧みないことにする。橘木教授が『消費税15％による年金改革』（東洋経済新報社、二〇〇五年）で展開している議論には、この税制の本質が完全に忘れられてしまっていると嘆じざるを得ない。

同書によれば、公的年金制度は一元化されるべきで、その一階部分（基礎年金）は全額税方式が望ましいという。そこで年金財源にふさわしい税を考える際には、「税収規模の大きさ」「負担対象の広さ」「景気変動に対する安定性」の三つの点が重要だとして、

消費税は財やサービスに対して一律に課せられる税である。そのため経済活動に対して中立的で、税負担を広く分かち合うために、人々の行動をゆがめない。こうした税の中立性は、消費税の大きな長所である。さらに、消費税の簡素さも大きな長所である。なぜなら課税ベースとなる付加価値額の計算は、売上げから経費を差し引いて求めるので、その計算が非常に単純だからである。（中略）

ここで、消費税が年金財源としてふさわしいかどうかを、先に述べた三点の判断基準に照らし合わせながら検証する。

第一に、消費税は課税ベースが広く、大きな税収を見込める。二〇〇五年度予算において消費税収は一〇兆一六四〇億円であり、国税全体に占める消費税収の割合

は二・五%に達している。一般的に消費税率を一%上昇させることで二兆円以上の増税が見込めるとされている。（中略）

第二に、消費税による税負担は「負担対象の広さ」という観点からみても、一階部分（引用者注・基礎年金の部分）の財源として望ましい性質をもっている。また前述のように、消費税は税の中立性が保たれており、経済活性化にもプラスの効果がある。

第三に、消費税は景気変動に対しても安定的な税である。景気が後退すれば消費も落ち込むから、消費税は景気変動に対して弱いのではないかという懸念も予想されるが、図7-2（引用者注・本書には掲載していない）をみてみると、実際の消費税収は毎年それほど変わっておらず、消費税は景気変動の影響を受けにくい。景気が後退し、所得が減少しても、人間が生活していくためには、ある程度の消費活動を行うことがどうしても必要となり、景気の落ち込みに比べて、消費の落ち込みは小さくなると考えられるためである。

一階部分の財源を消費税に求めることは、以上の三つの観点からみて望ましいものである。

そうだろうか。私にはどうしても納得がいかない。

消費税とは弱者のわずかな富をまとめて強者に移転する税制である。負担対象は広いように見えて一部の階層がより多くを被るように設計されているし、中立的などではまったくなく、計算も複雑で、徴税当局の恣意的な運用が罷り通っている。大口の雇用主に非正規雇用を拡大するモチベーションを与えて、ワーキング・プアを積極的かつ確信犯的に増加させた。税収は安定的に推移しているように見えても、その内実は滞納額のワーストワンであり、無理無体な取りたてで数多《あまた》の犠牲者を生み出してきた。納税義務者にしてみれば、景気の後退イコール競争のさらなる激化であり、ということは切らされる自腹のとめどない深まりを意味している。

これ以上の税率引き上げは自営業者の廃業や自殺を加速させ、失業率の倍増を招くことが必定だ。社会保障費の大幅な膨張を求める税制を、同時にその財源にもしようなどというのは、趣味の悪すぎる冗談ではないか。

消費税は最も社会保障の財源にふさわしくない税目なのである。

第五章

消費税の歴史

強行採決で可決、導入

消費税の導入を柱とする税制改革関連六法が参院本会議で成立したのは、一九八八年十二月二十四日午後五時五十九分のことである。自民党の賛成多数であっけなく可決されたのだが、それはもちろん、新しい税制に対する抵抗が小さかったためではない。

逆だ。自民党は衆参両院で強行採決を繰り返し、これに反発した野党が竹下登・首相兼蔵相（当時）や梶木又三・参院税制問題等調査特別委員長らの問責決議案を提出していた。前日二十三日の午後四時に開会された本会議も社会、共産両党の牛歩戦術で十三年ぶりの徹夜国会となり、ついには両党と二院クラブ、サラリーマン新党が退席した挙げ句の果ての、二十五時間と五十九分目の決着だった。

政府は直ちに「新税制実施円滑化推進本部」を設置。かくて消費税は翌八九年四月一日、予定通りのスタートを切って、今日に至っている。当日の午前中に時の竹下首相が直子夫人と大勢のSPを引き連れて東京・日本橋の三越百貨店を訪れ、一万五千円のネクタイと三切れ千円の塩鮭を二パック買い、それぞれ三%の消費税四百五十円と六十円を笑顔で支払ってみせたパフォーマンスをご記憶の読者も多いのではないか。

消費税に対する国民の憤りはたちまち頂点に達した。スタートから二カ月を経た一九八九年六月上旬、毎日新聞社が全国の有権者三千三十人を対象に行った世論調査によれば、回答者の九〇％が消費税に不満があり（「非常に」五三％、「ある程度」三七％）、四九％の人が「廃止」、四五％の人が「見直し」を求めていた。同じ毎日新聞が国会審議に入る前の八八年九月初めに行った調査では、消費税「反対」が五八％しかなかったのと比べて興味深い（「賛成」は一五％だった。対象は全国の二十歳以上の男女五千五百三十七人）。

頭を抱えた大蔵省は、大手広告代理店の電通に大々的なPR作戦を依頼した。消費税は法人税や所得税の一部減税と併せて創設されている。そこで特に中高年サラリーマンを標的に減税面を強調したキャンペーンが展開され、あるいは大企業が従業員に源泉徴収票を交付する際に、個人別の所得税減税額を通知してもらうなどの試みが積み重ねられた。

そもそもの反対世論が消費税の本質を外して消費者の損得ばかり問題視する皮相なものに矮小化《わいしょうか》されていたせいもあり、国民の憤りはやがて沈静化。広告代理店のパワーを大いに評価した霞が関は、原子力発電や裁判員制度などの分野でも彼らを駆使した国策PRを大々的に展開することになっていくのだが、この話題については別の機会に譲りたい。

自民党政権の三つの嘘

消費税は嘘に嘘を塗り固めて生まれてきた。国会での審議が最高潮に達していた頃、駒澤大学の福岡政行助教授(政治学、現在は白鷗大学教授)が、自民党政権はこの税制をめぐって三つの嘘をついていると指摘したことがあった(『朝日ジャーナル』一九八八年十二月二十三日・三十日合併号)。

それによれば、第一の嘘はこの二年前、八六年七月に行われた衆参同日選挙での中曾根康弘首相(当時)の公約だ。行政改革に着手する一方で〝戦後税制の見直し〟を打ち出していた彼は、しかし選挙戦では「国民や自民党員が反対する大型間接税はやらない。やらないと言ったらやらない。この顔が嘘つきの顔に見えますか」と大見得を切り、はたして自民党は圧勝した。

有権者が中曾根政権に寄せた信頼は、あっと言う間に裏切られてしまう。同政権は早くも翌八七年二月、まさに大型間接税以外の何物でもない「売上税」法案を国会に提出。国民各層の反発の前に審議入りできないまま廃案となったが、次の竹下政権が名称も新たに消費税法として可決・成立させた。〈国民の猛反発を招きながらも消費税が短期間で実現したのは、同じ間接税である売上税法案に尽力した中曾根の〝遺産〟があってのことだった〉（『東京新聞』二〇〇七年一月三十日付朝刊）とする評価が近年では専らだが、国会審議の当時は「竹下政権と中曾根政権は違うので公約違反ではない」などとする詭弁さえ罷り通っていたのである。

第二の嘘は、リクルート事件における自民党政治家の偽証の数々だ。人材情報サービス企業「リクルート」の江副浩正《えぞえひろまさ》会長が竹下首相や中曾根元首相、宮沢喜一・副首相兼蔵相、安倍晋太郎・自民党幹事長、渡辺美智雄・同政調会長（いずれも当時）らに関連会社の未公開株をばら撒いていた事実が発覚したのは、消費税法案が国会に提出されたのと同じ一九八八年七月だっただけに、腐敗しきった政治のツケを増税で埋め合わせる構図がくっきりと浮き彫りにされていた。

第三の嘘は竹下首相の嘘である。コンセンサス・ポリティックス（合意に基づく政治）を信条にしているはずの政治家が、にもかかわらず反対意見を無視した――。

嘘まみれの消費税を、それでも導入したければ改めて総選挙で国民の信を問うべきだと、福岡・駒大助教授は強調していた。しごく真っ当な主張は一顧だにされることのないまま消費税は強行され、ただし幾人かの生贄《いけにえ》が捧げられた。

三越でのネクタイ購入のパフォーマンスから三週間後の一九八九年四月二十五日、竹下首相が突如、「政局混迷の責任を取る」として退陣する決意を表明した。翌二十六日には彼の金庫番と言われた元秘書の青木伊平氏が自宅で首を吊って死んでいるのが発見されている。リクルート事件との関係が動機だと報じられてきたが、謀殺説も根強い。

ポスト竹下には宇野宗佑外相が就任した。自民党の有力政治家のことごとくがリクルート事件に関与していたための消去法の産物だが、新首相はたちまち女性スキャンダルに見舞われて、在任期間はわずか六十九日間。日本政治史上四番目の短命内閣に終わった。

徴税側による「大型間接税」小史

そもそも大型間接税の導入という政策課題はいかにして浮上し、消費税へと導かれたのか。二〇〇〇年から〇六年まで政府税制調査会の会長を務めた石弘光・一橋大学名誉教授の『消費税の政治経済学』から、いわば小正史を概観してみよう。

今日に至る大型間接税の本格的な議論は一九七九年、大平正芳政権の「一般消費税」構想に始まったとされている。すでに六〇年代後半から常態化していた均衡予算の放棄に加え、七〇年代半ば以降の財政赤字の累増が契機になった。

財政赤字の累増には、いくつもの要因が考えられるが、石名誉教授は特に二つの点を強調している。①高度経済成長の終焉に伴い、公共投資の拡大による総需要喚起政策が活発になったことと、②社会福祉プログラムをはじめとする公共サービスの充実が図られ、歳出増加の原因がビルトインされたことである。

このままでは国債費の増加が財政の硬直化を招くのは必至で、将来世代に負担を先送りしてしまいかねない。増税は不可避であり、分けても新しいタイプの大型間接税の創設が急務だとするムードが、財政当局あるいは政府税調を中心に醸成されていった。

かくて大平政権が打ち出した一般消費税構想は、しかし、はかなく潰《つい》えた。石名誉教授は、その最大の原因を〈増税に反対するマスコミの執拗なキャンペーン〉に求めつつ、現在に至ってさえ大型間接税に対する国民の反発が衰えない背景には戦後の一時期に実施されていた「取引高税」の悪夢があった、とも指摘する。

シャウプ勧告の「付加価値税」が見送られた理由

取引高税は一九四八年九月から翌四九年十二月までの一年四カ月間だけ実施された税制だ。製造から小売りに至る全段階の取引高に一%の税率を課するもので、現行の消費税から仕入税額控除の仕組みを除いた姿を想像されたい。一つの商品やサービスが消費者の手に渡るまでに経由した事業者の数だけ、税に税が幾重にも、複利でかけられていた。

このような型の累積課税を、税の世界ではカスケード税(cascade＝累積課税)と呼んでいる。強権的で前近代的な税制だ。

具体的には、事業者が印紙を購入し、これを顧客に渡す領収証に貼り付ける形が採られた。そこで税務職員が客を装い、印紙の有無を確認しては摘発するというケースが相次ぎ、強い反感を買ったため、間もなく申告納税に改められている。この手続きがまた煩雑だったらしい。

徴税側には都合がよくても、納税者の間では評判が悪かった取引高税は、一九四九年九月に発表された「シャウプ使節団日本税制報告書」でも廃止の勧告を受けた。原料の調達から最終製品の販売までを一貫して手がけることのできる企業グループに対して、そうではない事業者が圧倒的に不利になるのは不公平だ、というのである。

米国コロンビア大学のカール・S・シャウプ博士の、いわゆる「シャウプ勧告」だ。戦後日本における所得税中心の租税体系を決定付けたと言われる重大な文書で、ただし一方では新しい間接税――小売売上税と付加価値税――の検討も行っていた。

とりわけ後者はかねてシャウプ自身が可能性を検討してきた領域だけに、都道府県民税としての事業税の課税ベースを純所得から「付加価値を生み出す賃金、利子、地代の合計」に転換すべきだとするなど、具体的な方法論にも言及していた。実際に一九五〇年度の税制改正で導入が図られたものの、見送られた経緯がある。後に消費税のモデルとされることになるEC型付加価値税どころか、その前身となるフランスの付加価値税さえ登場していなかった時期で、一般には理解されにくかったし、シャウプ使節団にとっても実験的な性格を帯びた提言でしかなかったからだ。

失敗したのも当然であったといえよう。これが消費税導入の初めての失敗といえるかもしれない。取引高税と異なり、実施されなかったため影響はなかったが、付加価値税は複雑で導入が困難というマイナスのイメージを人々に与えたことは事実である。

石名誉教授はこう総括し、それでも一九六〇年代の初頭にかけて政府部内では何度も大型間接税導入への気運が高まっては沈静化する繰り返しだったと述べている。折からの高度経済成長が、しかし抵抗の強い新税の創設を必要としない状況を作り出し、事態は七〇年代以降の、石油ショックを契機とする日本経済の転換期まで持ち越されていった——。

徴税側がひた隠すシャウプ式「富裕税」の時代

以上の内容は大筋で正しいが、どこまでも徴税側の論理による整理に過ぎない。敢えて省略されている重大な史実を指摘しよう。シャウプ勧告には付加価値税だけではなく「富裕税」の新設も盛り込まれ、実際に創設もされていた。

付加価値税が見送られたのと同じ、一九五〇年度のことである。以下はシャウプ勧告のこちらの側面に注目した安藤実・静岡大学名誉教授（日本租税理論学会理事長）の『富裕者課税論』（桜井書店、二〇〇九年）の記述に拠るところが大きい。

富裕税は、純資産額五〇〇万円超の資産家を対象に、〇・五％から三％までの低い累進税率で課される国税として勧告された。それは差し当り、所得税の最高税率引き下げの代償措置という面をもった。すなわち、五〇％を超えるような高い税率は「脱税の誘因」になるという理由により、所得税の最高税率を下げる代わりに導入されたものである。

累進税率との引き換えでは意味がないようにも思われるが、そんなことはない。すぐには税収の増加に繋がらなくても、日本経済の復興が進めば、富の集中と蓄積が顕著になっていく。富裕税はその時にこそ真価を発揮するのだと、シャウプ勧告は位置づけていた。

あらかじめ理解しておかなければならない大前提がある。シャウプ勧告はＧＨＱ

（連合国軍最高司令官総司令部）による日本民主化の一環としてあったという事実だ。財閥解体とも連動し、財閥の復活を阻止する狙いが込められたのはもちろん、「公平の追求」という命題に非常な重点が置かれていた。

「応能負担」と「応益負担」

税制に関する議論でしばしば登場する「応能負担原則」か「応益負担原則」かの二者択一を当てはめれば、シャウプ博士は明らかに前者を採っていた。これは納税者の担税能力に相応して徴税するという考え方で、法の下の平等や個人の尊重、生存権の保障などを定めた日本国憲法の精神にも合致している。逆に近年の構造改革の広がりとともに浸透してきた、納税者は公共サービスから得られる利益に応じた納税義務を負うとする発想を「応益負担原則」という。

かくてシャウプ勧告では直接税を中心とする税制が構想された。安藤名誉教授は、勧告の原文を引きながら、シャウプ博士の考え方を解説している。

それによれば、博士は「間接税では、所得や資産の格差及び家族負担の差異を適正に考慮に入れることができない」と強調していた。所得税であれば、納税者それぞれの個人的な事情に、課税最低限や累進税率の仕組みなどを通して配慮できる。つまり税負担の公平さとは、人によって「違う扱い」をすることであり、「同じ扱い」をすることではないというわけだ。

「間接税収入に対する直接税収入の比率は、国民の納税義務に対する意識の程度を大まかに示す」とも、シャウプ博士は述べていた。税金を納めるという行為には、そのことを自覚させる一定の痛みが伴っている必要があるというのである。

だからシャウプ勧告は、給与所得者の年末調整制度など速やかに廃止すべきだと強調していた。給与所得者が源泉徴収された所得税の精算を自らの確定申告によらず、勤務先に所得税の納税手続きの一切を委ねさせる仕組みは納税者意識を著しく損なう。国民が何も考えない愚民ぞろいになれば民主主義が機能不全を起こすからだが、日本政府が年末調整制度を手放す局面はその後も訪れることがないまま、今日に至っている。なお、大平内閣の前後から声高に叫ばれるようになった「クロヨン」論が、この、源泉徴収と年末調整のコンビネーションで成るサラリーマン税制こそが望ましいとの前提で発想されている実態は、第二章で述べた通りだ。

間接税を評価したがらなかったシャウプ博士が付加価値税を提案したことには矛盾

も感じるが、すでに一定の税収を得ていた取引高税の廃止を勧告する以上、より洗練された間接税のあり方を検討してみせざるを得ない必要に迫られたのではないか。国税ではなく、都道府県の事業税に限定されていた点にも、あまり積極性が感じられない。

のみならず、名称は付加価値税であっても、課税標準を先に触れた賃金などに求めるシャウプの手法は直接税に近かった。石名誉教授をはじめ、近年はシャウプ勧告の付加価値税をクローズアップする情報発信が目立つが、弊害を隠しきれなくなった消費税に正統性を装うための、ためにする議論のようにも思われる。

ともあれ富裕税は、そうした「公平の追求」を目指して打ち出された税制だった。年末調整の廃止要請には無視を貫いた徴税当局もまた、所得税の累進税率の引き下げ（八五％→五五％）とのバーターではあったものの、富裕税の創設には応じた。

富裕税廃止の代替財源としての大型間接税

富裕税には当初から批判がつきまとった。シャウプ勧告が公開された翌月の一九四九年十月に中華人民共和国が成立し、五〇年六月の朝鮮戦争勃発、五一年九月のサンフランシスコ講和条約、日米安全保障条約締結……と、アメリカの対日政策が転換され、いわゆる〝逆コース〟を辿っていく過程で、国内の保守層の発言力が高まっていった時代背景も大きい。

安藤名誉教授は、シャウプ勧告を契機として学界と産業界の有志が一九四九年に結成した「日本租税研究協会」の大会記録を引いて、当時の雰囲気を伝えている。それによれば、一九五一年の第三回大会ともなると、税負担の公平という理念そのものを否定する声の大合唱になっていた。

「シャウプ勧告税制の所得税中心主義は考え直すというのが、皆さん共通の意見。低い資本蓄積を高めていくことが、今日の政策目標である。そのためには、総合課税に例外を設ける。累進税率を緩和する。間接税、消費税の相対的増大などが必要。法人税の引き上げ反対論が強い。富裕税を止めて、所得税の最高税率を引き上げるほうがいい」

こう述べたのは、同協会の会長だった汐見三郎・京都大学教授である。

以下、財界人たちの発言を列挙する。

金子佐一郎・十条製紙常務「所得税はむしろ軽減して、資本蓄積に役立たせ、今後増徴という場合には、間接税を考慮に入れる」

原安三郎・日本化薬社長「所得税の基礎控除が増えますと、大衆の負担部分が減っていく。……国費を負担しない階級が増えてきますから、負担公平の見地から、間接税の増額を考慮したい。間接税は補完税ではなく、所得税と並立して行くことになる」

松隈秀雄・中央酒類社長（元大蔵次官）「直接税を減らして間接税に振り替えてくれという論者は相当多い。消費税の増徴の仕方によっては、もっと多くの税収入を期待できます」

代表的な富裕層である財界人や、彼らに近い専門家たちによる要望は、すぐに叶えられた。一九五二年度いっぱいでの富裕税廃止。所得税の最高税率は五五％から六五％に引き上げられ、一時は七五％（課税標準＝年間所得八千万円以上）にも達するが、一九八〇年代半ばをピークに緩和が進み、九九年には三七％（課税標準千八百万円以上）にまで引き下げられた。

何のことはない。消費税はすでに一九五〇年代初頭、〝逆コース〟に乗じた富裕層が自らの税負担を軽減する代替財源として提唱し、一定の時間をかけて実現させた税制に他ならなかったのである。

なお、「日本租税研究協会」の会長職は初代の汐見・京大教授が約十年間務めた後、堀武芳・日本勧業銀行頭取に交替。以来、金子佐一郎・十条製紙会長、西野嘉一郎・芝浦製作所会長、岩田弐夫・東芝会長、渡辺文夫・東京海上火災保険元会長、那須翔・東京電力元会長と続き、二〇一〇年現在は今井敬・新日本製鐵元会長（元経団連会長）が就任している。副会長にはキヤノンの副社長や日本生命の会長、三菱東京UFJ銀行の元会長ら、参与には財務省の幹部らが名を連ねている。

維持会員は四百三社。他に個人会員三百九十二人と特別会員五団体を擁する。一貫して日本の税制のあり方に強い影響力を行使し続けてきた社団法人で、中曾根政権が〝戦後税制の見直し〟を打ち出す前後、一九八五年十一月にもいち早く大型間接税の導入を骨子とする税制改革試案をまとめていた。二〇〇九年九月にも法人税減税と個人所得税における高所得者の減税、消費税増税を示唆する意見書を公表している。

古代ローマとナチス・ドイツ

消費税のルーツは、古代ローマ帝国の時代にまで遡ることができる。塩野七生氏の

『ローマ人の物語』(第十五巻「パクス・ロマーナ㊥」新潮文庫)によれば、独裁者G・ユリウス・カエサル(ジュリアス・シーザー)の養子で初代皇帝のアウグストゥス(オクタヴィアヌス)が断行した大規模な税制改革の一環で、「百分の一税《チエンテージマ》」と呼ばれた。ローマ人と属州民の区別はなく、あらゆる物品の販売に一律一%の税金が課せられる大型間接税だったという。

この大型間接税がアウグストゥスによって創設されたのか、カエサルやそれ以前の共和政の時代から引き継がれていたものなのかはわからない。ただ、目的税として定着させたのは、確かにアウグストゥスだったと、塩野氏は書いていた。何のための目的税かと言えば、〈防衛費用の補足〉だ。〈ゆえに、「安全保障税」の意訳も成り立つ〉といい、これを含めたアウグストゥスの税制は、その後の三百年ほども続いたそうである。

近現代では、第一次世界大戦におけるドイツの大型間接税がよく知られている。かねて〝帝国は間接税、領邦は直接税〟という棲み分けで、たばこ税、塩税、砂糖税、蒸留酒税などを徴収していたドイツ帝国は一九一六年、戦費調達を図って税率〇・一%の売上税を新設。敗戦後は賠償金の支払いに充てるとして段階的に税率を上げていき、一九二四年には当初の二十五倍、二・五％へと引き上げられた。

やがてナチスが政権を掌握し、第二次世界大戦が始まると、二・七五％に。敗戦後の西ドイツでは一九四六年に三・七五％、五一年には四％になった。税率は高くなくても、まさにカスケード税そのものだったから、それぞれの事業者や消費者の負担はかなりのものだったとされる（湖東京至「消費税総点検」『日本税制の総点検』勁草書房、二〇〇八年など）。

近代日本の大型間接税

カスケード税は多くの国々の追随を呼んだ。日本でも取引高税が登場した史実はすでに述べた通りだが、それ以前には大型間接税など存在しなかったというわけではない。

一八七八（明治十一）年には「営業税」が創設されている。商工業者の売上高に一定の税率をかけて算出される事実上の売上税で、当初は地方税として始まり、一八九六（明治二十九）年に国税へと格上げされた。日清戦争の戦費調達が目的だったが、納税義務を課せられた事業者の抵抗は根強く、一九二六（大正十五）年に営業収益税へと全面的に改定され、売上税としての性格は失われた。

大型間接税が再び浮上したのは一九三六（昭和十一）年、広田弘毅内閣の馬場鍈一蔵相が打ち出した「売上税」構想だ。大蔵省の出身で、軍事費中心の積極的なインフレ政策を推進した人物として知られる蔵相の税制改革案は翌三七年一月の議会に「取引税」として上程されることになったが、寺内寿一陸相と浜田国松議員のいわゆる「腹切り問答」がきっかけで広田内閣は総辞職。後継・林銑十郎内閣の結城豊太郎蔵相は馬場前蔵相の改革案を撤回したので、審議にも至らなかった。

日本商工会議所をはじめ、激しい反対運動を展開していた全国の中小・零細事業者や百貨店関係者は大喜び。〈われらが蔵相・結城さん／まるで神様扱ひ〉の大見出しが『東京朝日新聞』（三七年二月十二日付）に躍り、九段の軍人会館と京橋の有馬小学校には数千もの事業者が集まって、皇居に向かって提灯行列を繰り広げたという（北野弘久・湖東京至『消費税革命』こうち書房、一九九四年など）。

日本の消費税のモデルはEC型付加価値税

現代の日本の消費税は、いわゆるEC型付加価値税（VAT＝Value-Added Tax）をモデルにしている。以上のような、カスケード税を基本とする大型間接税の歴史を経た後の、一九五四年のフランスに生まれた税制だ。「付加価値税」（仏語では Taxes sur la Valeur Ajoutée＝TVA）の名称も基本的な税体系もこの年に確立されたのだが、理解するためには、そこに至る経緯も合わせて知っておかなければならない。

ドイツ帝国を真似た大型間接税は、フランスでも第一次世界大戦中から実施されていた。やがて一九三六年十二月、それまでのカスケード税を製造段階（メーカーの売り上げ）だけに課税する「生産税」へと組み替え、第二次大戦後の四六年には税率を六％から一〇％に引き上げたところ、脱税が横行した。

そこで四八年九月、原材料の納入業者にも課税し、メーカーは売り上げに課せられる税額から納入業者が負担した税額を控除する「分割納付制」（Paiements Fractionnées）という仕組みが導入された。これが仕入税額控除の原点であり、付加価値税としての大型間接税の端緒である。この制度はメーカーの不公平感を薄めるとともに、控除を受ける事業者に個々の取引内容の申告を求めるので脱税の防止になったとされるが、と同時に、後に日本の消費税が抱えることになる問題のルーツにもなっていた。

分割納付制には、消費税で言う輸出戻し税と同様の制度が伴う。一方では仕入税額控除のような仕組みには避けられない、取引先との力関係次第で税の負担割合が左右されてしまう、生産税の時代とは逆の不公正が顕《あらわ》れた。

すると、どうなるか。第三章の当該ページと同じ説明を重ねざるを得ないのだ。輸出企業には彼らが仕入れの際に支払った（という形になっている）付加価値税分が還付されてくる。ところが力関係で優位な立場にありがちな輸出企業は、下請けメーカーや納入業者らに付加価値税分を上回る値引きを強いている場合が珍しくない。結果、還付金は輸出企業を大いに潤わせ、あるいは輸出ビジネスに取り組もうとする企業の強烈な動機付けになっていく。

六年後の一九五四年、そして「生産税」は名実ともに付加価値税の原形となった。原材料だけに限られていた仕入税額控除の対象が工場建築費や機械・工具、消耗品などの経費にも及んで拡大され、名称もずばり「付加価値税」へと改称されている。

一九五〇年、シューマン・プラン。五一年、ＥＣＳＣ（欧州石炭鉄鋼共同体）発足。五七年、ＥＥＣ（欧州経済共同体）および欧州原子力共同体（ＥＵＲＡＴＯＭ）結成……。ヨーロッパが将来の統一市場へ向けて歩み始めた時代だった。域内の参加国間で間接税制度が異なれば、共同市場は円滑に機能しない。ＥＥＣ委員会は六七年四月、フランスの付加価値税に基礎を置く大型間接税制を七〇年一月一日までに整備するよう各国に指令する。同年七月にはＥＥＣ、ＥＣＳＣ、ＥＵＲＡＴＯＭの執行および決定機関を合併する融合条約が発効してＥＣ（欧州共同体）が誕生。多少のずれ込みがあったものの、七三年十一月には足並みが揃い、かくてＥＣ型付加価値税が完成したのである。

フランスの付加価値税がＥＥＣの共通税制になっていく過程に関するここまでの記述は、北野・湖東の前掲書『消費税革命』と湖東「仕入税額控除制度の廃止は可能か」（『税制研究』二〇〇九年二月号所収）、ジョルジュ・エグレ『付加価値税』（荒木和夫訳、白水社、一九八五年）と尾崎護『Ｇ７の税制』（ダイヤモンド社、九三年）などに依拠した。フランス政府の徴税部門で要職を務めたエグレが次のように指摘していた事実が特に重い。

〈実際には、調整税（引用者注・輸出戻し税のこと）は、平均率という口実のもとで、往々にして、輸出に対する助成金または輸入関税に相当する税の側面をもっていた。このようにして、ある隣国は、自動車について、それがとりわけ統合された産業であるというのに、あたかもその車に組み込まれているすべての部品がすでに二度、三度の取引を経ているかのようにして調整税を算定したのであった〉（傍点引用者）

ＥＥＣの指令が発動される以前の状況を描写した一節だ。事の善悪を措《お》く限り、戦禍からの一日も早い復興を図っていた当時のＥＥＣ加盟各国が、フランス式の付加価値税を輸出の振興にフル活用していた実態を物語って余りある秘史ではなかろうか。

ＧＡＴＴと付加価値税と輸出振興と

ＥＣ型付加価値税もまた、事実上の輸出補助金としての機能を発揮していた。関東学院大学の元教授で税理士の湖東京至氏は、次のように断言している。

なぜ、輸出販売に還付税制度が設けられたのだろうか。その背景には、１９４８年１月に締結されたガット協定がある。ガットは自由、平等、国際協調をスローガンとし、国際貿易の発展をはかるため関税や輸入制限、その他貿易上の障害を撤廃することを目的として設立されている。そのためガット協定は、その国の政府が輸出企業に対し補助金を交付することを厳しく禁じている。フランス政府もそれまで輸出大企業に交付していた輸出補助金の交付を停止せざるを得なくなった。そこで考え出されたのが輸出大企業に国内で負担したとされる間接税分を還付する仕組みである（前掲「仕入税額控除制度の廃止は可能か」）。

ガットとは言うまでもなくＧＡＴＴ（General Agreement on Tariffs and Trade＝関税および貿易に関する一般協定）のことだ。自由貿易の促進を目指したブレトン・ウッズ体制の下、ＩＭＦ（国際通貨基金）やＩＢＲＤ（国際復興開発銀行＝世界銀行）に続いて発効した多国間条約である。

一九四八年のジュネーブ・ラウンド（多角的貿易交渉）では二十三カ国だった締結国が、ラウンドを重ねるたびに増えていき、八六年に始まったウルグアイ・ラウンドでは百二十五カ国に達した。このＧＡＴＴが発展的に解消し、九五年一月、国際連合の正式な専門機関としてＷＴＯ（World Trade Organization＝世界貿易機関）が発足して現在に至っている。

輸出企業に対し税金を還付することは実質的には輸出補助金に該当し、ガット協定に違反するはずである。それを「ガット協定に違反しないように、国内で負担した間接税の還付である」と主張するため、原材料納入業者に彼らが納付した税額を証明する請求書（インボイス）を発行させたのである。

1948年9月に分割納付制＝仕入税額控除方式を制定した当時のフランスの大蔵大臣はモーリス・ローレ（Maurice Lauré）であるが、彼は1943年にすでにカール・S・シャウプ博士が発表していた「附加価値税」が直接税に区分され、輸出戻し税制度がないことについて批判的であった。

そこでシャウプの考えた「附加価値税」を間接税に置き換え、輸出戻し税制度を確保する方策を捻出したのである。（中略）

以上に見たように、仕入税額控除方式はガット協定に違反せずに輸出補助金を確保するために導入されたものである。すなわち、仕入税額控除方式導入の動機は極めて不純なものであるといってよい（同前）。

税の専門家が膨大な文献を読み込み、現地調査も踏まえて下した結論だ。消費税の導入から二十年余りの歳月が経過し、定着したと言われている割にはこの税制の本質に迫る議論が極端に乏しい現状で、しかも素人に過ぎない私には、湖東税理士の分析を客観的に裏付ける知識も能力も欠落している。

だが、少なくとも結果として、EC型付加価値税には彼の強調するような側面があり、これをモデルとした日本の消費税にもそのまま受け継がれていることだけは間違いない。だからヨーロッパでは以前から、日本でも近年は、輸出企業がより多くの還付金を得るノウハウが注目されているし、独自のビジネス化も進んでいる。たとえばフランスで創業されたコスト戦略を専門とする某コンサルティング・ファームの日本法人は、「VAT（付加価値税）還付の手続き・コンサルティング」を主要業務の一つに掲げていた。

Optimize：還付金額の最大化

経験豊かなオーディターによる監査により、できるだけ多くの還付可能なインボイス（領収書）を抽出します。加えて申請書類提出後の税務当局からの質問などに対して的確・迅速に回答することにより、還付金額の最大化と短期間での還付を狙

います。（中略）

Outsource：世界規模のリソース補完

当社（原文では社名）は世界16カ国18拠点にオフィスを構え、多言語に通じる200名以上の付加価値税専門スタッフが貴社の還付申請・税務申告を強力に支援します。煩雑かつ専門的な付加価値税業務をアウトソースすることにより、貴社は貴社のコアビジネスに集中頂くことができ、その結果貴社の投資効率を一段と高めることが出来ます（同社HPより）。

日本の源泉徴収制度も戦時財政から生まれた

こうして消費税を批判していると、必ず返ってくる反論がある。お前はそう言うが、現にヨーロッパは付加価値税でうまくいっているではないか、しかも日本よりもはるかに高い税率なのに、誰も文句など言わない、何も問題などないからだ、などと。

これもまた論理のすり替えの典型だ。税制の仕組みとしては似ていても、ヨーロッパの付加価値税と日本の消費税とを安易に比較すること自体がどうかしている。

まず歴史的な経緯がまったく違う。ドイツとフランスについては先に述べたが、他の諸国も含め、ヨーロッパの大型間接税はおしなべて第一次世界大戦を契機に導入されていた。戦費調達を目的とする新税、増税に、一般国民が異を唱えることなど不可能な現実に、古今東西、さほどの差があるはずもない。

日本でも、サラリーマン（給与所得者）の源泉徴収制度はまさにそのようにして始まった。日中戦争のさ中、翌年に真珠湾攻撃を控えた一九四〇年の税制改正。当時の実務書の「はしがき」に残された大蔵省主税局官吏らの檄文に、当時の雰囲気を感じ取られたい（新字・新仮名に改めた）。

所謂《いわゆる》準戦時体制から戦時体制へ、更に東亜新秩序の建設を目指す国防国家体制の完成へ——皇国日本の目覚ましい飛躍は大きな足跡を印して建設の彼岸へ到達せんとしている。

国家百般の施設は此の大目的を中心に結集され目まぐるしく変転しつつある。

此の時に当って独り税制のみが旧体制の上に止まっていることは出来ない。

即ち新税制待望の声は、既に昭和十二年春の第七十議会に於ける、政府は速《すみや》かに中央地方を通ずる税制の根本的改正を断行すべしという附帯決議となって現われていたのであった。

そして其の機運は同年七月今次事変の勃発に依って一時阻止されたかに見えたのであるが、其の実、新税制の胎動は、事変費造出の為の数回の増税の間にも生々たる躍動を示していたのであって、永い、四年越しの生みの苦しみを経て遂に機は熟し、皇紀二千六百年の光輝ある年に、古い衣裳をかなぐり捨てた、均斉美逞ましい新税制は誕生したのであった。（中略）

勤労所得は収入の基礎が最も薄弱である、担税力の最も弱いものであるとして課税上特別に考慮され、比較的好遇されて来たが、戦時財政の重圧の波は之等の階級にまでひた〳〵と押し寄せて来た。然《しか》し我々は之を強制された貢納とは考えたくない。租税を通じて万民輔翼の実践へ――租税を通じて至純な奉公の悦びを体得したいのである。（中略）

納税者の意志は太陽である。支払者の協力は土である。そうして税務当局の指導は水である。此の中どれが欠けても立派な花は咲かず、実は実らない（小林長谷雄、雪岡重喜、田口卯一『源泉課税』賢文館、一九四一年、傍点引用者）。

とことん出鱈目が日常化するのが戦争なのである。かくて推進された源泉徴収と、戦後の混乱期に徴税要員の不足等を理由に導入された年末調整とを組み合わせたのが、現在に至るサラリーマン税制だ。給与所得者が納税の何もかもを勤務先に委ねさせられ、無権利状態を強いられる日本独自の仕組みの矛盾も詐術《さじゅつ》も、一九八〇年代頃まではそれなりに問題にもされたが、もはや誰も咎《とが》めない。馴らされきってしまっている。

外国から眺めれば、ずいぶんと〝うまくいっている〟税制に見えるかもしれない。いや、納税者自身が何も知らないのだから、実際にも〝うまくいっている〟という言い方も成立してしまうのだろうか。

ヨーロッパの大型間接税もまた、もともとは戦争遂行を目的とする大衆課税だった。日本のサラリーマン税制と同じ、その体制の下で戦後の社会が築かれてきた。さらに第二次世界大戦での大増税が社会システムへのより深い定着を促し、ヨーロッパ統合の大目標が、共通税制としての付加価値税のあり方を完成させていく。国境調整や輸出戻し税のような諸制度を伴う付加価値税は、統一市場化にとって不可欠でもあった。

ヨーロッパの現状は、本書で論じてきたような消費税＝付加価値税の恐ろしさをひと通り、かつ幾度となく経験してきた末にある。顧客との力関係で弱い中小零細の事業者が価格に転嫁できない問題に照らせば、すでに大方の淘汰《とうた》は済んでしまった状態ではないのだろうか。

旅行に行けば小さなグローサリー（食料品店）が、特に田舎には目立つのも確かだが、その事情は容易にはわからない。日本よりも競争が激しくなくて一定の利益を確保できるのかもしれない。あるいは個人経営の店のように見えても、実際にはフランチャイズ・チェーンやボランタリー・チェーンの加盟店である可能性も小さくないはずだ。

現代の日本は、とりあえず戦時下にはないとする認識が一般的である。EUに加盟する予定もない。ヨーロッパとはまったく状況が異なっている。ヨーロッパ付加価値税率並みの消費税率を目指す必然性などまったくないのである。

付加価値税導入が招いた欧州諸国の混乱

昔の『朝日新聞』は凄かった。経済部を中心に編成された取材班が、大平政権の一般消費税構想よりはるか以前の一九七〇年、すでにヨーロッパで本格的な取材を試みている。パリを訪れた木下和夫・大阪大学教授（財政学、政府税制調査会委員＝当時）

が、フランス付加価値税の〝生みの親〟と言われる前出のモーリス・ローレ（当時はソシエテ・ジェネラル銀行頭取）に面会した際のやり取りが興味深い。

――税の公平という点からみれば、大衆課税になる間接税よりも、所得の多い人から税金を多くとる所得税の方がすぐれているのに、どうしてフランスは間接税を中心にしたのですか。

「増税しようとするときは、所得税を動かすか、間接税に手をつけるか、どちらかだ。ふたつを比べた場合、わが国の事情では付加価値税（間接税）がいいと考えた。いわば〝次善の策〟というかな……」

どういう意味か。フランスの税制に詳しい在仏日本商工会議所の事務局長の補足説明が、この後に続いていた。

「俗に〝脱税天国〟とまでいわれるこの国で、所得税や法人税が一番ルーズだ。これらの税をふやすと、納税者の反感を買ってまた脱税をうながす。そこで、まあ無難な方を選んだ。間接税なら気がつかないうちにとれるし……」（朝日新聞社編『税金――あなたは納得できるか』朝日新聞社、一九七一年より）

だからといってフランスは、付加価値税の逆進性を無視はしなかった。食料品や生活必需品の税率を低く抑え、貴金属や毛皮などの贅沢品には高い税率をかけたのはこのためだ。「所得税と同じように累進的になっている」と、フランス大蔵省主税局次長が語っていた。

付加価値税を税制の中心に据えるなら不可欠の配慮だというのだが、複数の税率が混在すれば、現場の混乱は避けられない。朝日新聞の取材は、この側面にも及んでいた。

オランダが旧来型の一般売上税から付加価値税に切り替えた一九六九年、政府は商品別の税率一覧表まで作成して新聞に発表した。どこの店でもその表と首っぴきでお客に対応する姿が見られたが、はたして便乗値上げも横行した。この様子を眺めていたお隣のベルギーは付加価値税の導入までに一年間の猶予期間を設けたものの、結果は似たりよったり。ある町では、新規開店したガソリンスタンドが大安売りを始めたが、激怒した同業組合がその隣にさらに安い仮の販売所を設置して叩き潰した。目的を果たした仮販売所はすぐに畳まれて、町には静けさが戻ったという。朝日の記者はブリュッセル在住の日本人による「中世のギルドの伝統を受け継ぐ同業組合のオキテ」云々のコメントで揶揄《やゆ》していたが、こうした社会風土も、ヨーロッパの付加価値税が〝うまくいっている〟背景にはあるのかもしれない。

イギリスにもあった中小・零細業者の不利益

付加価値税に批判的な文献も入手した。グラハム・バノック著『付加価値税と中小企業』（二場邦彦訳・監修、全国商工団体連合会、一九八七年）。バノック氏は自らの名前を冠したコンサルティング・ファーム（略称・GP&P研究所）の創設者で、英国政府が中小企業に関する諸問題を検討する目的で設置し、一九七一年に報告書を提出した通称ボルトン委員会（委員長が投資会社や経営教育財団の会長を務めていたジョン・E・ボルトン氏だったことによる）の主任調査員だった人物だ。

バノック氏は英国の「個人企業フォーラム」が一九七九年三月から八二年三月までに合計七回、連続して行った定期調査に言及している。「どの法律があなたの企業に最も不利な影響を与えているか」、「どの法律が改められてほしいか」を中小零細事業主たちに尋ねたもので、前者には毎回、後者に対しては一度だけの例外を除いて、いずれも「付加価値税」が回答の第一位を占め続けたという。

そして、彼はこんな批判を加えているのだ。

納税費用の逆進性と中小企業に対する付加価値税税務行政の非効率性がよく知られているにもかかわらず、当局はなぜこれらが税として望ましくない特徴であるかを忘れやすい。実際にこうした特徴が処置されなければならない3つの重要な理由がある。

第1は、経済的効率性が生産の方法や形態にいっさいのひずみを移転することによって増大させられるということである。中小企業に相対的に重い負担を課すことが、ある場合には生産をゆがめ、自然でかつ最も効率的な単位ではなくする。技術革新と変化に中小企業の重要な役割が与えられているのだが、中小企業に与えられるひずみは現在の経済成果ばかりではなく、成長さえも弱めうるのである。

第2に考慮すべきことは公平さである。無差別に、社会の異なる集団に異なる負担を課すことは全く公正ではない。

第3に考慮すべきことは、どの税も納税と税務行政の費用をともなうということである。これらの費用は社会にとって正味の損失である。諸資源が単に税を管理しまた納付することに向けられる時、その費用を支払う者は損失をこうむるのであるが、それを相殺する社会的な利益は存在しないのである（傍点引用者）。

日本の税率五％は欧州基準なら一〇％に相当

ヨーロッパの〝累進的な〟付加価値税の実態は、そのまま日本の消費税増税論者がいかにいいかげんな嘘を重ねているかを物語っていた。彼らは消費税の税率がヨーロッパの付加価値税よりも低いことを嘆き、一刻も早く同じ水準に引き上げなければ財政が破綻すると絶叫しているが、はたしてそうか。

東京銀行（現、三菱ＵＦＪ銀行）の海外畑から金融論の研究者に転じた菊池英博・文京学院大学教授が、日欧間の重要な比較をしている。それによれば、日本の消費税率五％のうち国税になるのは四％でしかないが、国税収入に占める割合は二二％にも達している。一方、英国やドイツ、イタリア、スウェーデンなどの付加価値税率は一七〜二五％と高いが、国税収入のやはり二二〜二七％程度を占めているに過ぎないというのだ。

菊池教授によれば、ヨーロッパの付加価値税には前述のように軽減税率が採用されている食料品や生活必需品が多く、また医療、教育、住宅取得やこれに関連する不動産、金融など、非課税項目も少なくない。対する日本の消費税には非課税項目が医療費や住宅の賃料などに限られ、軽減税率が適用される分野もないままに運用されてきた。〈つまり、欧州での消費税は贅沢税的な性格を持つ。欧州基準で日本の消費税率を概算してみると、一〇%近くになるのではないか〉(『消費税は0%にできる』ダイヤモンド社、二〇〇九年)。

以上の議論だけではもちろん、ヨーロッパの付加価値税が〝うまくいっている〟ように映る理由のすべてを説明できるものではない。全容を解明しようとすれば、歴史や文化に関わる厖大《ぼうだい》な文献調査と長期間のフィールドワークが求められよう。だが考えてもみてほしい。私たちはそもそも、ヨーロッパを云々する前に、自分たちの足元をきちんと見つめたことがあっただろうか。私たちの毎日はすっかり消費税の網の目に絡め取られてしまっているというのに、圧倒的大多数の人々は、この税制の何たるかを何も知らないではないか。

一方的な負担を強いられている零細事業者でさえ、いくら頑張っても生活が苦しいのは不景気のせいだとしか認識していない人が少なくないのだ。自らが置かれている立場をよく理解できないまま――遺族の話を聞く限り、だが――自殺していった人も、決して珍しくなかった。

徴税側の世論操作はそれほどまでに凄まじいのである。税制に関心を持つジャーナリズムもアカデミズムも、一部の例外を除けば当局と同じ価値観しか持ち合わせていない。当事者も知らない消費税の実態が外国人に伝わることなどあり得ない道理。

逆もまた真なりだ。私たち日本で暮らす大方の人々にはEC型付加価値税とヨーロッパの零細事業者の関係など承知できようはずもない。そもそも、この税制の大前提には、彼らの伝統的な階級社会があった可能性さえ否定できないのではないか。

まずは自らの足元を、私たち自身が置かれている状況を理解することから始めよう。その上で、どうしてもヨーロッパと比較したいならすればよい。順番が逆なのである。

米国が付加価値税を導入しない理由

ちなみに、やはりEC加盟国ではないアメリカ合衆国でも、この間に幾度となくEC型付加価値税の導入が検討されてきたが、実現していない。日本ではまとまった研究成果が入手しにくいので詳細は不明だが、前出のグラハム・バノック『付加価値税と中小企業』には、一九八〇年にワシントンのシンクタンク「ブルッキング研究所」

が催した財政専門家の会議が「付加価値税は消費者にとっても中小・零細事業者にとっても高度に逆進的であり、これを解消しようと複数の税率を採用すれば納税も税務行政も複雑になりすぎる」旨の結論を導いた事実が紹介されている。また国税庁長官や大蔵事務次官を歴任した尾崎護氏の『G7の税制』によると、一九八四年にレーガン大統領の指示で報告書「公平、簡素、経済成長のための税制改革案」をまとめた米財務省も、付加価値税の導入に否定的な判断を示していた。

税制をより効率的な、また、簡素なものにするため、所得税制を全面的に付加価値税制に置き換えることについては、分配上の不公平の問題が大きいこと、また、所得税の一部に代替することについても、付加価値税制の実施にかかるコストが導入のベネフィットに比べて大きいと見込まれることから、結局、付加価値税は税制改革提案の中には盛り込まれなかった。（中略）

なお、財務省報告では、付加価値税の長所・短所として以下の諸点が指摘されている。

［長所］

・貯蓄、投資を抑制しない
・経済的に中立である
・効率的に歳入をあげることができる
［短所］
・逆進性
・物価の上昇をもたらす
・行政上のコストが大きい
・州・地方政府の財源の侵食（傍点引用者）。

あのアメリカでさえ、不公平や逆進性の問題を無視してまで付加価値税を強行するような暴挙は行わなかったのである。それに引き換え、日本は――。

売上税から消費税へと名を変えて成立

翻って一九八七年の日本。嘘に塗れた売上税に対する国民各層の怒りは凄まじかった。全国の消費者や商店主、中小企業の経営者たちが、立場や支持政党の枠を超えて大規模な集会やデモを繰り返し、この税制の危険や不公正さを懸命に訴えた。三月に岩手選挙区で投開票が行われた参院補欠選挙で自民党候補が惨敗するに及んで、政府・自民党は売上税の国会審議をとりあえず見送った。

民衆の勝利は、しかし、長くは続かなかった。売上税は早くも翌一九八八年、若干の手直しを経、消費税へと名称が変更されて再浮上し、国会で可決・成立してしまう。経緯は本章の冒頭で述べた通りだが、その流れを決定付けたのは、推進する側の執念もさることながら、何よりも抵抗する側の甘さ、覚悟の足りなさではなかったか。

消費税に対する反対運動は、売上税の時に比べ、どこか醒めていた印象が拭えない。流通小売業界を中心に全国約三千五百団体で組織された「税制国民会議」（議長＝清水信次・前日本チェーンストア協会会長）が一九八八年八月中に福島県内の六都市（郡山市、白河市、福島市、会津若松市、相馬市、いわき市）で予定していた反消費税の学習会が、突然、中止に追い込まれた事件が象徴的である。

九月初めの県知事選と参院補選の同日選挙を控えて、前年の〝岩手ショック〟の再現を狙う作戦だった。当時の清水議長が新聞に「これで消費税の息の根を止める」とコメントしたほどの計画は、自民党福島県連の推薦を受けた知事候補が、一方で社会党本部と消費税反対の政策協定を結んだのを契機に立ち上げられたものである。

当時の福島保守政界は分裂しており、自民党県連の推薦を受けていない保守系の知事候補も立候補していた。それだけに政府や自民党本部の危機感も半端でなかったらしい。どのような力学が働いたのか、学習会は中止され、二人の保守系候補は選挙戦の最後まで消費税の問題に言及することがなかった。

権力の意志があからさまに示されて、超党派の、特に保守系の人々は怯《ひる》んだ。その後も反対集会もデモも続きはしたけれど、どこか諦めムードが漂うようになり、消費税はとどのつまり実施されることになる。

中小零細事業者へのアメとしての特例措置

ムチだけが振るわれたわけではない。消費税の本質を見抜いていたはずの中小零細事業者たちには、それなりのアメも振る舞われていた。

①免税の特例、②限界控除の特例、③簡易課税制度の特例。すなわち三つの特例措置である。①については第二章でも触れた。年間の売上高が三千万円以下の小規模零細事業者は、納税義務を免除されたのだ。

②は、①によって線引きされた免税事業者と課税事業者の境界にいる事業者に、課税の影響を緩和するために設けられた。売上高三千万円以上、六千万円以下の納税義務者に課せられる税額の一部が控除される。

③は、煩雑な仕入税額控除の事務負担を軽減するものだ。基準期間の課税売上高（税抜きの売上高）が五億円以下の事業者は、実際の仕入れ税額ではなく、一定の「みなし仕入れ率」を使って控除額を計算する方法を選択できる制度である。

みなし税率は原則が八〇％、卸売業に限って九〇％。消費税率三％を当てはめて、次の計算式を当てはめると、それぞれの納税額は課税売上高×〇・六％、課税売上高×〇・三％、となる。

〔卸売業以外〕

（売上高×三％）－（売上高×八〇％×三％）

＝（一〇〇×三％）－（八〇×三％）

＝三％－二・四％＝〇・六％

〔卸売業〕

（売上高×三％）－（売上高×九〇％×三％）
＝（一〇〇×三％）－（九〇×三％）
＝三％－二・七％＝〇・三％

仕入税額控除など複雑かつ厖大な納税事務を納税義務者に求める消費税、付加価値税を実施するからには、この種の特例措置が絶対に必要だ。でなければ専門の要員を雇うことのできない零細事業者は、本来の事業を営む能力さえ奪われてしまう。

ＥＣ型付加価値税を共通税制としたヨーロッパ諸国も、それぞれの簡易課税制度を持っている。仕入税額控除の原点となる分割納付制度を最初に取り入れたフランスには、第一次大戦当時から、事務能力の低い中小・零細事業者と徴税当局とが協議して税額を決める「フォルフェ制度」の伝統もあって興味深い。

〝益税〟〝便乗値上げ〟への激しい批判

日本の場合、しかし、消費税の特例措置は〝益税〟や便乗値上げの元凶として強烈な批判に晒《さら》され続けた。スタートの直後には、宇野収・関西経済連合会会長（東洋紡会長＝当時）が、特例措置の一切を廃止すべきだと発言している。それまで中小企業の多い繊維業界のトップとして消費税の導入に反対していた立場が、正反対にひっくり返っていた。

批判がまるで見当外れだったとは言わない。〝益税〟も便乗値上げも確かに存在した。けれどもそれは、マスコミ報道や一般の受け止め方とは、様相をかなり異にしていたのである。

そもそも商品やサービスの価格に消費税を転嫁できている事業者は決して多くない。転嫁しているような体裁が整えられていても、周囲の店舗との競合や顧客との力関係次第では、それ以上に値引きしている場合が少なくないのが実態だ。ましてや規模の小さな免税事業者においてをや。

一般のイメージ通りの〝益税〟が存在するとすれば、定価販売が成立しているケースに限られる。ただし、その場合でも、仕入れには消費税分を支払うのだから、顧客から受け取った三％の丸ごとを懐にできるわけではないのだ。

免税事業者なりの論理も、当然、あった。そう言えばあの頃、私の家の近くの商店主たちはしばしば、こんなセリフを口にしていた。

「なにしろ消費税には散々な目に遭っている。お客さんの買い控えはもちろん、一円玉を大量に用意しておかなきゃならないし、こんなもののせいで押し付けられた混乱や不利益のせめて一部でも、合法的に取り返させてもらうぐらいのことは、許されてもいいんじゃないか」

シンプルさばかりが強調される消費税。しかして鵺《ぬえ》のように曖昧で、不透明な消費税の、これも本質である。はたして消費者と零細自営業者の溝はかつてなく広がった。敢えて反目し合うように促す誘導が図られた。事実は第二章でも詳述したが、徴税当局はこの種のやり方を初めから積み重ね、国民の心理をいいように操っていたのである。

消費者の批判を煽り、利用した政府

たとえば国税庁は、すでに消費税が実施されているこの段階に至っても、なおも例のクロヨン問題を強調したパンフレットを全国に撒いていた。同庁の協力団体ではあるものの、当局の意図を察知した全国青色申告会総連合は、会員への配布を拒否したという。

この事実を伝えた『朝日新聞』の連載記事が、近年の新聞ジャーナリズムでは考えられない、実に鋭い分析を残していた。売上税を断念させた中小商工業者が消費税にはあまり反対しなかったのは、免税点や簡易課税制度などの特例措置に黙らせられたのだとして、

いざ、消費税が実施されると、消費者の間からは当然のように「ネコババ」論議が高まる。で、今度は、「消費者の不満」をテコに見直しを図る――そんな図式が見えてきた。（中略）

「政策構想フォーラム」のメンバーで、税制改革に深くかかわってきた本間正明・大阪大教授は「政府のやり方は、一種の確信犯」と言いきる。「3つの特例措置を設ければ、税の一部が合法的にポケットに残る現象が広範囲に起きることは、前々から指摘していた。この点を議論せず、一気に法案を通したのを見ても、船出した後に直せばいいという政治的判断がうかがえる」（中略）

宇野首相は就任後の初の記者会見で、「消費者に不平不満の声があると聞いている。実施後2カ月といえども、常に国民の声を耳にしながら、消費税のあり方につ

いて考えていかなくてはならない」と述べ、その後の所信表明演説でも、見直しを言明した（「税にゆらぐ」第一回「確信犯　中小業者黙らせた特例」一九八九年六月二十一日付朝刊）。

一連の特例措置は、単に甘いだけのアメではなかった。零細な事業者は舐《な》めた瞬間に周囲から石つぶてを投げつけられ、糖衣が溶ければ爆発するように仕組まれた、いわば時限爆弾が練り込まれたアメだったのだ。

形骸化する特例措置に税率アップが追い討ち

はたして三つの特例措置は、その後の数次にわたる消費税法改正で形骸化されていく。年間売上高六千万円だった限界控除制度の適用上限は一九九七年に廃止されてしまう。三千万円だった免税点が二〇〇四年度から一千万円に引き下げられた。簡易課税制度ときたら適用上限が五億円から四億円（九一年）、二億円（九七年）、五千万円（〇四年）と縮小の一途を辿り、みなし仕入れ率も九〇％と八〇％の二区分だったスタート時から、現在は九〇％（卸売業）、八〇％（小売業）、七〇％（農林漁業、鉱業、建設業、製造業）、六〇％（飲食サービス業、金融業、保険業）、五〇％（不動産業、運輸通信業、飲食以外のサービス業等）の五区分へと細分化している。業種による差の根拠は不明である。

この間には会計ソフトの発達、普及などもあり、一定以上の事務処理能力を有する事業者の負担が相対的に軽くなってきたのは確かだ。だから特例は絶対に縮小すべきでなかったとまでは言えないが、わずか一千万円の年商で課税事業者に組み込まれてしまう現状は残酷に過ぎる。何の後ろ盾もない零細事業者の年商一千万円と、大企業のサラリーマンの年収一千万円（プラス年金や健康保険などの社会保険料の一部負担、福利厚生、および勤務先を後ろ盾にした社会的地位）とでは天と地ほどにも意味が違うのである。

消費税の税率は、しかも導入九年目の一九九七年度に五％へと引き上げられている。正確には国税としての消費税四％と地方消費税（消費税四％×一〇〇分の二五＝）一％の合計なのだが、こうして地方財源にも充てられていることで、本来なら地域の住民や商店街のあり方に配慮しなければならないはずの地方自治体が、消費税による収奪に見て見ぬ振りを決め込んでいる、あるいは当事者になってしまっているのではないか。

細川政権と「国民福祉税」

五％への増税が盛り込まれた改正消費税法案が国会で可決・成立したのは一九九四年十一月の臨時国会だった。わずか九カ月前の「国民福祉税」構想をめぐるドタバタの記憶も生々しかった時期である。にもかかわらず――。

すでにかなりの歳月が経過しているが、概要だけは振り返っておきたい。その必要があると思われる。

騒動は一九九四年二月三日の未明に始まった。当時の細川護熙首相が突如、記者会見を開いて、政府・与党の「税制改革草案」を発表したのである。

それによれば、所得税を中心に六兆円の減税を先行させ、まだ三％だった消費税を三年後の九七年度に廃止する。ただし同時に税率七％の新大型間接税「国民福祉税」を創設して、それらの財源に充てるという。

国民福祉税と銘打つにしては、しかし、あまりに杜撰《ずさん》な内容だった。草案には、〈高齢化社会においても活力のある豊かな生活を享受できる社会を構築するための経

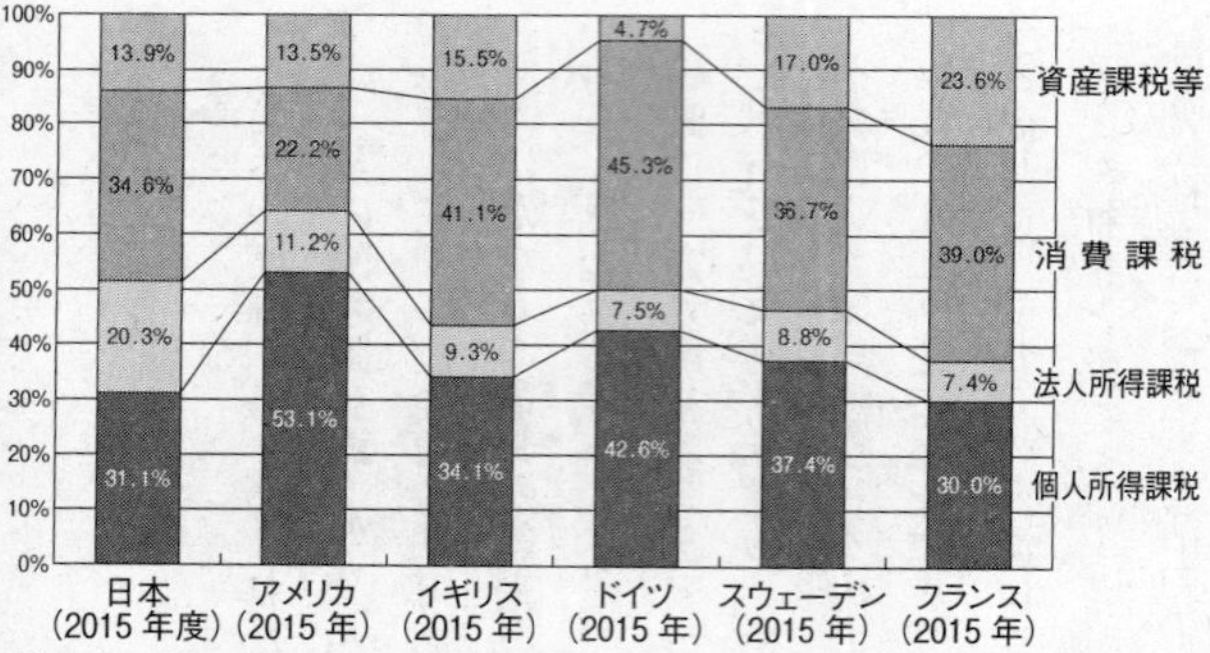

(注) 日本は平成 27 年度（2015 年度）実績、諸外国は、OECD “Revenue Statistics 1965-2016” 及び同 “National Accounts” による。なお、日本の平成 30 年度（2018 年度）予算における税収構成比は、個人所得課税：31.5%、法人所得課税：21.5%、消費課税：32.9%、資産課税等：14.1% となっている。　財務省「税収に関する資料」より

所得・消費・資産課税等の税収構成比の国際比較（国税＋地方税）

費に充てること〉が目的とだけ書いてある。会見でも細川首相は、消費税の名称を変えただけではとの質問に「広い意味での目的税」、七%の根拠を問われれば、「正確にははじいていないが、腰だめの数字として、この程度は必要」などとだけ答えて済ませた。

国民福祉税の仕掛け人は斎藤次郎・大蔵事務次官と小沢一郎・新生党代表幹事（いずれも当時）で、彼らが細川首相を動かしたというのが定説だ（細川内閣は日本新党、新党さきがけ、新生党、日本社会党、民社党、公明党などによる連立政権だった）。国民の猛反発で翌四日には白紙に戻され、二カ月後に

は細川内閣そのものが吹っ飛ぶことになるのだが、はたして消費税は増税されてしまった。一連の騒動のさ中で、連立政権は「税制改革草案」のうち六兆円の減税だけを可決・成立させていた。だが国民福祉税はすでにない。代替し得る財源は？　というわけだ。

二人の首謀者の蜜月はその後も続いている。民主党が政権を獲った二〇〇九年秋、斎藤氏は「日本郵政」の社長に就任したが、その背後には小沢民主党幹事長（当時）の存在があるのだと、これも定説である。なお、前出の石弘光・前政府税制調査会会長が同じタイミングで日本郵政の社外取締役・監査委員長のポストに就任している事実も付言しておく。

参考までに、税収に占める税目別の割合を国際比較した最新の資料を前頁に示しておいた。前出の菊池英博教授の議論（日本の税率五％は欧州基準の一〇％に相当する）とは異なり、国税と地方税を合算した図だが、おおよその理解は難しくないはずだ。各国とも消費課税のウェイトが高まっているようだが、日本もスウェーデンと比べても遜色がない。米国の消費課税割合が低いのは、記述の通りの事情による。

第六章

消費税を上げると どうなるか

杜の都の消費税川柳

七夕は　としに一たひあふときく　さりてかへらぬ　人のゆくすゑ

仙台藩祖・伊達政宗公が元和《げんな》四（一六一八）年に詠んだ歌である。かの杜《もり》の都では当時から、大々的な七夕祭りが催されていたという。豊作を祖霊に祈る七夕祭りは全国どこでも盛んだったが、天明、天保など幾多の飢饉を経験した宮城県民はことのほか熱心で、今日のような伝統行事へと発展したとされている。

その仙台七夕ではここ数年、消費税をテーマにした川柳が掲示されて、話題を呼んでいる。二〇〇九年の七月には、たとえば次のような作品が並べられていた。

消費税　義務という名の　不明金
絶対に　不公平だよ　消費税
だれのため　払い続ける　消費税

募集したのは「消費税率引き上げをやめさせるネットワーク宮城」。〇九年にはこの他にも、

この国の　税は　消費税だけですか？

バカの　一つおぼえ　消費税

税、税と　求めてばかり　馬鹿議員

消費税　大企業には　笑止税

などの川柳の応募があった。いずれも消費税やその増税論の本質を鋭く突いて、一般に披露された作品群に勝るとも劣っていなかった。

とはいえ川柳の出来不出来を云々するのが本項の趣旨ではない。強調しなければならないのは、「消費税率引き上げをやめさせるネットワーク宮城」という運営主体の存在だ。

超党派の消費税増税反対運動

大平正芳政権の一般消費税構想に反対して一九七八年二月に発足した「一般消費税の新設を止めさせる宮城県民会議」を母体とし、二〇〇三年三月に現在の姿へと改組された「ネットワーク宮城」の際立った特徴は、完全な超党派であることだ。二〇一〇年度の役員名簿（五十音順）も、例によって多様な立場の面々が名を連ねていた。

伊藤貞夫・宮城県商工団体連合会会長
大高善興・日本チェーンストア協会東北支部長（ヨークベニマル社長）
大久保さやか・弁護士
勝又美千子・主婦連合会仙台支部会長
黒澤武彦・仙台市商業政策協議会会長（仙台アパレル小売専門店協会会長）
小林達子・NPO法人仙台・みやぎ消費者支援ネット代表理事
小松正太朗・税理士
齋藤昭子・宮城県生活協同組合連合会会長理事

佐久間敬子・弁護士

須藤義悦・宮城県消費者協会会長（元東北電力副社長）

沼倉優子・みやぎ生活協同組合副理事長

日野秀逸・東北大学大学院経済学研究科科長（医療政策論・福祉経済論）

藤崎三郎助・宮城県百貨店協会会長（藤崎社長）

三田恵介・三栄会代表世話人

山口哲男・日本専門店会連盟宮城県連合会会長

渡邉祥音・ＪＡみやぎ女性組織協議会会長

チェーンストアや百貨店の業界団体は一目でわかる。日本専門店会連盟（日専連）は全国の小売商業者で形成される協同組合組織の連合体で、ＪＡは全国農業協同組合中央会が組織する農協グループだ。

商業政策協議会（商政協）は小売業の抱える諸問題解決のための研究や魅力ある街づくりを推進する団体。消費者協会は日本生産性本部の消費者教育室を母体とする財団法人。三栄会とは仙台市太白《たいはく》区の富沢・泉崎・長町南地区を横断する地域振興会である。

以上はいわゆる保守層を形成する勢力で、地域の商工会議所とも密接な関係を維持している。「ネットワーク宮城」には、そして生活協同組合（生協）や商工団体連合会（商団連）の幹部も参加して、中枢を担ってきた。

負担は低所得世帯と小規模業者を直撃

参加団体の関係者に集まっていただき、話を聞いた。口火を切ったのは日専連宮城県連合会の小野寺元純・事務局長である。

「消費税は不公平な税制だと思います。増税されれば消費者の買い控えに繋がるだけでなく、事業者間の不公平も著しく広がってしまう。なにしろ価格に転嫁できません。形の上では転嫁できているように見えても、それ以上の値引きを強要されるのが普通ですから。

仕入税額控除の仕組みを利用して従業員を派遣などの外注に切り替えれば、その分だけ節税できるじゃないか、ですって？　それは大企業の話です。日専連に加盟している小売商の事業規模では、そうはいきません」

転嫁できないのも事実なら、しかし他方では消費者が負担を強いられているのも現実だ。鵺《ぬえ》のような消費税の、こちらの側面を、みやぎ生協の沼倉副理事長は語った。

「消費税率のこれ以上の引き上げは、生活者の家計を直撃します。景気が一向に上向いてこない中で、今だって消費者は、将来に不安を抱きながら暮らしている。

宮城県生協連合の〝消費税しらべ〟によりますと、二〇一〇年四月には一所帯平均で一万二千五百六十三円の消費税を支払っています。一年前に比べて収入は三千六百七十五円減ったのに、消費支出が四千六百六十八円、これに伴い消費税の支払いが五百十円増えました。エコポイントなどによる消費刺激策の影響もあるようですが、それでも消費を抑えて生活を守ろうとする近年の傾向に変化はありません。所帯平均の消費税支払額は、二〇〇六年の一万四千三百六十一円、〇七年の一万四千六百六十七円の水準にも回復していないんです。

逆進性もはっきりしていますね。月収三十万円未満の所帯では収入に占める消費税額は三・二%にもなるのに、彼らの三倍近くを消費する月収百万円以上の所帯では、一・四%にしかなりませんでした」

最後に宮城県商団連の永澤利夫・事務局長。県内に九つある零細商工業者の団体

「民主商工会」（民商）の連合体である。

「近頃は街に出てチラシを配っていても、反発を受けることがあるんです。消費税は上げるべきなんだ、まだ反対してるのか、とね。でも零細自営業にとっては死活問題です。価格に転嫁できなくて切らされる自腹が、これ以上深くなったら生きていけない。試算してみましたら、たとえば年商二千万円程度の――夫婦とアルバイト一人ぐらいの規模の――料飲店は、現在のところ消費税をざっと三十五万六千円ほども納めているんですが、仮に税率が一二％に引き上げられると、これが九十六万円にハネ上がってしまう計算です。

払えるはずがないじゃありませんか。差し押さえられて廃業は必至です」

民商とは戦後の混乱期、さらには朝鮮戦争に伴う強行徴税が吹き荒れた時代に各地で生まれた運動だ。全国では二〇〇九年度現在で六百以上の民商が活動しており、「全国商工団体連合会」（全商連）が全体を束ねる形になっている。

日本共産党系とされるが、近年は特に消費税をめぐって党と関係のない事業者からの相談も増えてきた。「消費税率引き上げをやめさせるネットワーク宮城」のあり方は、消費税という問題が実は政治的な思想信条とは直接の関係がない、生活そのものに深く影を落としてきた実相を浮き彫りにしている。

広がらない消費税増税反対運動

仙台では日専連も、生協も、民商も、消費税増税に対する危機感を募らせ、一致団結して反対運動を繰り広げている。消費税の本質やカラクリをそれぞれの立場で理解し、また他の立場をも慮《おもんぱか》っているからだ。

実際、消費税が導入された一九八九年前後までは、消費者と事業者が連帯した反対運動など珍しくもなく、全国各地で見受けられた。第五章で振り返った通りである。

消費税の大幅な税率引き上げが企てられている二〇一〇年現在、しかし、宮城県での連帯は、県外にはなかなか広がっていかない。「消費税率引き上げをやめさせるネットワーク宮城」を構成する諸団体のうち、全国規模でも消費税増税に絶対反対を貫いているのは民商運動だけなのだ。

宮城県外の消費税は負担が軽いので反対する理由がない、などということはあり得ない。経済誌『週刊東洋経済』が、他ならぬ日本商工会議所の本部組織も消費税の実情を正確に把握している事実を明らかにしたことがある。

消費税の性格について財務省主税局の担当者は、「価格への転嫁を通じて消費者が負担するもの。担税力はあくまで消費者に求められる。納税義務者は事業者であるが、預かり金的なものであるため、事業者の所得水準にかかわらず、適正に納税いただく必要がある」と語る。

だが、中小零細業者の場合、必ずしも消費税を価格に転嫁できているわけではない。日本商工会議所が昨年（引用者注・二〇〇六年）8月に実施したアンケート調査によれば、「ほとんど転嫁できなかった」とする事業者が約3分の1、「一部しか転嫁できなかった」も約3分の1を占めたという。「消費税法で価格転嫁の法的担保がない中、納税義務者である事業者の多くは、利益を削って、あるいは利益どころか赤字を増やして消費税を納税しているのが実態だ。特に業績が芳しくない事業者のダメージは大きい」と植松敏・日商専務理事は解説する。

『納税者の権利』（岩波新書）の著者である北野弘久・日本大名誉教授は、「消費税の現実を見ると、実質的には中小企業負担税になっている。益税どころか価格転嫁できずに『損税』となっている」と指摘する（二〇〇七年二月二十四日号「悲鳴上げる中小企業——消費税12万円が払えない！　中小零細業者、無念の廃業」）。

中小企業の代弁者のはずが

日本商工会議所はＨＰで、〈全国515の商工会議所を会員とし、各地の商工会議所が「その地区内における商工業の総合的な発展を図り、兼ねて社会一般の福祉増進に資する」という目的を円滑に遂行できるよう全国の商工会議所を総合調整し、その意見を代表している団体〉を自称している。であるならば、現代の消費税が実質的な〝中小企業負担税〟でしかない実態を審《つまび》らかにした上で、増税反対どころか、その廃止を求めても当然の役回りであるはずなのだが——。

彼らは何もしていない。むしろ日本経団連や政府税制調査会の主張する消費税増税の論理を前提として、その危険をことさらに矮小化《わいしょうか》して見せることばかりに腐心している。

たとえば二〇〇九年六月に政府・与党に宛てた「平成22年度中小企業等関係施策に関する要望」の〈重点要望事項〉だ。日商はその【5】に「企業活力増進のための税制改革を求める」の表題を与え、その「5．税制抜本改革への対応」で消費税増税の可能性に言及しつつ、次のようにまとめていた。

まずは、現下の非常事態であるわが国経済をしっかり回復させることが最優先課題である。消費マインドが低迷しているときに、消費税率引き上げを強調しすぎると、消費の足を引っ張り、結果として景気を低迷させることになる。

さらに、将来にわたって国民が安心して暮らせる持続可能で信頼性の高い社会保障制度を早急に構築し、国民の理解を得ることが先決である。その財源のあり方の検討がなされる場合は、税体系を総合的に検討する必要がある。仮に消費税の検討を行う際には、まずは、わが国がデフレ懸念から完全に脱却し景気が回復すること、国・地方とも国民が納得しうる程、無駄な歳出を削減すること、困難な価格転嫁や、増大する事務負担などの中小企業への悪影響を無くすことなどを、国民や事業者に明示し、十分な理解を得ることが必要不可欠である。

なお、低所得者に対する逆進性緩和策については、現在、政府税制調査会で検討が進められている「給付付き税額控除」の導入など、歳出面を含めた総合的な取り組みで対応することとし、消費税の複数税率は極力回避すべきである（傍点引用者）。

それでも日商の要望書は、苦しい表現を繰り返しながらも、価格転嫁や事務負担の問題など、消費税の本質に関わる問題をわずかでも並べてみせただけ、それなりに考えられたものではあった。宮城県内では明確に消費税増税反対の運動に参加している日本チェーンストア協会や日本百貨店協会の全国組織、全国中小企業団体中央会などの主張も確認したが、いずれも消費税増税に対しては積極的な賛意こそ示していないものの、特に反対するわけでもない。見事な翼賛体制と言うべきか。

「消費税増税に反対しないこと」＝「体制の内にあるための処世術」

こうなると『東洋経済』に登場した日商のアンケート調査がますます気になってくる。記事では伝聞の形でしか触れられていなかったので、日商に直接連絡を取ってみたら、あっさり断られた。件《くだん》の調査はあくまでも内部向けのものであり、第一、現在は消費税に関する取材の一切を受けない方針なのだという。

話にならない。どうしてこういうことになるのか、都内の中小零細事業者団体の指導者と日商の幹部を兼ねる人物に別のルートで会って事情を聞いたら、予想通りの答えが返ってきた。

「なぜなら（日本）経団連や政府税調が重視していない問題を取り上げて増税反対などとやってしまえば、われわれは共産党と同じ立場になってしまいかねない。商工会議所は彼らと異なり、保守の、体制の下にある組織なので、自民党や財界が消費税増税を進めるという以上、最終的には従うしかないと考えているのです。どこまでもこの枠組みの中で生きていく。消費税では譲る結果になったとしても、体制の内側にあることのメリットを、われわれは選びますよ」

メリットとは何か。すぐに連想されるのは、中小企業を対象にした各種の補助金や優遇策の数々である。全国の商工会議所にとっては、それらの獲得こそが最も重要な業務であるのも確かだ。消費税増税を受け入れる見返りの補助金ということになるのであれば、財政健全化どころか、またぞろ新たな利権構造の誕生が予定されていることになるが、これ以上の推測は本書の役割を超えている。いずれ改めて追及する機会を待ちたいと思う。

その際には、仙台における消費税反対運動の中心であり続けた故・伏見亮氏の気骨とも対比させて描こうか。日専連仙台会（現、日専連仙台）の理事長（一九七六〜九〇年）で、全国組織の日専連でも理事長職にあった（一九八五〜九三年）彼は一九八八年十一月九日、金沢、熊本の両市とともに仙台市で開催された衆議院税制問題等調査特別委員会の地方公聴会に公述人として招かれ、高らかに宣言していた。

「あらかじめお断りしておきますが、私はいま社会党のご推薦でこの場に立っておりますが、この団体（引用者注・一般消費税の新設を止めさせる宮城県民会議）はもともと不偏不党、いわば超党派的な大衆団体であり、私自身は自民党の党友であります。しかし、消費税問題に関する限り、政党党派の立場を超えて是々非々の立場を堅持しております」

この言葉も堂々たる態度も、現在に至る「消費税率引き上げをやめさせるネットワーク宮城」で活動する地元商工業者たちの精神的支柱であり続けてきた伏見氏も、けれど、二〇〇二年八月に八十七歳で亡くなった。独立自尊の中小企業魂を湛《たた》えた男の死と、その後の消費税増税論議が体制の側にあるかあらぬかを測る踏み絵のような様相を帯びてきた風潮とは、決して無関係ではないように思われる。

政治的立場を超えた本質論議を

もはや消費税の本質に目を向けようとする者は、それだけで思想的に偏向しているかのように受け止められる時代が導かれてしまった。本書にもその種の安易なラベリング(レッテル貼り)の矛先が向けられる可能性が小さくないので、はっきりさせておく。

本書の論旨の少なからぬ部分は日本共産党の主張と重なっている。第三章で取り上げた自殺や裁判の事例には民商を最初の情報源としたものが多い。いくつかの章にまたがって登場してもらった大阪府泉佐野市の山田一郎さんも、追い詰められた末にインターネットで発見した地元の泉南民商を頼って救われていた。

それらは、しかし、あくまでも結果だ。日本商工会議所を頂点にいただく各地の中小企業団体は、末端の構成員の人権を守ることよりも、体制内部における組織防衛を優先した。消費税の本質を、被害を受ける立場で熟知している最大勢力が、それでも隠す側に回った以上、おのずと情報源は限られた。それだけの話である。

〝三つのハードル〟解決策の陥穽

消費税増税には大きく三つのハードルだけがあることにされていると、「はじめに」で書いた。①逆進性、②益税、③消費ないし景気を冷え込ませてしまう可能性、の三つだ。

それほど簡単な仕組みではないのである。消費税とは顧客や取引先との力関係で弱い立場にある中小・零細事業者、とりわけ自営業に、より大きな租税負担を課し、あるいは雇用の非正規化を促進するなどして、社会的弱者が辛うじて得ていた生活費までをも吸い上げ、社会全体で産み出した富を多国籍企業やそこに連なる富裕層に集中させていくシステムである実態を、本書では繰り返し述べてきた。

にもかかわらず、消費税増税が政治日程に上るにつれて、課題は〝三つのハードル〟に限られていて、しかも、それらの解決など容易だとする言説が罷り通るようになっている。本書のテーマそのものではないが、どれも悪質な世論誘導であり、また実行に踏み切られた場合、この国の社会のありようをより歪《ゆが》めていく危険性が高いので、ひと通りの批判を加えておきたい。

〝三つのハードル〟とそれらの〝解決策〟は、いずれも二〇〇三年、日本経団連が公表した報告書『活力と魅力溢れる日本をめざして』（いわゆる奥田ビジョン）の中で、すでに示唆されていたものばかりだった。第一章ともやや重複するが、彼らはこの報告書で消費税率を毎年一％ずつ引き上げていくべきだと主張した際、次のような文言を添えていた。

消費税の段階的引き上げは、デフレ懸念を払拭し、住宅投資や個人消費を喚起する。現行の消費税には、益税の存在や逆進性など種々の問題が指摘されているが、インボイス制、内税化、複数税率の導入などの改革により、21世紀における基幹となる税目として機能するようにしていく必要がある。

段階的に引き上げれば消費が喚起されるという発想は強烈だ。要は③について、消費税増税は消費や景気に悪影響を与えるどころか、逆に活性化をもたらしてくれるのだと強調している。財界に近い財政学者に会った機会に尋ねてみると、増税は商品やサービスの値上げを招くからインフレに通じてデフレからの脱却をイメージさせるという意味と、国民に絶えず翌年の消費税増税を意識させておくことで、常に〝駆け込み需要〟を促すことができるはずとの算段らしい。だが、外需志向の強い昨今の大企業にとって、内需のウェイトは相対的に低下している。真剣な検討から導かれた論理とも思えなかった。

人々の生活の隅々に関わる税制が、これほど傲慢で、いいかげんな屁理屈に基づかれてよいものだろうか。増税による零細事業者の廃業や失業者の増大を考慮すれば、デフレ懸念の払拭どころか、インフレと景気の低迷が同時に起こるスタグフレーションに陥る可能性さえ危惧されよう。輸出戻し税などで多国籍企業が大儲けしても、所詮は下請けからの搾取でしかない以上、日本経済全体の成長にも繋がりはしない。

二〇一〇年二月、しかし菅直人財務相（当時）は、「消費税率を引き上げても、使い方を間違わなければ景気はよくなる」と強調した。五月には彼の諮問機関である財政制度等審議会の財政制度分科会が、一九九七年の景気後退と、同じ年の消費税率引き上げ（三%→五%）との因果関係を否定し、「むしろアジア通貨危機や国内の金融危機が原因だった」とする見方を一致させている。会議後の記者会見でも、財務省の大串博志政務官が、「（増税による）財政健全化が将来の安心感を生み、民間消費や投資を刺激する」と述べたものの、何らの根拠も示されてはいなかった。

「給付付き税額控除」「インボイス方式」の先にあるもの

格差社会の進展とともに注目が高まってきたのが、①の「逆進性」である。所得の低い人ほど消費に回さざるを得ないお金の比率が高いため、高所得者よりも消費税の負担が大きくなる問題だが、「奥田ビジョン」にある複数税率には財界内部や徴税当局の間に反対意見が根強い。ヨーロッパの付加価値税と同じように、食料品や生活必需品には低税率を、贅沢品には高税率を適用すればよいという考え方はわかりやすく、一般に支持されやすいけれども、実際、これからの日本で導入するには無理がありすぎる。

生活必需品と贅沢品の区分はそれほど容易ではない。政治的な混乱は新たな利権を生むだろうし、何よりも中小・零細の事業者の事務処理負担が限界を超えてしまう。そこで、というわけでもないのだが、近年は所得税に「給付付き税額控除」制度を新設して対応すべきだとする意見が浮上してきた。低所得者の所得税を減免し、さらに一定の金額を払い戻すという。カナダなどの例に倣った仕組みであるらしい。

財界や経済財政諮問会議の民間議員が提唱したのが発端だったが、これだと最底辺の人々は救えても、自腹を切って消費税を支払い、生活水準を著しく低下させられることになる、最底辺の次ぐらいに位置付けられやすい都市自営業層には、何らの補償もされないことになる。仮に補償されたところで、本来は自立できていた生活を無理やり破綻させられて、その上で情けをかけていただく屈辱を強いられるという構図は、人間というものを馬鹿にし過ぎてはいないか。

②の「益税」は、消費者が消費税のつもりで支払った金額のうち、国庫に納められず、合法的に事業者の手元に残る金額を指している。消費税の増税は、この益税を拡大する結果を招くので不公平だという反対論が目立つのだが、これは一般が思い込まされているほど単純な問題ではない。すでに第二、第三章で詳《つまびら》かにした。

ただし現実には、消費税増税に伴う益税の拡大を防ぐため、現行の帳簿方式をインボイス方式（適格請求書等保存方式）に改めて個々の取引内容を記録させ、税務署への提出を義務付けるべきだとする主張が、有力になってきている。帳簿方式もまた、〝適格請求書《インボイス》〟の保存を仕入税額控除の要件とする考え方だが、免税事業者には〝適格請求書〟を発行することができないので、仕入税額控除を受けたい企業は取引してもらえなくなる可能性が高まるのが必定だ。そう言えば免税点の設定や簡易課税方式などと同様の、中小零細事業者の負担をインボイス方式よりは軽くするための措置だった。益税をなくそうとすれば、そのまま零細事業者への死刑宣告に通じてしまうメカニズムが、消費税の消費税たる所以《ゆえん》なのかもしれない。

「給付付き税額控除」も「インボイス方式」も、そして確実に「納税者番号制度」導入への大義名分にされていく。前者は給付を求める人に納税証明等の書類の提出を求めるだけでよいはずだし、後者にも必須の要件ではないのだが、この間に何度か打ち上げられたアドバルーン的な報道では、常に一体化した政策として語られてきた。このままでは年金問題の解決を口実に発行が急がれている「社会保障カード」や、すでに稼動中の住民基本台帳ネットワーク、政府のＩＴ戦略会議が電子政府の実現を目指して国民一人ひとりに識別のための共通番号を割り当てるという「国民ＩＤ」計画なども相乗りして、「国民総背番号体制」へと展開されていくのは必定だ。

「国民総背番号体制」を中核とする監視社会の恐怖については、拙著『プライバシー・クライシス』（文春新書、一九九九年）や『小泉改革と監視社会』（岩波ブックレット、二〇〇二年）、田島泰彦氏らとの共著『住基ネットと監視社会』（日本評論社、二〇〇三年）などで論じてきたので、詳しくはそれらを参照されたい。街中に張り巡らされている監視カメラ網や、これで捉えた人間の顔の画像と顔写真データベースを瞬時に照合する「顔認識システム」との連動も時間の問題だ。消費税率が引き上げられ、これに伴って「給付付き税額控除」や「インボイス方式」が実行されれば、それは同時に、私たちの日常の何もかもが政府や多国籍企業に見張られ、彼らに都合よく管理される時代の幕開けをも意味することになる（本書の底本発行から五年を経た二〇一五年十月〝マイナンバー〟制度がスタートしている。私の危惧は完全に的中してしまったことになるわけだ）。

自殺者三万人時代と消費税

警察庁の統計によれば、二〇〇九年における自殺者の総数は三万二千八百四十五人で、対前年比一・八％増。交通事故死のざっと六倍だ。これで十二年連続で三万人の大台を超え続けてしまったことになる。

人口十万人当たりの自殺率でも、日本は先進国ワーストワンの座をお隣の韓国と常に争ってきた。この間には自殺の予防を図るＮＰＯが次々に立ち上げられ、彼らが国を動かして、二〇〇六年には「自殺対策基本法」が施行された。内閣府を中心に関係省庁がそれなりの動きを見せている。『強いられる死――自殺者三万人超の実相』（角川学芸出版、二〇〇九年）を発表した私自身も含め、しかし、非正規雇用や〝名ばかり管理職〟、パワハラ、リストラの悲惨が広く知られた企業職場の実態ばかりに関心が偏りがちな傾向が否めない。

職業別の自殺者数は例年、「無職者」と「被雇用者・勤め人」が一位、二位を占めてきた。二〇〇九年も前者が一万八千七百二十二人で全体の五七・〇%、後者が九千百五十九人、二七・九%だったのだから、雇用や企業職場のあり方に注目が集まりやすいのは自然の成り行きだ。ただ、統計を少し丹念に眺めていくと、自殺者数に占める「自営業・家族従事者」の割合が、そもそもの分母に照らして異常に多いことに気づかされるのである。

二〇〇九年に自殺した「自営業・家族従事者」は三千二百二人で、全体の九・七%。「被雇用者・勤め人」とは九・七対二七・九、つまりほぼ一対三という比になる。

ところが、ほぼ同時期の総務省労働力調査（二〇一〇年三月末）によると、就業者全体は約六千二百八十二万人。うち「自営業・家族従事者」は約七百九十六万人で一二・七%、「雇用者」(被雇用者)は約五千四百六十万人、八六・九%だった。一二・七対八六・九すなわちほぼ一対七と、先の一対三とでは、まるで釣り合わないではないか。

自殺者の統計は労働力調査に準じているわけではない。就業していない主婦や学生が含まれているし、「無職者」と「雇用者」の区分も曖昧だ。が、ならばなおさら、自殺者全体に占める「自営業・家族従事者」の割合は、もっともっと小さくてもおかしくない。

自営業とその家族従事者は、定職に就いていながら、きわめて不安定な立場に置かれているのだ。これだけでも「クロヨン」論の欺瞞《ぎまん》が透けて見えてくるのだが、彼らが自殺しても遺族は労災を申請することがないので、ニュースにならない。だから一般の関心を引きにくく、まともな対策も講じられてこなかった。

自営業者の自殺増加の背景

彼らが自殺へと追い詰められていった背景には、当然のことながら、「無職者」や「被雇用者・勤め人」、主婦、学生たちと同じように、人それぞれの複雑な事情が絡まり合っていたに違いない。いずれにせよ、年間の自殺者が初めて三万人の大台を超えた一九九八年という年の位置づけには、よくよく精緻な検討が必要だと思われる。

ただ単に景気が後退し始めた年の翌年だというだけでは済まないはずだ。前記の財政制度等審議会財政制度分科会のように、それはアジア通貨危機や国内の金融危機のせいであって消費税増税は無関係だなどとの言葉遊びをしている場合でもない。

前年の一九九七年は、「BIS（国際決済銀行）規制」と呼ばれる金融機関の健全性を示す自己資本比率の国際ルールが変更された年だった。折しも相次いで経営破綻した山一證券や北海道拓殖銀行の実例の前に新BIS規制は絶対視され、貸し渋りや貸し剝がしが横行する引き金になっていった。自営業者たちの自殺が急増していく、このことが大きな原因であったのは間違いないだろう。

だが、だからといって同じ九七年に三％から現行の五％へと税率が引き上げられた消費税増税が自殺禍と関係なかったなどとは到底言えない。第一章で詳述したような新規発生滞納額の増加とも合わせれば、消費税増税や、その後の徴税実務における〝消費税シフト〟が、彼らの背中を押してしまったと考える方が自然だ。

過去の消費税増税と、年間自殺者三万人超との因果関係は、では、どれほどのものであり、どのような性格のものだったのか。

金だけの問題ではないはずだ。零細な自営業者は、自らが零細であるゆえに狙い撃ちされ、他の層よりも多額の税金を取り立てていく消費税に、そんなものを支持している世の中に、それまでの半生で築いてきたすべてを否定されてしまうのである。

従業員を抱えた自営業者も大勢いる。廃業や失職を余儀なくされる人々がなだれ込んだ労働市場からはじき出される人々も。十二年連続で三万人を超え続けてきた年間自殺者数は、場合によっては五万人、十万人へとハネ上がっていくのではないか（この警告はまだしも幸いなことに、とりあえず外れた。年間の自殺者数は二〇一二年、十五年ぶりに三万人を割り、その後も大台には乗らないままである。政府の対策が奏功したのか、追い詰められた人の大方が、すでにこの世にいなくなっていたからかは不明だ。二桁の消費税率が当たり前になった場合にどうなるのかもまた、誰にもわからない）。

増税の前に徹底した無駄の削減を

消費税率がこれまで以上に引き上げられれば、日本社会からは最低限の公正ささえ失われ、厖大な死人が出ることになるだろう。それでも増税が強行されてしまうほど、この国は愚かではないと信じたい。

どんなに警告を発しても、しかし、消費税増税に躍起な人々の怒号が聞こえてくる。――消費税を増税せずに、ではどうすればこの国難から脱却できるというのか。文句を言うなら、対案を出せ、対案を！

ジャーナリズムの最大の役割は権力のチェック機能だ。対案作りは本義ではないが、この際、私の考え方の一端を示しておくことの意義を否定するつもりもない。

ただし、増税論者がしきりに繰り返す、消費税に手をつけないと財政は破綻する、国債が大暴落して、日本は債務不履行《デフォルト》に陥るぞ、などという論法と同じ土俵に乗る気もない。二〇一〇年度末には六百三十七兆円に達するとされる国債発行残高の大半は国内の機関投資家が保有しており、三割から五割を海外に頼る欧米諸国とは事情がまるで異なっているからだ。一九九〇年から二〇〇〇年まで政府税制調査会の会長を務めた加藤寛・千葉商科大学名誉学長（慶應義塾大学名誉教授）も、「日本政府の金融資産が形成されたのは、公的年金などから他の政府機関への貸し出しが行われてきたからで、これが負債を増大させている」という米国コロンビア大学教授の説を援用し、〈つまり債務総額の約半分が二重にカウントされていることになる〉〈いたずらに（財政）危機を叫んではいけない〉と述べたことがあった（「正論」『産経新聞』二〇〇五年十二月十四日付朝刊）。

財政難には徹底した無駄の削減が第一だ。そう言うと最近は、次のような指摘が現れる。民主党政権が打ち出し、二〇〇九年十一月に実施した「事業仕分け」が、消費税増税の露払いの役割を果たすことになるという。早稲田大学の河野勝教授（政治行動論）が書いていた。

また事業仕分けは、重要な成果ももたらした。確かに獲得財源は1兆円にも満たなかったが、だからこそ、この作業は国民心理に一つのパラダイムシフトを起こした。すなわち、それまで我々は、日本の膨大な財政赤字は膨大なムダがあるから存在するのだろうと、心のどこかで信じていた。だが大々的な報道を通じ、国民はムダを一掃してもなお巨額の赤字が残るかもしれないと実感できるようになった。この国民心理の変化は、例えば将来消費税率を引き上げるために、不可欠な政治的条件となろう（「経済教室／激震・鳩山政権　評価と展望〈中〉／〝政治主導〟の意味をただせ」『日本経済新聞』二〇一〇年一月二十一日付朝刊）。

確かにこのような反応はまま見られた。だが事業仕分けを基準に消費税が語られるようなことがあってはならない。

なぜなら事業仕分けには思想がない。俎上に載せられた各事業の是非を判断することはなく、あくまでも現状を肯定しながら、費用対効果の成績を問うシステムでしかないからである。

一方、消費税はきわめて政治的な思惑が込められた税制だ。死屍累々の犠牲者が生み出されるとわかりきっていて、それでも税率を引き上げなければ国家財政が破綻するとの説が真実だというなら、財政危機をもたらした国家社会のあり方そのものも、歳入、歳出の両面で、改めて検証の目に晒されるべきではないのか。

不公平税制をただせば税収は増やせる

歳入面では不公平税制の是正である。限りなくフラット化され、金持ち優遇が徹底されてきた所得税の累進税率を二十年前のレベルに戻すだけで、所得税収はたちまち倍増する計算だ。図表や数字が第一章に載せてあるので参照されたい。

法人税が聖域のように扱われるのもおかしい。これも第一章で触れたが、財界や政府が強調するほどには日本の法人税率は高くないし、社会保険料を含めれば、企業の負担は諸外国の法人よりもずっと軽くなっている。中小零細事業者が自腹を切って支払うのを予測しながら見て見ぬふりを決め込み、赤字でも取り立てる消費税率を引き上げるよりは、利益にかかる法人税の増税の方が、はるかに公正である。

法人税への依存を軽減しなければ、大企業の工場だけでなく本社機能や有能な人材まで海外に流出してしまうぞといった恫喝《どうかつ》など受け流そう。彼らの身勝手は常軌を逸している。また企業の立地要因はその地域の市場規模や労働力の質・量とコスト、補助金をはじめとする優遇制度、インフラの程度、安全性や環境対策等々での各種規制など多様かつ複雑であり、税率だけで決定されることなどあり得ない。洋の東西を問わず、一般に多国籍企業と本国とは切っても切れない関係にあるのが常である。創業の理念もアイデンティティもかなぐり捨てて、デラシネの巨大資本としてのみ存続していく覚悟でもない限り、日本企業にとって日本以上に有利な国はないはずだと私は考えているのだが、いかがだろうか。

不公平税制の是正とは、すなわち構造改革路線などを通して「応益負担」の発想に偏ってしまった税制を、「応能負担」の原則に立ち返らせることだ。「不公平な税制をただす会」という任意団体の「不公平税制是正による増収試算」が参考になるのではないか。彼らは例年、「応能負担」の原則に基づき、「総合課税・累進税率」「勤労所得軽課・不労所得重課」「最低生活費非課税」等々の考え方に照らしつつ、現実の税制を検証してきた。

それによれば、二〇〇九年度の場合、不公平税制を是正することで、合計十九兆八千八百三十八億円の財源を創出できるという。国税関係で十四兆七千六百二十七億円、地方税関係で五兆千二百十一億円という内訳だ。

法人税と所得税の税率配分の適正化だけで六兆二千八百二十一億円の増収が見込めるとされる。他に、法人税の「受取配当益金不算入」（法人が内国法人から受ける配当等の一部か全部を課税所得の益金に算入しない制度）の廃止で一兆五千四百二十一億円、「（使用済み核燃料再処理準備金、原子力施設解体準備金などの）各種引当金・準備金」の廃止で一兆八千四百二億円、「連結納税制度」の廃止で四千七百五十八億円、所得税では「有価証券譲渡益課税」の是正で一兆六百八十三億円、「配当課税」の是正で八千四百二十五億円等々が挙げられた。

「不公平な税制をただす会」は、以下のようなテーマについても検討の必要があるとしている。①法人税への累進税率の採用、②金融課税の見直し、③資産性所得の総合課税、④企業再編税制の見直し、⑤減価償却資産の耐用年数の適正化、⑥繰越欠損金の取り扱い、⑦相続税の配偶者に対する税額控除の見直し（上限設定など）、⑧固定資産税非課税等特別措置の見直し、⑨財産税（富裕税）の検討、⑩有価証券取引税の復活。

すぐにでも実現可能と思われるものも、そうもいきそうにないものもある。彼らの試算は、不公平な税制を見直す余地がまだまだ残されていることを示している。

本気で特別会計の見直しを

歳出の側面ではどうか。二〇〇七年の末頃からの一時期、〝霞が関埋蔵金〟の存在が騒がれたことが記憶に新しい。一般会計とは別枠で、けれども予算規模では一般会計を大きく上回っている特別会計（年金特別会計、労働保険特別会計、登記特別会計、特定国有財産整備特別会計、社会資本整備事業特別会計、国債整理基金特別会計など）の積立金や剰余金の中には、内部に貯め込んでおく必要がなく、一般会計の財源や国債の償還に充てられる資金が、最大で二百五十兆円ほども眠っているのではないかという推定だった。

実際にも政府が特別会計改革の一環で二〇〇九年度までに三十八兆円を発掘したとされた。この議論を本格的に再開する必要がある。

「不公平な税制をただす会」の、こちらは二〇〇七年度まで行っていた「税金の使い道をただす財源試算」は、この〝霞が関埋蔵金〟から三十三兆四百億円（②）、合計三十八兆三千八百八十三億円の削減が可能だとしている。他には①無駄な公共事業から三兆四千四百四十九億円、③防衛予算から一兆四千四百四十一億円、および「思いやり予算」（防衛省の在日米軍駐留経費負担）の全額カットで二千三百二十六億円、④ODA（政府開発援助）から千八百九十九億円、⑤機密費を全廃して五十一億円、⑥政党交付金を廃止して三百十七億円。

これもまた、共感できるものも、そうでもないものもある。私見では、ここ二十年近く、毎年五兆円弱の予算が防衛関係費に注ぎ込まれ続けている状況は異様だ。日本全体をアメリカの世界戦略に捧げていくかのような奔流は何としても改められなければならないと考えているが、この種の議論は消費税のテーマを離れて一人歩きを始めかねないので、本書ではこのくらいにしておいた方が無難だろう。

要は人それぞれの思想や価値観次第。消費税増税に反対するなら対案をと言われても、それはそれで新たに複雑で、重い議論を招くことになる。

したがって本書では、対案にこれ以上は拘《こだわ》らない。消費税増税は日本社会から最低限の公正さまでをも奪い、厖大な死人を出すに違いないことだけを理解してもらえれば、それだけで出版の意義は果たせている。

もっとも、事業仕分け方式の、思想や価値観を持ち込まない、現状を全肯定した上での対案であれば、話はぐっと簡単になる。すべての税目を公平かつ一律に一%ずつ増税すればよい。ただし、私はそれでも消費税率を引き上げることには反対である。消費税の悪魔性が高まることには違いないからだ。

構造改革と消費税増税論

テレビカメラの前で、その人は苛立ちを隠そうともしていなかった。本書で綴ってきたのと同じ趣旨の内容を語った私に対して、彼はこう反論してきた。

「そんなことを言われてもね。だからって消費税率を引き上げなければ、いつまで経っても生産性が上がらないじゃないですか」

井堀利宏・東京大学大学院経済学研究科教授。政府税制調査会や財政制度等審議会の委員を歴任し、日本経団連のシンポジウムなどにもしばしば登場する財政学者である。

二〇一〇年三月四日、東京・目黒の日本ビデオニュース社のスタジオだった。インターネット・テレビ番組「マル激トーク・オン・ディマンド」の収録で、井堀教授と私、番組レギュラーの宮台真司・首都大学東京教授（社会学）は、「PIGS問題は本当に対岸の火事なのか」をテーマに討論していた。

すなわち、ポルトガル、イタリア、ギリシャ、スペインの各国が深刻な財政危機に陥っているが、日本も同じ轍《てつ》を踏まないためにはどうすべきなのか。議論は必然的に財源論、消費税増税は不可避か否か、という一点に収斂《しゅうれん》していく。本書を少しずつ書き進めていたその頃の私は、本格的な論争は出版に漕ぎ着けてからだとも考えながら、零細自営業者が自腹を切らされる構造をはじめ、仕入税額控除や輸出戻し税の問題、非正規労働者との関係などについて触れ、安易に税率を引き上げれば、夥《おびただ》しい犠牲者が出るに違いないと訴えた。生産性云々は、それへの反応だった。

消費税増税には、生産性が低いと見なされた事業者を掃討する目的も込められているようだ。消費税の暴力に泣かされ、増税されれば絶望的な状況に陥らされる中小・零細事業者の苦しみも、消費税増税の唱導者たちにとっては、むしろ歓迎すべき事態だということになるらしい。

一九九〇年代以降の日本社会を規定してきた構造改革路線の、そのまま延長線上にある発想だと感じた。思わず想起された場面がある。小泉純一郎政権以前の構造改革を牽引していた中谷巌・一橋大学教授（現、名誉教授）の、次のようなエピソードだ。

中谷教授は一九九〇年代の前半、当時の細川護熙首相が設置していた有識者会議「経済改革研究会」（座長＝平岩外四・経団連会長＝当時）の委員を務めていた。ある時、中小・零細の商店主たちが陳情にやって来て、大規模店舗の規制緩和が打ち出されると致命的なダメージを受けるので、どうかご配慮を、と求めてきたという。

中谷教授はこれを一蹴した。アメリカを見てみなさい、スーパーもなかった小都市にウォルマートのような巨大なディスカウントストア（DS）が進出し、どんなものでも通常の三割も安く売り始めた。いわゆるパパママストアはそれで全滅したが、町全体は豊かになった。倒産した人たちだって、豊かになった分だけ広がる可能性に賭けたニュービジネスにトライしたらいい、そのＤＳに雇ってもらうこともできるという論法である。

彼は一九九四年に刊行された書物に掲載された、鈴木淑夫・野村総合研究所理事長（当時）らとの座談会でこのことに触れ、次のように語っていた。

> だから、ぜひ部分利益追求だけにとどまらない、広い視野を持った国民に成長してもらいたい。おこがましいけど、そういう希望を持っています。
> 鈴木　部分的な、しかも既存の利益のところばかり言うなということですね。
> 中谷　しかも、私なんかに会いに来られて、堂々と正義の味方のような顔をしておっしゃるのが困るわけです。少しは、これは恥ずかしいことを実は要求しているのですけどというような顔つきをしていただきたいというのが私の本音です（中谷巌・大田弘子『経済改革のビジョン――「平岩レポート」を超えて』東洋経済新報社、傍点引用者）。

国全体の生産性を向上させるためなのだから、それで職や生活を奪われる者が現れたとしても、そんなものは取るに足らない〝部分利益〟が損なわれるだけのこと。さっさと諦めて、生き延びたければ自分の家族を追い詰めた大資本に尻尾を振り、彼らのために奉仕せよ、というのである。

独立自営の生き方を否定されてなるものか

中谷教授は、しかし十数年を経た二〇〇八年の暮れに、〝懺悔《ざんげ》の書〟を著すことになる（『資本主義はなぜ自壊したのか』集英社インターナショナル）。自らが旗を振った構造改革が、市場原理を絶対視するあまり社会的弱者を以前にも増して虐げ、排除し、巨大資本やそこに連なるエリートだけの楽園を招いてしまったとする、苦渋に満ちた記述が話題になった。

消費税増税を唱導する人々の思惑通りに事態が運べば、消費税率がまだしも五％だったから辛うじて生きてこられた零細自営業は壊滅する。街場には小売店ならコンビニかドラッグストア、飲食店ならカフェか居酒屋の、どちらにしても大手のフランチャイズ・チェーン店舗ばかりが残ることになるのではないか。全国どこの街も単色に染まった日本列島は美しいのだろうか。

大方の町工場も消え失せてしまうはずだ。余程の技術を有している一部の中小メーカーを除いて、下請けなど中国かインドか、どこか外国に出してしまえばよいという暗黙の了解を政財官界が共有しているのでない限り、消費税増税という発想は生まれてくるはずがないのである。

私は、消費税の本質を、カラクリを、こうして満天下に示すことができた。世の中の主人公は多国籍企業でも政府でも、それらと直結するエリート層だけでもないのだ。一人ひとりの人間が、みんな、互いに迷惑をかけ合いながら、けれども共に、支え合って生きている。誰もが共感し合える税制を目指そうではないか。

終章

消費税増税
「見返り」の甘い毒

利権の温床としての消費税

中小企業の団体であるはずの日本商工会議所は、過去も現在も、まともに消費税増税に反対したことがない。増税がどれほど会員各社の経営を圧迫するものであっても、だ。本書でも幹部の、「(われわれは) 保守の、体制の下にある組織なので、自民党や財界が消費税増税を進めるという以上、最終的には従うしかないと考えているのです」「消費税では譲る結果になったとしても、体制の内側にあることのメリットを、われわれは選びますよ」というコメントを第六章で紹介した。〝メリット〟とは増税を受け入れる見返りの補助金のことなどを指すのだろう。だとしたら新たな利権構造の誕生ではないかとも指摘している。

何度でも繰り返すが、消費税とは凄まじくも不公平な税制である。個々の取引で弱い立場にある側がより多くの負担を強いられるのが原理原則だ。多少とも消費税の知識を持ち合わせた者や組織にとっては自明のことだから、八%や一〇%への増税を決定したのが、予算の透明性確保と無駄遣いを排除するための「事業仕分け」に熱心だった民主党政権であったことには、失望を禁じ得なかった。

なぜなら不公平で不公正だとわかり切っている税制だということは、当然、補助金以外にもさまざまな利権を創り出していく。安倍晋三政権が選挙のたびに増税の時期を延期して有権者に恩を売り、投票行動を操作してきたこと自体がいかにも消費税らしい利用のされ方だった。では、デフレ下の二〇一九年十月に予定通り増税された場合に用意されている景気対策の数々はどうか。細部にこだわり過ぎると消費税そのものの本質を見えにくくしてしまいかねない懸念はあるが、悪魔的なほどに恐ろしいこの税制は、権力の側にとってはこういう利用の仕方もある、という意味で概観しておこう。

前年末に決まった二〇一九年度の与党税制改正大綱には、自動車税の引き下げや自動車取得税の廃止、住宅ローン減税の拡充などが盛り込まれた。増税に伴う高額商品の買い控え対策で、とりわけ自動車関係の減税は安倍首相の主導で進められたと伝えられるが、国内需要へのダメージが必定なのは高額商品だけではない。にもかかわらず、なぜ自動車と住宅だけが優遇されるのか。所詮は政治権力による恣意的な判断でしかないのではないか。

また増税予定を半年後に控えた二〇一九年三月に参院本会議で自民・公明などの賛

成多数で可決・成立した二〇一九年度予算は、増税対策費として二歳以下の子どもがいる所帯へのプレミアム商品券の発行や、キャッシュレス決済をした買い物客へのポイント還元、重要インフラの緊急対策費などに二兆二百八十億円を計上した。増税で見積もられている税収増の約一兆三千億円をはるかに上回る〝対策〟は、それだけで明らかに馬鹿馬鹿しいし、自民・公明政権では定番の、下々は金さえくれてやれば黙るとでも言いたげな人間観があからさまだ。プレミアム商品券や、五％（中小店舗）ないし二％（大手フランチャイズチェーンの加盟店など）に設定されたポイント還元にバラマキ批判が浴びせられるのも自然の成り行きだろう。

ポイント還元の期間は増税からの九カ月間。経済産業省はこの制度に参加する事業者の登録を進めており、二〇一九年度予算が成立するまでに三菱ＵＦＪニコスやＪＣＢ、クレディセゾンなどのカード大手、スマートフォン決済サービスのＰａｙＰａｙ（ペイペイ）、ＬＩＮＥといった企業百社以上が参加している。制度の運用は簡単ではない。

経済産業省はポイント五％還元の対象となる店舗を資本金五千万円以下か従業員五十人以下の企業に限定する方針だという。当該店舗には国が原資を補助する仕組みだが、現状でも家電量販店大手のヨドバシカメラ（資本金三千万円）や、ユニクロ系のGU（同一千万円）も含まれる。巨大資本の直営でも店舗を子会社化するなど、対象にさせる手段はいくらでもある。零細な小売店ではキャッシュレス化に対応する端末の導入費や決済事業者に支払う手数料を不安がる声も根強い。それやこれやで準備には難航が不可避だが、キャッシュレス化はかねて政府の悲願だった。

しかも二〇一八年四月には経産省が、二〇一五年に一八・四％だったキャッシュレス比率を二〇四〇年には四〇％まで引き上げる方針を打ち出したばかり。消費税増税対策という錦の御旗を得て一気に推進される国策を千載一遇のビジネスチャンスと捉えたスマホ決済各社は、すでに二〇一八年の暮れ以降、超ド級の啓蒙・販促プロモーションを重ねてきている。

ソフトバンクとヤフーの折半出資で二〇一八年十月に発足したばかりのＰａｙＰａｙは、十二月と二月の二度にわたって、大赤字覚悟の「１００億円あげちゃうキャンペーン」を繰り返した。支払い時に決済額の二〇％を還元し、四〇分の一の確率で全額還元するという気前のよさで、テレビの情報番組も大いに協力し、加盟店には客が殺到したという。

ＬＩＮＥの「ラインペイ」は、十二月に期間中いつでも二〇％還元の「Ｐａｙトク」キャンペーン。三月にポイント四〇倍付与（実質二〇％還元）を謳ったのはＮＴＴドコモの「ｄ払い」だった。先行していた楽天ペイも、リクルート系のＡｉｒペイも、メルカリのメルペイも、外資系のスクエアも、ベンチャーと呼ばれるコイニーやＯｒｉｇａｍｉペイも、それぞれに。

最有力は後発だが基盤が強固で、設立早々に中国アリババ系のアリペイとサービス提携を果たし、百億円におよぶキャンペーンで大注目を集めたＰａｙＰａｙだろうか。同社はこれも二〇一八年十二月から、東京・墨田区の京成曳舟《ひきふね》駅に近い「下町人情キラキラ橘商店街」で店頭に表示されたＱＲコードを客のスマホで読み込む実証実験を進めている。「ロイヤルホスト」などを運営する外食大手のロイヤルホールディングスが現金お断りの実験店を、「カフェ＆バー　プロント」のプロントコーポレーションは同様のこちらは本格展開の一号店をそれぞれ東京都心でオープンするといった動きも急だ。以上は主に『週刊東洋経済』二〇一九年三月九日号の特集「狂乱キャッシュレス」をテキストとした整理だが、これほどまでのサバイバル合戦の背景を、同特集は政府の方針プラス〈ビッグデータの争奪戦〉だと分析していた。

人間を舐め切ったキャッシュレス発想

政府の思惑はわかりやすい。『文藝春秋』二月号に載った世耕弘成経産相の「2019年は「キャッシュレス元年」になる」が参考になる。それによれば、彼らが強く意識しているのはキャッシュレス決済比率が八九％にも達する韓国や、四五％の米国であるらしい。両国に比べて日本は〈大きく立ち遅れています〉という。

数字の上ではその通りだが、世耕氏は、たとえばキャッシュレス化が韓国にもたらした不幸を敢えて伏せている。一九九七年に通貨危機に陥り、IMF（国際通貨基金）による救済まで仰いだ韓国は、消費の喚起や脱税防止などの目的でクレジットカードによる買い物を税制面などで大いに優遇し、今日に至った。結果は――世界有数の借金大国だ。近年ではノンバンクなどから借金をして、年二〇％以上もの高金利に苦しむ国民が二千二百万人を超えた。うち四百十二万人は貸金業者にまで手を伸ばしている。国全体の人口が約五千百六十五万人であることと比較されたい。

自営業者の金融債務も激増の一途を辿っている。市民経済の崩壊に、文在寅《ムンジエイン》大統領は二〇一九年二月、基礎保護受給者（日本の生活保護受給者に相当）や高齢者、長期の債務延滞者には、最大で一人当たり千五百ウォン（約百四十七万円）まで債務の元金を減免する措置に踏み切らざるを得なかった。（『朝鮮日報』日本語版二〇一九年二月十九日付など）。

世耕論文は、韓国の「徳政令」発表よりも早かった。だが知らなかったとは言わせない。文大統領の方針は、かねて日本のメディアでも幾度となく報じられていたのだ。世耕氏はキャッシュレス化の〝メリット〟ばかりを強調した。何よりも消費者の利便性。店側にとっても現金の紛失や盗難の危険がなくなり、レジ閉め作業の時間短縮が可能。外国人観光客が喜ぶ……。金のない人間に消費を促すことの恐ろしさについては、なんと、

私に言わせれば、それは逆なのです。現金払いの方が何にどれだけ使ったのかわかりにくい。キャッシュレス決済はアプリに買い物の記録が残るから、「今日はこんな馬鹿な買い物しちゃったな」と反省できる。アプリでアラームを鳴らして「使いすぎ」を制限することもできます。

さらには、多重債務者問題への対策にもなります。購買情報が集まれば、多重債

務者の行動パターンがビッグデータとして把握できるからです。(中略) 今後は、購買情報とリンクさせることで、「現時点では債務はないが、過去のデータから予測すれば、この人の購買スタイルは多重債務に陥りやすい。危ないから融資を制限しよう」などと判断できるようになるのです。

同じキャッシュレス化でもクレジットカードが主体だった韓国とは違う、と言いたいのだろうが、クレジットカードだって、どこでいくら使ったという記録は送られてくる。もともとサラ金や、近年はカードローンで彼らを凌駕している大手銀行は顧客の返済能力など百も承知の上で、それでも過剰に貸し付けては、多くの不幸を招いてきた。本人が返せなければ親兄弟の資産を収奪していく。金融機関側の姿勢が根底から改まらない限り、ビッグデータがあろうとなかろうと、あまり関係がない。

ビッグデータのゆくえ

そもそもビッグデータが持て囃されるのは、社会問題の解決に役立つからではない企業のマーケティングに活用できるためだ。世耕氏も、〈キャッシュレス化には、大きなビジネスチャンスも眠っています〉。いつ、どこで、誰が、何を買ったかの購買情報をＡＩ（人工知能）で解析するシステムが普及すれば、〈日本のサービス産業の生産性が、飛躍的に高まることでしょう〉と、手放しで礼賛していた。

　しかし、ビッグデータには深刻な弊害が付き纏う。スマホ決裁サービス会社などにシステムを提供するプラットフォーマー（代表格はグーグル、アマゾン、フェイスブック、アップルの四大米国資本、いわゆるＧＡＦＡ）は、購買情報に当人の住所や生年月日、電子メールや通話、ネット閲覧、ＳＮＳ利用などの履歴および内容、位置情報、移動履歴、外食の履歴、顔写真や映像データ等々を蓄積し、組み合わせることで解析の精度を上げている。いずれは国民総背番号《マイナンバー》制度に集約されてくる預貯金や病歴、学歴、職歴、本籍、図書館の貸し出し履歴、将来的には指紋や目の光彩、遺伝子情報に至るまでの個人情報とも結び付けられることになるのだろう。

　つまりは完全な監視社会の到来だ。人間一人ひとりが政府ばかりか民間企業にも見張られる時代。ビッグデータは全体のトレンドを見極めるのが目的で、個人の動静をトレースするわけではないなどという説明がしばしばなされるが、両者はそれほど容易に切り分けられるものではないのである。

すでにアメリカや、キャッシュレス決済比率が六〇％とも言われる（経産省調べ）中国では、集積された個人情報を基にその人の信用度を数値化し、ランク付けする「信用スコア」が一般化している。ランク次第でクレジット取引の金利をはじめ、訪れた先々での待遇が違ってくるのだ。世耕氏の言う〝多重債務者対策〟の、これが正体だ。もちろん政治的な利用も自在で、中国では共産党幹部の腐敗を暴いたジャーナリストが不当に低くランク付けされ、列車の予約ができなくされたこともあるという（姫田小夏「IT最先端　中国現地レポート」『日刊ゲンダイ』二〇一九年一月二十四日付）。

共産党による一党独裁の中国だから、ではない。国民を監視して都合よく操りたいのは権力の本能だ。日本でも二〇一九年一月、ポイントカード「Tカード」を発行しているカルチュア・コンビニエンス・クラブ（CCC）が、捜査当局に会員の個人情報を無断で流していた事実が明らかになっている。会員規約には提供の可能性に関する規定がなく、裁判所の令状がなくても要請があれば応じていた。

国民総背番号制度や街中に監視カメラ網が張り巡らされつつある現代でも、監視社会への抵抗は未だ根強い。だが消費税増税対策としてのキャッシュレス化、という宣伝が前面に打ち出されれば、反対の声はかき消されよう。

キャッシュレスによる社会分断

キャッシュレス化は、しかも必然的に寡占化を伴う。ポイント還元の原資を国に融通してもらえるのは中小店舗だけだとしても、対象外の巨大資本も、自前での〝ポイント還元〟セールで対抗するに違いない。安売り合戦の激化や、仕入先への値引き圧力が強まるだけでなく、浸透すればするほど、その利便性を駆使できる大手の事業者の市場支配力が高められ、同時に流通業全体におけるスマホ決裁サービス会社の存在感が増していく。

現在は各社とも普及を優先して無料に設定している初期導入費や手数料も、時間の問題で有料になる。中小・零細の事業者にとっては負担が大きく、これらを〝第二の消費税〟と呼んで恐れる人も少なくない。スマホ支配の網から逃れる道があるならまだしも、携帯電話の出現で街から公衆電話が消えた経験則に照らせば、キャッシュレス化の国策は、確実に現金取引を駆逐していくはずである。

利便性を謳歌できる人間や事業者と、それで借金漬けにされる人間。長年の生業《なりわい》を破壊される事業者と、スマホが苦手だというだけで生きるためには絶対に欠かせない、最低限度の買い物さえも困難にされる人間。キャッシュレス化は、そんな具合にも社会を分断し、人間の尊厳を打ち砕くことになるだろう。

なお世耕経産相は、『文藝春秋』誌上で、キャッシュレス化の課題をひとつだけ認めていた。〈アキレス腱となりうるのが、通信障害です。大震災が起こって、停電や携帯電話のネットワークに支障が出た場合、一切の支払いができなくなる事態が起こりうる〉。

起こり〝うる〟どころの騒ぎではまったくない。いや、すでに実際に起きていた。二〇一八年九月の北海道胆振地方東部を震源とする大地震で、約二百九十五万戸が停電する「ブラックアウト」が発生。クレジットカードもQRコードも使えなくなって、必要な食糧や物資を手に入れるのに難儀した被災者が続出したのだ。災害列島の日本でキャッシュレス化を叫ぶなら、真っ先に解決が図られなければならない――電気が通っていなくては機能しない決済手段が停電を克服できるとも思えないが――、重大すぎる陥穽《かんせい》だ。事実を可能性の問題にすり替えた世耕氏の打開策はいかに？

通信インフラの強靭化や、停電が起こった際のルール作りも含めて、検討を進めていかなくてはなりません。

……これだけだった。消費税増税をダシにした〝キャッシュレス元年〟が、もうやって来ていると決めておきながら、〝検討〟はこれからなのだという。

軽減税率は低所得者配慮ではない

消費税とは多種多様な利権を無限に産み出す税制だ。矛盾だらけで、ひとつの問題をどうにかしようとすると、別の、より重大な問題が生じるモグラ叩きが、たちまち全体を歪ませ、蝕んでいく。ひとつの典型が、ポイント還元をダシにしたキャッシュレス化だが、ある意味でこれに勝るとも劣らない利権の巣になっていくのが「軽減税率」である。

軽減税率が最初に盛り込まれたのは、二〇一七年度税制改正関連法だ。消費税率を一〇%に引き上げる際、「酒類と外食を除く飲食料品」と「週二回以上発行し、定期購読されている新聞」だけは税率を八%に据え置くとされた。今後も消費税増税が重ねられれば、いわゆる生活必需品などにも適用されて、ヨーロッパ諸国のように、税率にいくつもの段階がある「複数税率」へと展開されていくのかもしれないが、現状では二段階だけなので、当面は「軽減税率」の表現でも差し支えないと思われる。

ただしヨーロッパの複数税率は、付加価値税が導入された一九六〇年代に、従来の税制との整合性が図られた結果でもあった。低所得者への配慮が謳われている日本の場合とは事情が異なる。

いずれにせよ不公正であり、課税ベースが狭まって十分な税収が確保できない結果を招くので、欧州委員会（EC＝欧州連合の政策執行機関）は二〇一六年四月に発表した「VAT（付加価値税）行動計画」で、軽減税率の見直しを打ち出した。具体的には、EUがあらかじめ定めた品目・サービスのリストに基づいて軽減税率が適用された従来の制度を撤廃し、加盟各国の裁量権を拡大。軽減税率の範囲を縮小することで課税ベースを広げ、税収増を図ることとしている。この決定を方向づけたとされるのが、二〇一〇年にノーベル賞経済学者ジェームズ・マーリーズ卿を座長とする研究グループが発表した提言（通称＝マーリーズ・レビュー）だ。一九七〇年代末以降における世界の税制改革に大きな影響を与えて来た「ミード報告」（ノーベル賞経済学者ジェームズ・ミードらによる提言）の後継報告書と位置付けられている。

つまり軽減税率は、本場ヨーロッパで否定されつつある。そのような制度を、日本はわざわざ、これから導入するのだという。

当然、評判はよくない。課税ベースが狭まるという批判はもちろん、当面の予算編成上も約一兆円の財源が必要で、しかもその恩恵は低所得者より、むしろ中流以上の層が受けることになる、という指摘がある。

前者については二〇一九年度予算で、うち一千億円は社会保障費を削って充て、四千億円を「社会保障と税の一体改革」が予定していた総合合算制度（医療、介護、保育、障碍者福祉などのサービスを受けた利用者の自己負担分を世帯で合算し、合計額が一定額を超えれば超過分を国が負担する仕組み）の導入見送りで賄うことになった。増税の大義名分だった〝社会保障の充実と安定〟が嘘以外の何物でもない実態が、こんなところでもあからさまになっている。

軽減税率が低所得者対策にならないという議論を国会でしばしば取り上げた政治家に、国民民主党の玉木雄一郎代表（衆院議員）がいる。財務官僚から政界に転じ、民主党、民進党、希望の党、国民党などで活動してきた。会って話を聞くと、「消費税率が五％から八％に引き上げられた時、低所得者対策として「簡素な給付措置」という臨時福祉給付金の制度が用意されました。年間の食料品費にかかる三％の増税分に相当する金額――一人当たり六千円が、住民税の非課税世帯、だいたい年収二百六十万円以下の世帯に支給されてきています。

軽減税率が導入されれば、この措置は廃止されることになりますが、財務省の試算によると、その軽減税率で軽減される負担額の年収別比率は、年収三百万円未満の世帯はわずかに一一％。五百万円から一千万円の世帯が四二％で、一千万円以上の世帯が一四％を占めるのです。金額で言うと、年収二百万円未満の世帯は年間約八千円、千五百万円以上だと一万八千円もの負担軽減になるんですね。

おかしくないですか。低所得者対策と言いながら、いや、そうなることも確かではあるのですが、実はお金持ちのほうがより得をしてしまう。軽減税率に一兆円も使うなら、そのお金で、もっと苦しい人の支援ができるはずなんです」

ちなみに「簡素な給付措置」は二〇一八年三月、消費税率一〇％への引き上げが予定通り二〇一九年十月に実施される前提で、それまでの一年半分として一人当たり一万五千円を支給して終了している。年間の予算規模は三千億円足らずだったから、軽減税率の三分の一以下だった。

飲食料品の馬鹿げた切り分け

ところで軽減税率をめぐる問題は、ほとんど飲食品だけに限られているような印象が強い。マスコミがそちらばかりを報道したがるためだ。

曰く、同じ「食」でも外食は贅沢扱いで軽減税率の対象になっていないが、共稼ぎでなければ生活できない世帯が増えた近年は家庭料理のほうがよほど贅沢なのに、時代遅れも甚だしい。曰く、テイクアウトのつもりでハンバーガーの支払いを済ませたが、店内に友だちを見つけて一緒に食べた、消費税の追加を求められるか？　曰く、コンビニやスーパーのイートインコーナーでは？　曰く、お寿司を食べた後、板前さんにお土産も握ってもらった、その分は？　云々。

トラブルと背中合わせの危険もあり、それぞれの業界にとっては重大な問題だろうが、マスコミが面白がって大騒ぎする姿は滑稽でさえある。みりんはお酒なので一〇%だが、みりん風調味料は八%。ペットフードは一〇%だが、人間も食べられるやつだと八%。ホテルのルームサービスは一〇%だが、備え付けの冷蔵庫にあったジュースは八%。酒類が原料でもウイスキーボンボンは八%……などという、マニアックな一面トップ記事を載せていたのは『産経新聞』の二〇一八年十二月十六日付朝刊だ。

もっとも、二〇一九年に入って以来、食品メーカー各社の値上げラッシュが続いている。缶詰もカップ麺も牛乳も食塩も、ほとんど例外がない。軽減税率が適用されてからでは値上げが難しくなるのは確実だし、増税に伴う価格競争の激化が予想される流通業界からの値引き圧力が強まるのは必定と踏んだ各社の判断は、企業として当たり前ではある。そもそもが値上げの理由とされている原材料費や物流費の高騰自体が、消費税増税に備えた駆け込み値上げの結果ではなかったか。何のための、誰のための軽減税率なのか、ますますわからなくなってきた。

新聞業界の驕り

他方、新聞の軽減税率はどうか。きちんと解説した新聞記事やテレビ番組を見たことがある読者は、皆無に近いはずである。現実に、ほとんど報じられたことがないのだから仕方がない。

実は国会の場では野党議員による追及もずいぶんあった。二〇一七年度税制改正関連法案が審議された通常国会では、合計で三十件前後の関連質疑が行われている。まったくと言ってよいほど報じられなかったので知られていないだけだ。

民主党（当時）の福島伸亮《のぶゆき》衆院議員などは、新聞への軽減税率適用が閣議決定されるに至った過程で、安倍首相が連日のように新聞業界の首脳たちと会食を重ねていたのはそのための密議だったのではないかとさえ示唆していた。彼については二〇一七年に出版した拙著『国民のしつけ方』（集英社インターナショナル新書）で詳述したので、これ以上は触れない。代わりにその後の国会で前出の玉木雄一郎氏が、この問題を二度の代表質問で繰り返した事実を紹介しよう。

「軽減税率という名の複数税率の導入は、公平、中立、簡素という税の三原則に反しています。国民民主党は反対です。低所得者対策として生活必需品は八％に据え置くとの理屈ですが、では、なぜ新聞、しかも宅配の新聞だけ八％の軽減税率で、同じ新聞を駅やコンビニで買ったら一〇％、しかも、同じものを電子版で読んだら一〇％。このことに合理的な理由を見出すことはできません。公平性のかけらもないし、業界と安倍政権の癒着《ゆちゃく》を疑わざるを得ません」

一度目は二〇一八年十月三十日の衆院本会議だった。最後のセンテンスが特に重要なので、今しばらく記憶にとどめておいてもらいたいのだが、この時の安倍首相は、軽減税率についての答弁を避けている。一応の返答がなされたのは、特には癒着の疑いが問われなかった二〇一九年一月の衆院本会議だ。

「定期購読契約に基づく新聞は、日常生活における情報媒体として、全国あまねく均質に情報を提供し、幅広い層に日々読まれていること、この結果、新聞の購読料に係る消費税負担は逆進的になっていること等の事情を総合勘案し、軽減税率の適用対象としたところです。

他方、駅売りの新聞は、必ずしも日々の生活の中で幅広い層に読まれているとは言えないこと、電子版の新聞については、他のインターネット上の情報提供サイトとの間で合理的かつ明確な線引きが困難であること等から、軽減税率の適用対象とはしなかったところです」

嘘である。なるほど理屈をこねればこのように答えるしかないのかもしれないが、残念ながら近年の新聞はネットに押されて部数を激減させており、もはや国民の基幹的な情報源の地位を失っている。飲食料品と違って、購読できないからといって命に関わるわけでもない。では、なぜ？

新聞業界は、消費税が初めて導入された一九八九年当時から、一貫して軽減税率の適用を求めてきた。この業界には政治献金を行う別組織を擁する販売店の団体「日本新聞販売協会（日販協）」もあり、もともと政治工作はお手の物。そして全国紙や地方紙、通信社の業界団体である日本新聞協会の広報資料「新聞と消費税――軽減税率は世界の常識」（二〇一三年八月修正版）に、こうあった。

近年、いわゆる文字離れ、活字離れによってリテラシー（読み書き能力、教養や常識）が低下していることが大きな問題となっています。特に若年世代にその傾向が顕著です。リテラシーはその国の文化力、国の力を反映したもので、新聞購読に障害となる消費税の引き上げは、国民全体のリテラシーを確実に低下させるでしょう。（中略）

国の文化の力を高めるには、地域、年齢、職業、所得などにかかわらず、多様でバランスがとれ、抑制のきいた基礎的な情報が、定期的かつ広範囲に提供されなければなりません。読み書き能力、知識・教養に対する新聞の貢献をこれまで以上に重視すべきです。（中略）

> 民主主義の主役は国民です。その国民が正しい判断を下すには、政治や経済社会など、さまざまな分野の情報を手軽に入手できる環境が重要です。欧米の先進国では、軽減税率をはじめ各種の新聞助成策を講じていますが、その根底に流れているのは、新聞による多様で自由な言論と報道への配慮は「民主主義の必要経費」という考えです。（傍点引用者）

行間に溢れる選民意識が気に入らないのと、ジャーナリズムの最大の存在意義は権力のチェック機能であるという認識がすっぽり抜け落ちていることに絶望を禁じ得ない点を除けば（除いてはならないのだが）、これはこれで一面の真実でなくもないとは思う。フェイクニュースの温床にもなるネットが新聞の機能を代替できるとは考えられないし、このまま活字文化が滅んでしまったら、私もその日から生活の道を絶たれることになる。

公私ともに、だから同調できるものならそうしたい。しかし、消費税率が引き上げられて困るのは、みんな同じだ。誰だって、自分の仕事は社会に貢献していると信じ、実際、だからこそ存続しているのに、弱い立場であればあるほど、負担を押し付けられるのが消費税だ。憎い。口惜しくてたまらない。なのに、日頃の紙面では消費税増税は急務である、国民は痛みに耐えよ、将来世代にツケを回すなと、他人様には説教を垂れておいて、自分たちだけはお上に守られ、特別扱いされるのが当然だとそっくり返るのはいかがなものか。

欧米の新聞と読者

新聞の存在意義を決めるのは読者である。業界団体がどんな自己イメージを持つのも勝手だが、読者が認めてくれていないのでは、そんなものはマスターベーションでしかありはしない。読者の後押しがあれば軽減税率も自然に勝ち取れようが、逆に読者を置き去りにしたまま、政治との裏取引を交わしているのだとすれば、それは読者はもとより、ジャーナリズムへの背信であり、時間をかけて築いていた信頼を自ら損ねる、自殺行為そのものになる。

読者はどう受け止めているのだろう。現代における日本の新聞は、民主主義の潤滑油か、単なるナルシストか。二〇一五年十二月に政権与党が新聞にも軽減税率を適用すると決めた直後に『読売新聞』が実施した世論調査は、そのことを「評価する」人が五九％となり、「評価しない」の三四％を上回ったとした（回答者千八十四人）。結果を伝える十二日付の朝刊紙面には、〈新聞の公益性が広く認識されているためとみられる〉とあった。

ところが同じ趣旨による『朝日新聞』の世論調査では、この数字が「評価する」三九％、「評価しない」四七％と逆転する（二〇一五年十二月二十二日付朝刊、有効回答者千八百四十二人）。もっとも、こちらは飲食料品の軽減税率と合わせた設問だったので、新聞だけが問題視されたのかどうかは判然としない。酷かったのは『毎日新聞』で、軽減税率に関わる設問を、「対象とする食品を生鮮食品に絞るべきか、加工食品も含めるべきか」だけに限定していた。「含めるべきだ」が六〇％、「含めなくてよい」が二八％だったが（二〇一五年十二月七日付朝刊。回答者百六人）、これでは新聞についての世論がまったくわからない。

刺激的だったのは、これも同じ時期に行われた「Ｙａｈｏｏ！　ＪＡＰＡＮニュース　意識調査」だ。それによると、新聞にも軽減税率を適用すべきか否かを尋ねて回答を得た十九万四千四百七票のうち、「すべき」は二一・一％だけで、「すべきでない」が七八・九％にも達していたのである。回答者の人数も圧倒的に多かった。母集団の偏りが小さくないネット調査であり、統計理論に基づいた正式な世論調査ではなかったことは割り引いておく必要があるにせよ、軽視されてよい数字ではない。

さて、これでも読者は新聞の軽減税率を支持してくれていると言えるのだろうか。確かに読売の調査ではある程度の結果が出たようだが、軽減税率への賛否はさほどの差ではなかったし、朝日と毎日の態度は解《げ》せない。はっきり言えば、信を問うことから逃げた印象を拭えない。姑息である。

書いておかなければならないことは、まだある。

日本新聞協会が、新聞に軽減税率が適用されるべき根拠を先進各国の事例にも求めていることは、先に示した通りだ。ヨーロッパでは常識であり、付加価値税が存在しないアメリカでも、小売り段階でだけ課税する地方税のセールスタックス（小売売上税）がある州では、二十九の州が新聞を非課税か、条件付き非課税の扱いにしているという（ワシントンDCおよび七つの州では課税される）。

理想視されているのは英国だ。同国の付加価値税率は二〇％と高いが、新聞と書籍・雑誌はゼロ税率。この事実は前記「新聞と消費税」にも一項を設けて解説されているし、協会関係者は事あるごとに、やはりゼロ税率のベルギーやノルウェー、デンマークと並べて強調してきた。日本新聞協会が二〇一五年九月に発表した「消費税の軽減税率制度に関する声明」が〈知識への課税は最小限度にとどめるという社会政策上の観点から書籍、雑誌等とともに軽減税率を適用すべきである〉（傍点引用者）と結ばれていたことからも、英国に対する憧憬が伝わってくる。

「知識への課税（Tax on Knowledge）」というのは、もともと英国の言葉なのだ。この表現を日本に初めて紹介したメディア研究者の門奈《もんな》直樹・立教大学名誉教授によれば、事は十八世紀にまで遡る。市民革命の過程で台頭した新聞ジャーナリズムの影響力を恐れた政府が、一七一二年に印紙税法《スタンプアクト》を制定し、新聞の用紙や広告に課税した。要は税制を悪用した言論弾圧で、新聞だけでなく、芸術鑑賞をはじめ、あらゆる文化的営みに網をかける、凄まじいものだったという。この時の英国政府のロジックが、「知識への課税」だった。

だが、知識にはやがて課税されなくなり、第二次大戦後に付加価値税が導入されてからもそのままゼロ税率となって、今日に至っている。そうさせたのは市民だった。政府は弾圧と並行して補助金などによる新聞の懐柔を企てた。そこに、チャーチスト運動（労働者階級の選挙権獲得運動）で知られるヘンリー・ヘザリントンが一八三一年に創刊した『貧しき者の後見人（The Poor Man's Guardian）』という週刊誌を主な舞台に、市民たちが激しい闘争を繰り広げ、ついには印紙税法を制定百四十三年目にして撤廃させたのである。投獄された活動家は五百人にも上ったとされている。

「知識への課税」が、マーガレット・サッチャー政権の時代にも騒がれたのをご記憶の読者もおられるかもしれない。サッチャー首相は一九八二年、アルゼンチンとのフォークランド紛争（マルビナス戦争）の戦費を付加価値税増税で調達しようとした際、新聞や出版物への一律五％の課税を示唆したのだが、この時も市民の抵抗でゼロ税率が維持された。

門奈氏が、私の取材に語った。

「路地裏に貼られたポスターに、No Tax on Knowledge のキャッチコピーが溢れていました。「知識への課税」が歴史的な用語になったのは、あれ以来なのです。市民が何も言ってくれないうちから、自分から政府にお願いに行っている日本の新聞業界が引き合いに出すなんて、おこがまし過ぎるのではないでしょうか」

手元に日本新聞販売協会が二〇一三年二月、国会議員たちに配布した小冊子「新聞

の軽減税率はこの国の明日のともしび」がある。日本新聞協会と同じような主張をかいつまんで述べたあとの結語は、

衆参両院議員先生をはじめ、日本の指導的立場におられる各位が、以上の趣意をお汲あげのうえ、「いのちを守り、にんげんを育てる財への消費税の減免」複数税率を実現し、もってこの国の明日へ燦然《さんぜん》と灯《ひ》を点《とも》してくださるよう願ってやみません。（傍点引用者）

だった。一応は異なる団体とはいえ、一般向けに書かれた前記・日本新聞協会の驕慢な文章とは打って変わった、卑屈な物言いはどうだ。軽減税率を権力にオネダリして恥じない姿勢は、悲惨な事態を招くことになるのである。

同じ二〇一三年の十二月六日深夜、参院本会議で特定秘密保護法が可決・成立した。政府が指定した情報を洩らした公務員や民間人を厳罰に処すという危険な立法だが、自民・公明の与党だけが賛成した強行採決だった。

新聞記者の取材活動も大幅な制約を受けかねない。かねて反対の社論を掲げていた朝日新聞は、そこで悪法成立を報じる翌日の一面トップの脇に大きく、〈知る権利支える報道続けます〉と題する見解を載せた。〈税金によって得られた政府の情報は本来、国民のものだ。それを秘密にすることは限定的でなくてはならない。わたしたちは、国民のものである情報を掘り起こして伝え、国民の知る権利に奉仕することが報道の使命であることを改めて胸に刻みたい〉とした杉浦信之・ゼネラルエディター兼東京本社の宣言は感動的だった。さすがは朝日だと、思わず唸ったことを覚えている。

そのまま何気なくページを繰る。と、五面の片隅に、短いベタ記事があった。それによれば、自民党の新聞販売懇話会が前日のつまり特定秘密保護法が強行採決される少し前の時刻に、新聞に軽減税率を適用することを求め、賛同する同党の国会議員二百七人の署名を額賀福四郎・党税調小委員会に提出したという。

新聞販売懇話会と言えば、日本新聞販売協会の政治献金先の集団だ。翌二〇一四年十二月に行われた衆議院選挙では、同協会が推薦した選挙区・比例合わせて百三十九人の候補のうち百三十一人が当選することになる（自民百二人、公明十九人、民主九人、無所属一人）。推薦の条件は言わずもがなで、だからこのことを報じた会員誌『日販協月報』（二〇一五年一月号）は、〈軽減税率適用へ弾み〉を見出しに採っていた。ちなみにこの時期の新聞販売懇話会で会長職にあったのは、元厚相の丹羽《にわ》雄哉・衆院議員（二〇一七年に引退）だ。父親の丹羽喬四郎・元運輸相（故人）は、戦前の内務官僚で、特高警察に籍を置いたこともある。

特定秘密保護法を批判する新聞が、国民監視体制のルーツである特高の息子にオネダリしていた構図。もしも私が自民党の政治家だったら、あの日の紙面には大笑いしたに違いない。それとも、何もかもが八百長だったのか。なお、以上の記述のうち二〇一四年衆院選に関わる部分は、ジャーナリストの黒藪《くろやぶ》哲哉氏が主宰するニュースサイト「メディア黒書」と、私自身の確認に基づいている。

とまれ、いずれにせよ近年の新聞には、消費税そのものに対する批判はおろか、疑念を提示する報道さえも消え失せた。朝日新聞で大蔵省や国税庁の担当記者を長く務めたジャーナリストの落合博実氏は、私の取材に、「二〇〇六年六月二十七日付の社説「歳出入改革　神風頼みの危うさ」が節目だったと思います。朝日はそれまでの姿勢を一転させ、「消費税など負担増の議論も避けて通れない」という主張に舵を切った。何かあったのか、という問い合わせがすごかったそうです」と答えてくれたが、昨今では訝《いぶか》る読者も珍しくなった。

新聞は少なくとも消費税に関しては足並みを揃えて御用化した。増税が社会保障の充実になど繋がりっこないことを百も承知しながら、今日も政府の誤魔化しを忠実に、懸命に垂れ流し続けている。消費税以外の領域の報道については、本書のテーマから離れすぎてしまいかねないので割愛するが、この問題が日本の将来に、半永久的に禍根を残しかねない可能性を指摘しておきたい。

安倍晋三首相は悲願の憲法改正に政治生命を賭けている。一方、事の善悪をさて措けば、親でもない相手へのオネダリには、見返りが求められるのが人の世の習いだ。そのことが今後の憲法改正報道に、どこまで影響するのか、しないのか、ということである。

野田毅・自民党税制調査会前会長インタビュー

野田毅《たけし》・衆院議員に会った。元大蔵官僚で、当選十六回を数え、建設相や自治相などを歴任した大物政治家だ。消費税増税も推進してきたが、軽減税率の導入については慎重だったため首相官邸と対立し、二〇一五年十月に自民党税制調査会会長を更迭された経緯があった。現在は党税調最高顧問という立場にある。

増税による税収増の一部を損なう軽減税率に抵抗するのは、前出の玉木雄一郎氏とも共通する、元大蔵官僚らしい発想だ。ただ、新聞への適用を強く問題視していたと仄聞《そくぶん》したので、ぜひ話を聞きたいと考えた。

野田氏は後に二〇一八年十一月、日本記者クラブで講演し、「軽減税率は事業者にはメリットがほとんどない。手間暇かかるばかりという怨嗟《えんさ》の声がいっぱい出てくるだろう」として将来的な見直しの必要を訴えた。しかし同時に、「今は法律で決まっており、あえて持論を強く主張してまで変えろと言うつもりはない」とも発言している。以下の一問一答は、あくまで私の取材が実現した二〇一八年五月時点でのやり取りであることを確認しておきたい。

――消費税増税と軽減税率について、今、お考えになっているところを聞かせてください。

「(二〇一九年十月の)税率引き上げはやっぱり予定通りやるべきだし、やらざるを得ないというのが基本です。あとはその先ですね。一〇%で終わりというのではなくて、高齢化がピークに達していく二〇三〇年から二〇四〇年頃までを頭に置いて考えていかないと、社会保障の展望が見えてこない。その日暮らしではみんなが不安になって、お金を使わない、お金が回らなければ経済が低下する。もうすでに、完全にその循環に入ってしまっているとは思いますが……。だから制度設計をしっかり、展望を出せるようにする議論すら、裏付けになる財源がなければ成り立たない。このままだと三〇%になるぞ、なんて言われているじゃないですか。それはもう、とても無理。どんなことがあっても二〇%ぐらいで抑えていかないと」

——消費税全体がそうなっていくとしたら、軽減税率はもう決まってるわけですから、ウチの業界にも適用してくれという話は広がっていきますね。

「でしょうね。軽減税率による減収は相当に響いていく」

——たとえば私が自動車業界の人間なら、クルマは必需品だと言って永田町に日参すると思うんです。実際、鉄道網が整備されている東京に住んでいればなくても問題ないけど、地方では持っていないと生活できないんですから。そこのところの調整が難しい。

「個人的には軽減税率をなくしたいんですよ。だって、みんなあれでしょ？　今のようなお話。飲食料品だけじゃなくて、新聞までいっちゃったのがよくなかった」

——私もそう考えています。

「私はあれに代えて、最後の落としどころを考えていたんです。でも、とうとう出すことができませんでした。五千円ぐらいのプリペイドカードを作って、国民全員に配ってしまうという」

そう言えば、軽減税率の導入が自公両党の間で合意される少し前に、「マイナンバーカード」を使った負担軽減策が浮上したことがある。酒を除くすべての飲食料品が対象で、消費者は購入時に一〇%の消費税も支払うが、カードを提示することで「軽減ポイント蓄積センター」に記録を残し、後日にパソコンやスマホで税務署に申請して二%分を還付してもらうという仕組みだった。還付額の上限をたとえば一人当たり年間四千円などと定めておけば、金持ち優遇にもならないという説明も聞かれた。

「あれは欲張り過ぎて失敗した。マイナンバーを活用したかったということもある。だからね……。

でも、マイナンバーのだって、僕はいいと思っていた。あんまり言えないけど、公明党もそれでいいと言っていた。安倍さんだって喜んでたし」

――えっ、じゃあどうしてダメになったんですか。官邸ですか。

「それは……うん、ある日突然。背景がいろいろあって」

野田氏は口を濁したが、私の取材を総合すると、「いろいろ」とは新聞業界による政界工作だったと断じて差し支えない。中心人物は読売新聞グループ本社代表取締役主筆の渡邉恒雄氏だ。この頃すでに九十歳近い老齢だったにもかかわらず、彼は動き回っていた。

もちろん、このことは渡邉氏以外の新聞人たちを免罪するものではない。自らは手を染めなくても、彼のような立場の男に汚れ役をやらせて、己は清廉潔白然と果実だけを貪るなら、そのほうがよほど卑劣だと、私は思う。

新聞記者たちもみんな知っていた。「酷いですね」「恥ずかしい」と口を揃えていたと、私は幾人もの政治家に聞かされた。だが誰も記事にしない。市民の「知る権利」は、我こそはその担い手だと公言して憚《はばか》らない、他ならぬ新聞自身によって、侵害されていることになる。

――新聞の軽減税率はあまりにも罪深いと、私は思うのです。権力にオネダリしていただいてしまったら、もう何を要求されてもどうしようもなくなる。活字業界の人間としては、心配でならんのです。

「僕もそう思います。

あんまり、新聞の軽減税率の議論というのは、与党内部でもなかったんですよ。公明党でもね。大多数は僕のほうに賛成してくれていたはずなんですが。

結局ですね。新聞の方々は……何と言うかな、そう、無謬《むびゅう》原則。自分たちは絶対に正しいと。政治にはどんどん批判をするくせに、自分たちに対する批判は絶対に許さない。だから、そこが本当は一番の問題」

――まさに政治家である野田先生に向かって失礼な話ですが、軽減税率は、悪い政治家にとっては利権になりますよね。業界にしてみたら、賄賂を包んだって適用してもらうほうが得ですもの。放っておいたら、汚職がまかり通るようになるんじゃないかな。

「あ、可能性、ありますよ。ま、今のところないけどね……。食品産業からはなかったです。何も持ち帰りと外食の差だなんてことばかりじゃなくて、飲食料品の軽減税率は流通の川上のほうから大変だから、かえって迷惑だってことかもしれません」

消費税増税を推進した野田毅氏と、消費税という税制の本質そのものを許せない私とでは、立ち位置が正反対だ。軽減税率に対する視座も、したがって対極にある。にもかかわらず、恣意的に運用されれば利権の温床になるという結論で一致できたのは嬉しく、かつ興味深い。

私の立場からはこのことを、消費税とは社会を歪ませる税制だという持論を裏付ける証左と考えているのだけれども、いかがだろうか。

悪魔の税制からの脱出を

消費税がいかに不公平で、複雑怪奇で、権力者の利権を無限に産み続ける〝魔法の杖〟であるのかを書いてきた。なにしろ弱い立場であればあるほど、より多くの負担を強いられる税制だ。溢れ出る弊害を修正しようとすれば、それがたとえ善意であっても、新たな不公正が次々に導かれてくるのだから、どうしようもない。

こうまで悪魔的な税制が今後も継続され、政財官マスコミの四位一体が唱導するさらなる大増税が強行されていくなら、私たちの運命は決まってしまう。先祖代々の富裕層か、巨大資本の利益に連なる層を除いて、大方の人々を待ち受けるのは、死ぬまで彼らに奉仕させられるだけの、言わば金づるとしての人生でしかないのではあるまいか。

だから私は、消費税を一刻も早く廃止しなければならないと考えている。

日本は付加価値税を共通税制と位置付けている欧州連合（ＥＵ）に加盟していないし、そもそもヨーロッパではない。それは将来も変わりようがないはずだ。第五章で言及したように、米国は付加価値税を導入していない。構造改革の名のもとに、他のあらゆる分野で米国への同化を進めている日本が、どうして消費税についてだけはそれを忌避しているのかを見極める必要がある。

それについ最近、現実に消費税を廃止した国が存在する。マレーシアだ。かの国では二〇一五年に導入された「ＧＳＴ（物品・サービス税）」だが、個人消費の停滞や、転嫁できない中小・零細事業者の滞納などが深刻化。このためＧＳＴの廃止を掲げたマハティール元首相の率いる野党連合が二〇一八年五月の国政選挙で勝利して政権が交代し、翌六月に公約が実行されたのである。

代替財源にはＧＳＴ以前の「ＳＳＴ（小売売上税・サービス税）」を復活させ、また国営石油会社ペトロナスの特別配当が期待されている。はたして財政赤字は拡大する見通しと報じられたが、一年も経ていない段階では何もわからない。ともあれ弊害が多すぎる税制への決別を急いだ英断には、参考になる点が少なくないに違いない。

日本の消費税はすでに三十年を超える歴史を刻んでしまっている。無理に無理が重ねられての結果だから、それを定着とは呼びたくないが、導入初年度の一九八九(平成元)年以降に生まれた人が全人口の二五%を上回るに至ったのも現実だ。物心がついた時には消費税があった、という人も数えたら、四〇%近くをも占めるのではないか。

消費税廃止へのハードルは、マレーシアよりはるかに高い。それでも──。

消費税にかわる財源

避けて通れないのは財源論である。私はジャーナリストの本懐は権力のチェック機能であって、それより先の任は負うていないし、政治家ならぬ身にはできるものでもないと考えてきた。ありがちな「対案を示せ」の反論も、どうせグウの音も出なくされた側が、論点のすり替えを図りつつ、こちとら取材と執筆以外の能力を持ち合わせていない側を見下してみせているだけだ、と。

長い職業人生で辿り着いた自分の掟を、安易に改めるつもりはない。ただ、社会保障制度を維持するには消費税増税しかあり得ないとする官民挙げたプロパガンダが浸透し、この税制を絶対視しない者は排除されかねなくされた状況では、消費税そのものの悪魔性や致命的欠陥をいくら叫んだところで、それだけでは歯牙《しが》にもかけられないのが目に見えている。

ならば多少の節は曲げざるを得ない。廃止されるべきは消費税であって、その代替案などいくらでもある現実を示しておこう。

多くの識者が、すでに素晴らしい試案を公表しており、世界的にも有益な議論がたくさんある。それらの紹介と検討から始めたい。

誰でも思いつくのは、所得税の累進強化と、法人税の増税である。本書でも指摘してきた通り、消費税が導入されて以来、その増税や税収増と反比例するかのように累進の軽減や減税が進められてきたのだから、これを復元していくべきだとする主張は、消費税を問題視する立場からは当然に導かれる発想だ。

税理士で立正大学法学部の客員教授を務める浦野広明氏は二〇一九年一月、所得税の累進課税を一九七四年から一九八四年まで続いた水準に戻した場合、十兆円以上の税収増になるという試算をまとめた。本書の図表3で図示したように、当時の累進課税は十九段階に細分化されており、年間の所得が八千万円を超える人は七五％の所得税が課せられていた。これを二〇一六年の所得階級別人数や総所得額などに当てはめると、約十二兆七千四百六十八億円が得られる計算になるという。

消費税二％分の税収は約五・六％だから、これだけで一〇％への増税は必要がなくなる道理だ。二〇〇七年度から一律一〇％にフラット化された住民税もそれ以前の三段階に戻せば、地方税収も増える勘定になる（『全国商工新聞』二〇一九年一月十四日付）。もっとも、十九段階あった頃の所得税は年間所得が六十万円未満の低所得者にも課せられていたから、消費税を廃止するのでなければ、当時のままに戻すことはできない。課税最低限の調整が不可欠だ。

法人税にも累進課税の考え方を適用してはどうかと提唱しているのは、税理士の菅隆徳氏である。現在は一律二三・二％になっている法人税を五％、一五％、二五％、三五％、四五％の五段階に累進化したとして、二〇一六年度の利益法人数や所得金額などを基に計算すると、約十九兆円の税収増になるというのである。法人の規模別では、資本金五千万円以下の中小企業は減税、それより資本金の高い大企業は増税になりそうだ（『全国商工新聞』二〇一八年十月十五日付）。

菅氏によれば、現状では法人税の実質的な負担率は資本金一千万円～一億円の法人が一九％台、一億円～五億円の法人が二一％台と最も高い。規模が大きくなるにつれて負担率が下がっていく。

一般に、日本の法人税は世界一高いとされている。政府もマスメディアも、長年にわたって繰り返し強調し、富を産んでくれる大企業がこのままでは海外に逃げていってしまう、という不安が、あらゆる層に共有されるに至った。

消費税を導入して以来、一貫して法人税減税を重ねてきた政府は、だからいつまでも姿勢を変えない。近年は法人税というよりも、法人税率と地方税である地方法人税、法人住民税、法人事業税の税率を合計した、いわゆる法人実効税率の引き下げが急だ。二〇一一年度には四〇％を超えていた法人実効税率（うち法人税三〇・〇％）は、二〇一三年度には三七・〇％（同二八・〇五％）となり、二〇一四年度に三四・六二％（同二五・五％）、二〇一五年度三二・一一％（同二三・九％）、二〇一六年度二九・九七％（同二三・四％）と続き、二〇一八年度には二九・七四％（二三・二％）にまで――東日本大震災以前の半分ほどにも――引き下げられている。

安倍政権下での減税幅がことのほか大きい。首相に就任して最初の施政方針演説で、「企業が世界一活躍しやすい国を目指したい」と述べた首相らしいと言うべきか。法人税減税の財源にされることになる消費税増税の弊害など、彼の眼中には初めからない。

日本の法人税は高いのか?

しかも、〝世界一高い法人税〟は、もともと嘘だった。私がそのことを知ったのは、他ならぬ日本経団連の阿部泰久・経済基盤本部長の発言による。彼は税の専門誌『税務弘報』の二〇一〇年一月号に載った座談会「あるべき税制論議とは」で、こう語っていたのである。

「私は昔から日本の法人税は、見かけほど高くないと言っています。表面税率は高いけれども、いろいろな政策税制あるいは減価償却から考えたら、実はそんなに高くない。今でも断言できますが、特に製造業であれば欧米並みではある。もちろんアジア諸国よりはずっと高いのですが。欧米の普通の国に比べて高いという実証データはありません。日本の法人税負担は、税率は高いけれども税率を補う部分できちんと調整されていると思います」

「いろいろな政策税制」というのは、たとえば企業が保有する他社の株式の配当金を利益に組み入れなくてよいとする「受取配当益金不算入」制度や、研究開発減税、生産性向上設備投資促進税制をはじめとする、さまざまな「租税特別措置」のことだ。企業の規模が大きくなると、こうした措置の恩恵を受けやすくなる。「法人実効税率」という用語は、それだけで法人税の実態を表しているような誤解を与えがちだが、そうではないということなのだ。

阿部氏は一九八〇年に東京大学法学部を卒業して経団連に入り、税制や企業会計、経済法制などを担当していた人物だった。過去形にしたのは二〇一七年十一月に六十二歳で亡くなっているからだが、実は私は、件《くだん》の『税務弘報』誌が発売されて間もなく彼に会い、真意を質《ただ》している。その第一報は『日刊ゲンダイ』に連載していた「国民はダマされている——消費税をめぐるウソ」の三回目（二〇一〇年八月二十六日付）に書き、拙著『消費増税で日本崩壊』にも収録した話だが、重要なやり取りだったと思われるので、本書でも再現しておく。

——驚きました。（発言は）本当ですか？

「今年（二〇一〇年）一月の時点で、日本の法人所得課税の税率は国税・地方税を合わせて四〇・六九％でしたから、二〇％台のドイツや英国、韓国などと比べて明らかに高いんです。でも、企業が海外から投資する場合は、こういう表面的な税率が基準になります。すでに国内にいる企業にとって重要なのは、限界実効税率のほう。米国は一五％程度なので競争力が強い。以前は高かった日本も、今では二〇％台の前半まで引き下げられています」

法人税の限界実効税率というのは、表面的な法人実効税率だけでなく、税務上の減価償却率や投資税額控除などの諸制度を考慮した数字である。投資に対する税負担と理解すればよいという。

「へたに表面税率を下げようとすれば、課税ベースの拡大という話になりかねない。肝心の限界実効税率を上げられてしまったら、元も子もありません。そりゃあ減税してもらえればありがたいけど、目下の財政では、法人税だけ下げるのは無理です」

——そもそも法人税率だけを国際比較すること自体がおかしい。健康保険や年金など、企業の社会保険料負担まで含めての議論でないと。

「その通りでしょうね。私の発言は個人的な立場からのものですが、(経団連)会長をはじめ、財界人の皆さんは理解されています。個別企業の損得ではなく、健全な国家意識を持ち合わせていらっしゃいます」

阿部氏の言葉には共感できる部分が少なくなかった。消費税増税に絶対反対の私とは正反対の立場だったが、身勝手な要求ばかりでは反発を食う、と弁《わきま》えた態度が、とても清々しく感じられたことを覚えている。彼の話の当否については、今回、現役の経団連幹部に改めて確認した。

とはいえ、阿部氏の発言はあくまで専門家に向けられたものである。財界人たちが損得だけでは動かないとしたコメントも、必ずしも彼の本音ではない。オール財界としてはどこまでも法人税率の引き下げを訴え続け、そこに政治とマスコミがすり寄っていく構図は当時も現在も、決して変わることがなかった。

阿部氏への取材から、すでに十年近くが経過した。この間も法人税は要するに、またしても嘘に嘘を塗り固めたレトリックで引き下げられ続けてきている。そして安倍首相は二〇一七年九月、表面的な法人実効税率を据え置きつつ、賃上げや人材育成、IoT（モノのインターネット）など先進技術への投資を進める企業にさらなる政策減税を用意して、条件を満たした企業は実質的にも二〇％程度の法人税負担に抑える方針を打ち出した。

「生産性革命」や「人づくり革命」などの政策の一環とされるが、ここまでくると日本の法人税は〝世界一高い〟どころか、発展途上国以外では世界一安い水準の中国や、先に経団連の阿部氏が話していた限界実効税率一五％のアメリカ（二〇一八年の〝トランプ減税〟で大本の法人税率を三五％から二一％に下げ、また海外での所得を国内に資金還流させても原則非課税とした大減税がこれに加わる）と並ぶ、世界有数の大企業優遇税制だと言わざるを得ない。何のための消費税増税なのかと、つくづく情けなくなる。

応能負担原則の回復と税制の国際協調を

法人税に累進課税を適用せよとする前出・菅隆徳税理士の提案も、所得税の累進税率を一九七四～八四年当時に戻した場合をイメージした浦野広明氏の試算も、新たな財源を求めるだけの取り組みでないことは明白だ。同時に、消費税の導入とたび重なる増税で崩れてしまった「応能負担原則」の回復こそが目指されている。

応能負担原則を追求していくと、しかし、国内の法人税をいじっているだけでは限界があることがわかる。新自由主義が横溢《おういつ》する二十一世紀の世界にあって、階層間格差をはじめとする不公平や不均衡の元凶になっているのは、ただ単に大企業というより、国境を越えて活動するグローバル・ビジネスだからだ。〝経済指標の上だけでの成長〟を急ぐならいざ知らず、人間が幸福になるための「成長」を夢見るのであれば、傍若無人な彼らを地球の主人にしてしまってはいけない。世界はその活力を利用しつつ、適度に抑制する権能を持ち合わせておく必要があるはずだ。

とすればやはり、「トービン税」を議論の俎上《そじょう》に載せていきたい。アメリカのケインズ派経済学者でノーベル経済学賞受賞者のジェームズ・トービンが一九七二年に提唱した、短期の投機的な為替取引に低率で課税する通貨取引課税のことである。

ヘッジファンドが猛威を振るい、各国に深刻な経済危機をもたらした一九九〇年代に注目され、二〇〇八年のリーマン・ショックの後には英国の金融監督機関だったF

SA（金融サービス機構）のアデア・ターナー長官が好意的な意見を述べる局面もあったが、グローバル金融資本の反発は凄まじい。最低でも国連ベースで一致団結し、全世界同時に実施されなければ機能しない難点もあり、議論はなかなか広がらないようだ。それでもいつの日にか実現できれば、得られる税収は途上国援助や国際活動に充てられることが期待され、国内経済の活性化にも繋がるので、消費税減税や廃止への道も開けるだろう。

課税の対象を個人に戻すと、大手の新聞やテレビはなぜか取り上げたがらないが、「富裕税」の復活を唱える識者も少なくない。不動産だけに課税する固定資産税とは違い、預貯金や、分離課税で優遇されている株式などの有価証券に応分の課税ができる点に特徴がある。ヨーロッパでは広く採用されている税制で、日本でも戦後の一九五〇年から一九五三年まで稼働していた史実は第五章で述べた通りだが、本章ではわかりやすさを優先して、元国税調査官の経営コンサルタント・大村大次郎氏の著書を引いてみる。

日本銀行の統計によると、2018年9月末の時点において、個人金融資産は

1850兆円を超えている。これは、アメリカに次いで世界第2位である。また、資産から負債を差し引いた国民総資産は、断トツの世界一である。このふくれ上がった資産に税金をかけずに、どこにかけるのかということである。（中略）

その一方で、世界的な金融グループであるクレディ・スイスが発表した「2016年グローバル・ウェルス・レポート」によると、100万ドル以上の資産を持っている人々、つまりミリオネアと呼ばれる日本人は282万6000人だった。前の年より74万人近く増加しており、増加率は世界一なのだ。

つまり、1850兆円にふくれ上がったこの金融資産というのは、一部の富裕層に集中しているのである。（大村大次郎『消費税という巨大権益』より）

大村氏はここで、しかも個人金融資産はバブル経済末期の一九九〇年より八百兆円も増加したと指摘する。一年当たりに換算すれば約二十八兆円だ。長期間のデフレで多くの人々が生活苦に喘《あえ》いでいるのを尻目に、富裕層が独占してきた富の実態を浮き彫りにしていた。

富裕層のこうした金融資産に、きちんと課税すればいい。ヨーロッパではこの間、スペインやフランスで富裕税が廃止されるケースも相次いでいたが、最近再導入される機運が高まっている。フランスの場合、二〇一七年に就任したエマニュエル・マクロン大統領による燃料税の引き上げが労働者階級の怒りを買い、日本とも共通する貧困や階層間格差の拡大に抵抗するムーブメントに発展した「黄色いベスト運動」の要求に、政府が追い込まれた格好だ。

日本でも富裕税が実現すれば、それもまた「応能負担原則」の最高の実践になる。弱い者ほど大きな負担を強いられるという意味で、「応不能負担」の仕組みになっているとさえ理解できる消費税とは、対極を為し得る税制とも言えようか。

消費税やヨーロッパの付加価値税が、「公平で中立的」だなどと喧伝しているのは、今や日本の財政当局とマスコミぐらいのものである。軽減税率の項で言及した「マーリーズ・レビュー」は、だが付加価値税の逆進性は付加価値税それ自体ではなく、税制全体のバランスによってカバーされるべきだと述べていた。序章で登場していただいた慶應義塾大学の井手英策教授も同じ趣旨のことを言っていた。

しかし現代の日本では、税という税が公平でも公正でもない。大企業や富裕層を有利にすることばかりが企てられている。バランス論の成立する余地がないのでは、そもそも消費税という不公正税制の存立基盤が備わっていないということではなかろうか。

加藤寛・元政府税調会長の〝遺言〟

以上、所得税や法人税の見直し、トービン税の新設、富裕税の再導入、などの意義を概観した。相続税や宗教法人課税、消費税を廃止した場合の物品税の復活、あるいは社会保険料の労使負担率の見直しなど、検討されるべき代替財源の項目はまだまだあるが、本書では割愛する。

また、これも本書では割愛するしかないのだが、例の〝霞が関埋蔵金〟の可能性を、私はなお諦めきれない。これは財政投融資や国債整理基金、年金、貿易再保険など、特定の歳入と特定の歳出を一般会計と区分して経理する「特別会計」の剰余金や積立金の俗称で、殊《こと》に二〇〇〇年代後半の民主党政権時代に、それらの「不用額」を有効活用すれば、年に数兆円程度の財源はすぐに捻り出せるとして騒がれたものの、期待されたほどには〝発掘〟されず、何となくウヤムヤにされてしまっている。そのままでよいのだろうか、と考えるのだ。

というのは、私は二〇一〇年の夏、嘉悦大学の加藤寛学長（元慶應義塾大学名誉教授、元千葉商科大学名誉学長）に会っている。長く第二次臨時行政調査会の第四部会長として国鉄の分割民営化をはじめとする行政改革をリードし、一九九〇年から二〇〇〇年にかけては政府税制調査会の会長を務めて、消費税中心の税体系を構築させた立役者だ。前出の経団連・阿部泰久経済基盤部長と同様に、私とは水と油の関係でもおかしくない立場同士だったのに、なぜかウマが合い、それまでも何度か取材させてもらっていた。彼はこの時、民主党政権が進めていた「事業仕分け」について、

「役人というのは巧妙に隠すものです。いくらやったって、お金が出てくるわけがない。財務省の役人が無駄を指摘するのですからね」

と語っていた。その二年半後の二〇一三年一月に八十六歳で亡くなってしまうことになる加藤氏はすでに体調が悪化しているようで、あまり突っ込んだ取材は叶わない。そのせいか私も事業仕分け全般の一般論だとしか思えず、だから『日刊ゲンダイ』の「国民はダマされている――消費税をめぐるウソ」の四回目（二〇一〇年八月二十七日付）でも軽く触れるだけに済ませてしまったのだが、この間の消費税増税と財源論を振り返ると、あの言葉は〝埋蔵金〟のことを示唆していたのではないか、とも思えて

ならないのである。

なぜなら加藤氏は、「役人というのは……」と言い出す前まで、私に次のように話してくれていた。「日本は財政危機でも何でもありません。財政危機だから消費税導入が必要だという論法は間違っているのです」。

ミスター消費税とまで囃された財政学者が、何を今さら。驚きの冷めやらなかった私は、彼の真意を十分には汲み取れないまま、『日刊ゲンダイ』に短くまとめたのだった。

菅（直人首相＝当時）は、このままでは日本はギリシャのようになる、と言って消費税増税に理解を求めた。国民もそれを信じているから、消費税増税やむなしの世論が増えつつある。（加藤氏は）これは嘘っぱちだと言うのである。

「日本がギリシャのようになるわけがない。約800兆円の国債発行の残高があるが、国民の金融資産が1300兆円もある。500兆円くらい景気対策に使ってもいいくらいです。しかし、それをやらずに守っている。だから、どんどん円が強くなるんです。しかも、800兆円の多くは建設国債が占めている。それでつくった政府の資産を民間に使わせず、赤字にカウントする。これが問題です。高速道路や議員宿舎、役所の駐車場など、どんどん開放すればいいんです。そうすれば、国民生活は豊かになる。そういうことをやらずになぜ増税かなと。菅首相も野田（佳彦）財務相も何もわかっちゃいません」

加藤氏は税調会長の頃から、こうした考えを持っていた。しかし、財務省は増税路線一本やり。しばしば対立があったという。

「僕が財政赤字をあおるのはおかしいと言うと、大蔵省の役人は『先生、それはわかっています』と言いましたよ。『でも、そう言わないと増税できない』とね。消費税導入の時の政府税調の報告書を見てください。大蔵省は財政赤字を理由にしたかったが、私が反対して、福祉と直間比率是正のためと書き込んだ。消費税がなぜ必要かと言うと、累進税の所得税だけに頼ると、労働意欲がそがれるからです。累進税率の直接税と、逆進性がある間接税でうまくバランスをとることが大事なんです」

加藤氏は2年後に消費税を上げることには賛成する。しかし、それと財政赤字は関係ないのだ。

財政赤字はバクチでスッた金とは違う。多くは資産として残るのだから。が、だからといってすべて民営化できるものではなし、私には、それだけで「財政危機ではない」まで言えるだろうかという戸惑いもあった。だけれども、加藤氏の言葉が、特別会計の問題をも含んだものだったとしたら――。

消費税のこれ以上の増税はおろか、消費税に関わる政府の見解や主張のほとんどが、根拠を失うことになる。だが私はあのあと、生前の加藤氏に取材する機会を二度と得ることができなかった。もう本人に確認することも不可能だ。彼の真意を正確に摑み取り、自信を持って論じることができるようになるまでには、今しばらくの時間が欲しい。

山本太郎プランの衝撃

二〇一九年三月十八日、衆議院予算委員会。前月の二十四日に沖縄県で名護市辺野古の米軍新基地建設の賛否を問う県民投票が行われ、「反対」票が七〇％以上を集めて明確な民意が示されたのに、安倍政権はこれを無視して予定地沖の埋め立て工事を躊躇もなく強行し続け、「県民に寄り添っていく」とした自らの前言を軽々しく裏切っていた。そんな状況にあって、自由党の山本太郎共同代表（当時）が質問に立った。

「安倍総理が基地問題で寄り添うことが難しいのであれば、別の面で積極的に寄り添ってください、という提案をさせてください」

そう言って、玉城デニー・沖縄県知事の言葉を引く。「沖縄を一国二制度にして関税をゼロにし、消費税をゼロにする、そのぐらい大胆な、これからの沖縄の将来を見越した、そういう提案もぜひ行っていただきたい」。玉城氏が衆議院議員だった二〇一八年五月の衆院内閣委員会での、安倍首相に向けられた要望だ。この「消費税ゼロ特区」構想に自分は同意すると山本氏は言い、実行した場合のシミュレーションを披露した。

「景気回復、この道しかないというキャッチフレーズで選挙を戦ったアベノミクス。アベノミクスの目標、何でしたっけ。物価上昇率。物価上昇率二％でしたよね。イザナギ超え、聞こえてくることありますけど、好景気実感できていない人が多数派です。現在、物価上昇率、インフレ率、何％でしょうか」

ここで、あらかじめ配布してあった二枚のグラフが示される。参議院調査情報担当室に作成してもらったものだと、山本氏は説明した。

「左側のグラフ（次頁の図表上）。消費者物価指数上昇率を見ると、このシミュレーションでは、消費税を〇％にした場合でも、つまりは年間二十二兆円規模の大減税策を行ったとしても、最大で一・六七％までしか物価は上昇しない結果です。総理と日銀の掲げるインフレ率二％にも達しない。消費者物価はきわめて上昇しにくいもの、それがよく分かるシミュレーションだと思います。現在の安倍政権による財政支出程度では、いつまでたっても二％目標を達成できないとも言えます。

グラフ右側（次頁の図表下）、年間の一人当たり賃金。消費税をゼロにすれば、強制的に引き上げられてきた物価が下がり、消費に対する足かせ、罰金がなくなり、実質賃金が上がり、生活は楽になります。消費税ゼロにすると、二〇一九年から二四年の五年間、一人当たりの賃金は約四十四万円上昇する結果に。まさにこれこそデフレからの脱却、この道しかないという施策の一つかと思います」

「二〇一五年の沖縄県の県民総生産は約四・四七兆円、名目GDPが約五百五十兆円ある日本全体の〇・八％程度です。沖縄だけに消費税を免税するにしても、その財政規模は、消費税ゼロという二十二兆円規模の減税の一％以下、二千億円程度もあれば

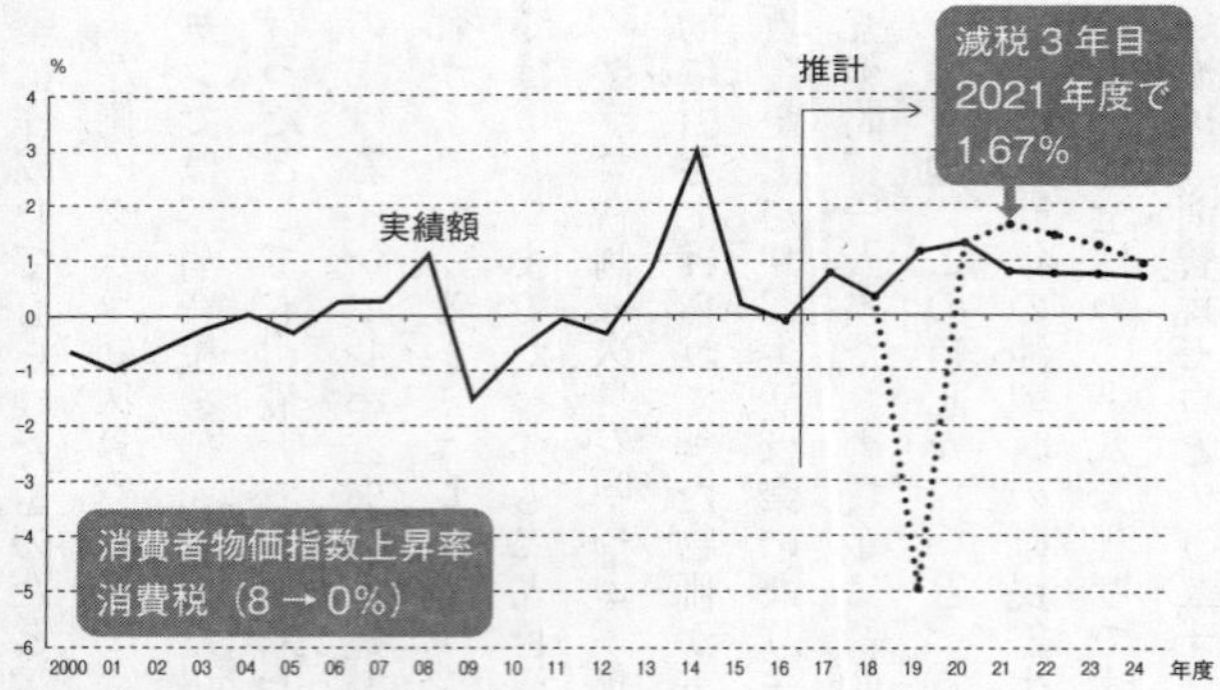

消費税廃止（8%減税）
3 年目のピーク時でやっと物価上昇 1.67%

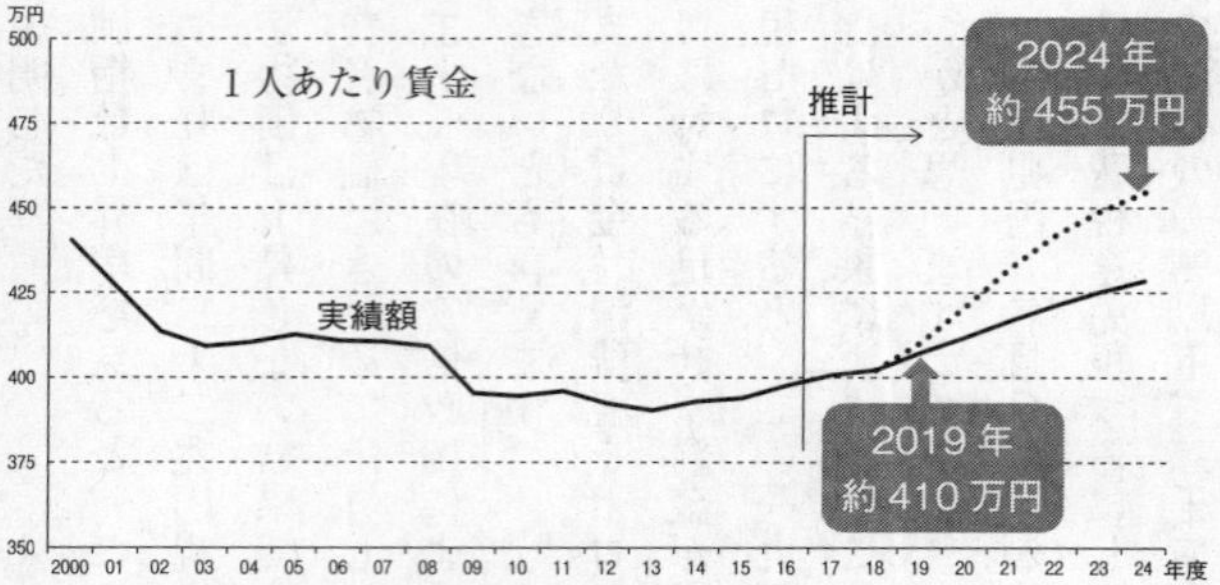

実線＝消費税 10%に増税　　点線＝シミュレーション

1. 本試算は、モデルによる試算のため幅をもって解釈する必要がある
2. 上記の前提条件の下で、山本太郎事務所の想定の下で参議院調査情報担当室において試算

消費税廃止（8%減税）6 年目（2024 年）には
減税効果で約 440,000 円も増加

済むと類推されます。これ、十分実現可能ではないでしょうか。

これまでも多大な負担を背負わされてきた沖縄に対して、更なる経済成長をしていただくためにも寄り添っていただきたい。デニーさんの提言を参考に、沖縄で消費税ゼロ特区、実施していただけませんか。総理、いかがでしょう」

安倍首相の答弁は、

「たいへん思いきったご提案だとは思いますが、これは税制の制度的に、沖縄だけゼロにするということは、たいへん難しいのではないかと、こう考えております」

だった。では米軍基地の負担をほとんど沖縄に押しつけている現状は一国二制度ではないのかと問い返したくなってくるが、もとより山本氏も、沖縄だけ消費税ゼロなどという提案が、そのまま受け容れられるとは考えていない。構想しているのは日本全体の消費税率をゼロにすること。ただ、この国会で統一会派を組んだ国民民主党・新緑風会は消費税増税そのものには賛成で、目下の経済情勢の下では凍結を、という立場なので、そことの齟齬《そご》が広がらないように、玉城知事の発言に絡めた形で、アドバルーンを上げてみたのである。

この国会質疑を報じたマスメディアは皆無だった。国会内ではそれなりの反応もあったらしいものの、案の定と言うべきか、ネット上では彼の意図をよく理解できていない人々の戸惑いが多く目についた。

実際、この時の質問だけでは、わかれというほうに無理があるのかもしれない。私も改めて山本氏本人に会い、真意を質してみた。

——このシミュレーションは参議院の調査情報担当室の仕事ということですが、それは山本太郎に都合よく作られた、ということではなくて?

「誰が頼んでも同じです。もっとも、消費税の減税効果を見てみようなんて想定をする人は他にいませんけどね。

二月の参院本会議で、僕は安倍総理に尋ねたんです。日本以外にデフレが二十年続いた国があったら、教えてくださいと。「戦後、先進国でデフレを二十年以上経験した国はありません」と答えていただきました。それはそうでしょう。事実ですから。

そして、その元凶は間違いなく消費税です。

消費税が増税されるたびに人々の生活は苦しくなり、個人消費が低迷して、国が弱っていった。僕に言わせれば、消費税の増税などあり得ません。凍結では安倍政権が選挙前に切ってくるカードと同じになりかねない。それでは駄目だと思う。私個人は将来の廃止を目指したいのですが、それは措いても、まずは五%への減税を野党の統一政策にするくらいでないと。僕はオフィシャルサイトで、そのための署名運動も始めています」

山本氏は図表をふんだんに使って持論を説明した。「年収に占める消費税負担割合」の表には戦慄を余儀なくされた。消費税率が五%だった一九九七年は二百万円未満の低年収層で五・五〇%、千五百万円以上の高年収層で一・一〇%だった負担割合が、八%の二〇一五年にはそれぞれ七・二〇%、一・六〇%となり、将来の一〇%時代には予測値で八・九〇%、二・〇〇%へと、その差が広がっている。

出典は『日本経済新聞』電子版の「所得・消費税、あなたの負担は」(二〇一六年二月二十三日付)。検索してみると、階層が高低の二つだけでなく、百万円刻みで十一段階に分けられており、収入の少ない者ほど負担率が急上昇していく、凄まじい逆進性を表す折れ線グラフの曲線が現れた。

私は本書で、消費税の致命的な欠陥とは、主として「転嫁」の問題であると論じてきた。だが、こうして見ると、やはり消費者にとっての逆進性の問題の深刻さも改めて痛感する。実質的には転嫁できていない場合でも、納税義務者が自腹を切ってでも納税していれば、帳簿の上では〝転嫁〟できた形になるので、消費者の負担感が解消されることはない。

消費税の増税をもっともっと進めて、いずれ最大の基幹税に育てたいと志向する人々は、時に平然と、とんでもなく残酷なロジックを公にすることがある。元財務官僚で、近年は中央大学大学院教授や東京財団の上席研究員を務めている森信《もりのぶ》茂樹氏は、『消費税、常識のウソ』と題する著書の中で、事業者が〝転嫁できない〟のはよいことだとでも言いたげな表現を重ねていた。

> 好ましいことではありませんが、転嫁できない場合もあるでしょうから、家計の負担の最大額も少なくなるはずです。「1980円の商品価格を、消費税が上がったからといって2000円超にはできない」などといった事業者や企業の声が出ていますが、そうなれば実は家計にとっては好ましい話なのです。
>
> 消費税率の引き上げ分の消費者への転嫁をなるべく少なくする、という事業者の努力には大きなメリットがあります。それは消費者にとってそれほど価格が上がら

ない、物価が上がらないことを意味するからです。事業者にとっては大変でしょうが、前の章で書いたような物価への影響は減り、景気への短期的な悪影響も弱まる方向に働きます。ただ事業者が価格に転嫁しない代わりに人件費など（中略）削減するといい、今度はそれが消費者の給与や雇用に跳ね返ってきて、困ることになるかもしれません。（傍点引用者）

多数派である消費者を味方につけたい一心で書かれた文章と推察されるが、何のことはない。事業者でも消費者でも、金のない、弱い立場であればあるほど多くの負担を強いられる消費税の本質を、他ならぬ当局者が証明するような論旨になっていた。増税はむしろ物価を上げる手段でもあったはずだ。消費税を転嫁できない事業者が人件費を削減するしかなくなったから、現状の日本があるのではないか。

そんなことを考えていると、山本氏は言った。

「斎藤さんと一緒で、僕も消費税の批判をするたびに、財源論を問われます。所得税や法人税の見直しや、国際連帯が不可欠ですが為替取引課税（トービン税）、企業の社会保険料負担の問題とか、僕なりにいろいろ考えました。でも直接税の増税はタイミング次第で景気に悪影響を及ぼすし、消費税の税収を埋められるほどの財源になり得るのか、疑問も拭いきれないんです。

だから発想を変えましょうよ。増税による税収増にこだわらず、本当の意味で将来世代にツケを残さないための、それこそ異次元の財政出動によって、人々への救済と生活の底上げ、資産を形成できるようにするバックアップを進め、厳しくなっていく一方の内需を蘇らせて、それでもって税収の大幅増に繋げていく。消費税の廃止を視野に入れた五％への減税を、その入り口にしたいと思うのです。

このグラフ、見てください。政府が国民一人当たりに使っているお金は、日本が最低です。世界中が成長している中で、日本だけが二十年もデフレから脱却していけない、最大の理由じゃないでしょうか」

グラフというのは、ＩＭＦ（国際通貨基金）が二〇一七年に発表した世界百四十カ国の経済統計を基に、山本氏と彼のブレーンである経済学者たちが作成したものだった。過去二十年間における政府総支出と、名目ＧＤＰの、それぞれ伸び率を国際比較している。とりわけ前者で、日本がグラフ化された二十六カ国の最下位になっているのに驚いた。この間に急成長を遂げ、政府総支出の伸びも五〇〇％を超えたブラジルやメキシコ、フィリピンなどに敵わないのは当然にせよ、英国やオランダ、フランス、スイス、イタリアといった、他の先進諸国の背中もはるかに遠い。これをどうにかするべきだと、山本氏は叫ぶのだ。

消費税の減税さらには廃止を訴える一方で、政府はもっと人間のために金を使え、という。緊縮財政からの脱却を目指すなら、なおのこと消費税は増税する必要に迫られる、廃止などもっての外だ、というのが一般的な反応だろうが、山本氏は旧来型の常識には囚われない。

「お金がなければ借金をすればいい。インフレ率が二％にならないうちは、新たに国債を発行しても大丈夫。デフレでお金が回っていないのであれば、そういう時にしかできない大胆な方法で、政府がお金をみんなが使える状態にするのです」

これは明らかにMMT（Modern Monetary Theory＝現代金融理論）の発想だ。〈独自の通貨を持つ国は、債務償還に充てる貨幣を無限に発行できるため、物価の急上昇が起きない限り、財政赤字が大きくなっても問題ないとする経済理論〉（『読売新聞』二〇一九年四月十九日付朝刊）のことである。

積極的な財政出動を諒《りょう》とするケインズ主義から派生し、一九九〇年代に確立した。欧米では近年、このMMTの下に「反緊縮」を掲げた「レフト3・0」と呼ばれる潮流が台頭してきているという。かつての急進的なマルクス・レーニン主義と、一九九〇年代から二〇〇〇年代にかけての英国トニー・ブレア政権やドイツのゲアハルト・シュレーダー政権に代表された穏健派左派の両立を志向する、新しい第三の道とでも言うべきか。

それでも日本では長い間、MMTは注目を集めることがなかった。財政当局の考え方と真っ向から対立するせいか、報道機関も黙殺してきた。多少とも報じられるようになったのは、最も有力な提唱者と言われるニューヨーク州立大学のステファニー・ケルトン教授が、二〇一〇年のアメリカ大統領選に出馬を表明した民主党のバーニー・サンダース上院議員の政策顧問に就くことが公表されてからのことである。彼女は二〇一六年の大統領選でもサンダース氏の顧問を務めていたのだが、当時の日本では完全に無視されていた。

とはいえ日本国内にもMMTの研究者はいる。山本氏のブレーンは、その一人である立命館大学の松尾匡教授（理論経済学）だった。

山本氏の主張は、私の問題意識ともかなり重なる。よく知らなかったMMTについては、ある程度の勉強をした上でなければ何とも言えないが、かねて抱いていた財政危機論に対する違和感にも通じてこよう。なるほど私たちには、財源論を云々する前に、やるべきことがあったのではないか。

もちろん財政出動なら何でもよいというものではない。新自由主義とデフレの狭間で切り捨てられ続けてきた、人間一人ひとりの尊厳や生命を尊び、みんなが幸福を感じることができる社会を目指すことによって経済をも活性化させ、税収も自然に増して、それがまた将来の希望を招き入れていくような、そんな政策のベストミックスが求められる。

私の取材からややあった二〇一九年四月、山本氏は自由党から離脱と、新しい政治グループ「れいわ新選組」の結成を表明した。消費税廃止を手がかりに、人間らしい社会の構築を希求する模索は続く。

ＭＭＴには、しかし、悪用される危険もないとは言えない。二〇一九年四月四日の参院決算委員会でＭＭＴを持ち出し、財政支出の拡大を、と政府に呼びかけたのは自民党の西田昌司氏である。答弁に立った安倍首相は〝無駄な支出〟への戒めを述べつつも、西田氏への共感を滲ませたという。質疑の内容を比較的大きく扱った翌日の『朝日新聞』朝刊は、西田、安倍の両氏がこの前月に、本書の序章で紹介した藤井聡・元内閣官房参与（京都大学教授）を交えて会食していたとも書いていた。

藤井氏は消費税増税に反対を唱え、官邸の意向に歯向かったから切られたと一般に信じられている人物である。西田氏の考え方も彼に近い。参院選を控えて、消費税増税をまたしても魔法の杖とするための、MMTは当面の理論武装にされ得るのではないか。ケインズ主義をルーツとするということは、保守派にとっても魅力的なロジックだということだ。MMTに基づく緊縮財政からの脱却が、さらなる巨大資本の優遇や、軍事力の増強、戦時体制の完成に向けられない保証はないのである。

MTTに関わる議論の、これからの課題だろう。

嘘に満ち満ちた消費税に、これ以上はもう何も奪われたくない。奪われてはならない。

あとがき

こうして本書を世に送り出すまでの間には、数え切れない方々のお世話になった。とりわけ多くを学ばせていただいた二人の学究に、この場を借りて深く感謝の意を捧げたい。

二〇〇九年四月二十六日に八十四歳で亡くなられた谷山治雄先生（税制経営研究所所長）は、十五年前、初めてサラリーマン税制を取材した時の〝恩師〟である。税制のあり方と時代状況との関係を考える私の習慣は、まぎれもなく谷山先生に影響されている。

北野弘久先生（日本大学名誉教授）の訃報は、本書の脱稿直前に知らされた。六月十七日、七十九歳でのご逝去を伝える新聞記事。

サラリーマン税制を批判する本を出版した関係で、ある団体に招かれて話をしたら、参加されていた先生に、「素人にしてはよく書けている」と、お褒めの言葉をいただいたのが始まりだった。ものの考え方が似かよっていたのか、住民基本台帳ネットワークの反対運動などでご一緒する機会にも恵まれ、その都度、励ましてくださったお声が忘れられない。

「斎藤君、今度の仕事、よかったよ。男だねえ」

本書もまた、先生はきっと笑顔で迎えてくれると信じて、懸命に書いてきたのに——。

私は東京・池袋の零細な鉄屑商の倅《せがれ》だ。後を継ぐつもりで、よりよい商人を目指して大学の商学部に進んだが、卒業のかなり以前に父が亡くなったので、ジャーナリズムに方向転換。職種こそ違え、父と同じ独立自営業に転じて、早くも二十年が過ぎてしまった。

本書を執筆した、おそらくはこれが最大の動機だった。誰にも指図されずに生きることを最優先し、それ以上の何も望んでいない人間を愚弄して、辛うじて通っているだけの細い道さえ塞いでくる税制の跳梁跋扈《ちようりようばつこ》など、断じて許せない。

一方で私には、巨大な組織に所属して腕を振るう生き方にも憧れを禁じ得ない日々があったことを白状しよう。ところが消費税はその方面でも、人間をよほどのエリートでなければモノ扱いし、ワーキング・プアに貶《おとし》めていく機能を発揮していたではないか。

だから書いた。書かなければならないと思った。

なお消費税には医療や社会福祉事業、身体障害者用物品の製造販売・貸付、住宅の賃貸など、原則非課税の分野も少なくない。社会政策上の配慮だが、これらの業種も必要経費には消費税がかかっている。にもかかわらず仕入れ税額控除が受けられない不公正については、本書の趣旨や紙数に照らして、うまく盛り込むことができなかった。お詫びしたい。

執筆にこれほど時間がかかった本は初めてだ。初代担当の阿佐信一さん、現代新書出版部長の岡本浩睦さん、怠惰な私を辛抱強く待ってくれ、最終的にすべての編集作業を引き受けていただいた二見有美子さん、印刷や製本や販売など本書に関わってくださった関係者諸氏、そして読者の皆さん。本当にありがとうございました。

二〇一〇年六月

斎藤　貴男

文庫版あとがき

本書は消費税論の決定版だ、と「はじめに」に書いた。底本での表現をそのまま残したのだが、このちくま文庫版では、タイトルにも「決定版」が使われている。内容に自信があるから、そう宣言した。編集部のタイトル案にも同意した。マスメディアに黙殺されてきた「転嫁」の問題を、これだけ掘り下げた一般書は珍しいはずだ。ただ今回、文庫版の出版に向けた作業をこなしていく過程で、消費税というテーマのあまりの奥深さに改めて気づかされ、愕然としたのも確かである。

わかりきっていたことではあった。にしても、とことんミクロに、この税制が人間一人ひとりにもたらす災厄を炙《あぶ》り出そう、抉《えぐ》り出そうとすればするほど、より広く、深く、現場取材と俯瞰《ふかん》した研究の積み重ねに基づく、あらゆる角度からの実証的かつ哲学的なアプローチが求められることになるのだと、つくづく思い知ったことである。

それは、たとえば法人税をはじめとする他の税制や地方税、社会保険料の細部にわたる実態、および消費税とのバランス論。消費税と景気の因果関係の本当のところ。

少子高齢化の下での社会保障制度の理想。治安立法としての税理士法。ヨーロッパにおける付加価値税（VAT）の歴史と実態。アメリカの小売売上税。日本の消費税に対するアメリカの考え方。財政論、なかんずく加藤寛・元政府税制調査会会長が私に語った言葉（最終章参照）の真意、あるいは国家の赤字財政と個人の借金が同一視して語られる滑稽さを論理的に解明すること、MMT（現代金融理論）。中小・零細事業に対する指導者層とジャーナリズムの蔑視感情はどこから導かれたのか……。医療や社会福祉事業、住宅の賃貸など、社会政策上の配慮から非課税とされた分野の検証という底本以来の課題も、忘れるわけにはいかない。

熟読し、解読しなければならない書物もある。プロイセンの政治学者で社会主義運動家だったフェルディナント・ラッサール（一八二五～六四）の『間接税と労働者階級』。自由放任主義《レッセ・フェール》を「夜警国家」と批判して社会政策の必要を訴え、「憲法問題とは法の問題ではなく、現実の権力関係の問題だ」と説いた『労働者綱領』が「ブルジョアジーに対する無産者階級の憎悪と軽蔑を煽り立て、公共の秩序を危うくした」として起訴された彼の、もともとは第二審での弁護演説の草稿だったという。

後にドイツ統一の中核となったプロイセンも、当時の税制はすでに間接税が中心だった。「売上税」の形態を経て現在の「付加価値税」が確立する前段階ではあったが、基本的な構造は共通している。『間接税と労働者階級』（大石力訳）をパラパラとめくってみただけで、こんな記述が眼に飛び込んできた。

　さて、諸君！　あるひとが他のひとよりも二〇倍、五〇倍、一〇〇倍も富んでいるからといって、そのために労働者や小市民よりも、二〇倍、五〇倍、一〇〇倍の塩やパンや肉やを、五〇倍、一〇〇倍ものビールやぶどう酒をのみくいしたり、また五〇倍、一〇〇倍もの暖房、したがって燃料を必要としたりすることは絶対にないということは、諸君のご承知のとおりです。

　そこで、すべての間接税の総額は、個人にその資本と所得とにおうじて課せられることなく、その圧倒的に大きな部分についてみれば、国民中の無資産者や比較的貧困な階級によって支払われていることになるのです。ところで、間接税はむろんブルジョアジーが独自に発明したものではありません。それはもっとまえからあったものです。しかしブルジョアジーはそれをはじめてひとつの未曾有の体系に発展せしめ、そしてそれに国の必要経費のほとんど総額を負担させてきたのであります

（傍点原文ママ）

私が本書の一冊を費やして、ああだこうだと書き連ねてきたことが、わずか数行に凝縮されている、ような気がした。これは間違いなく、現代日本の消費税にも通じる状況認識だ。早くから腰を据えて読んでおかなかったことが悔やまれてならない。これから取り戻す。

先に列挙したアプローチのうちのいくつかは、本書でも試みた。だが、とても十分とは言えない。だからいつの日かまた改めて、消費税の全貌を一から、文学の世界で言う「全体小説」のようにして描き出してみたいと思う。

何らの専門性も持たない一介のライターには、あまりにハードルの高い野心だ。しかしそれでも、誰かがやらなければいけない。ジャーナリストを自称している以上は当然の行動だと、私は考えている。

なぜなら私たちは、本書「決定版」を以てしてもなお、消費税について知らないことが多すぎる。政府は嘘ばかりついている。にもかかわらず、マスメディアは他の分野にも増して役に立たない。というより、本書の最終章でも詳述したように、消費税をめぐる彼らのスタンスは政治権力に従属していて、読者とは利益相反の関係にある。アカデミズムにしても、税制や財政の研究者の大半は当局との友好関係を最優先しがちだから、要はまともなチェック機能が働いていない。この現実を少しずつでも打開していかないことには、どうにもならないからである。

私は以前、勲章に関する取材で、ある識者から、「勲章とは国家の価値体系だ」と聞かされたことがあった。同様の理解が税制にも当てはまる。国によって異なる税制には、いずれも文化的・社会的な背景があり、制定や増減税の際には当然、政治的・政策的な意図が伴う。

しばしば伝えられる、世界のおもしろ税制の類《たぐい》がわかりやすい。凄まじい混雑と排気ガスに悩む英国ロンドンの「渋滞税」や、国立大学の学費が無料で、卒業生の多くが高給取りになるオーストラリアの「学位税」は有名だ。近年はハンガリーの「ポテトチップス税」とかフランスの「ソーダ税」、タイやフィリピンの「甘味料入り清涼飲料税」といった、肥満防止の目的を帯びた〝肥満税〟を導入する国が増えてきた。基幹的な税も同じだ。すべての税制は恣意的であり、中立的な税などあり得ない。

本文でも述べたが、日本のサラリーマン税制は、勤労者やその家族から正当な納税者意識、もっと言えば人権感覚を奪うために用意された。安倍晋三政権が法人税率を引き下げ続けているのは、大企業本位の社会を構築したいからに他ならない。そして消費税は、弱い者、貧しい人間からより多くを取り立てやすい上、その犠牲者を騙しやすく、しかも政治家が利権にしやすいので、こうして罷《まか》り通っている。

価値体系であるからには、税制ひとつで世の中のありようも変わってくる。日本中の商店街がシャッター通りに成り果て、居酒屋も喫茶店も無粋な大手チェーン一色に塗り潰された無惨。万人をしてグローバル・ビジネスを頂点とするヒエラルキーから逃れられなくされた社会構造と、消費税とが無関係だとは言わせない。

二〇一九年五月中旬現在、五カ月半後の十月に予定されている消費税増税のゆくえは、なお不透明だ。実行されるかどうかは七月の参院選を睨《にら》んだ安倍首相の判断次第、というのが巷の常識になっている。

どうかし過ぎてはいないか。私たち一人ひとりの生活や生き方や、もっと言えば人生が、たかが世襲政治家の損得勘定に、どうして左右されなければならないのか。もういい加減に、本当の議論を始めよう。消費税は弱ければ弱いほどより多くの負担を強いられる税である。畢竟《ひっきょう》、弱者の富をまとめて強者に移転する税制なのだ。そんなものを増税されるに任せておいてよいのか。私たちはどんな社会を望むのか。そのためにはどんな税制がふさわしいのか――。

安倍政権と与党自民党は、憲法改正を公約に掲げ、早ければ二〇二〇年の改正憲法施行を企図している。彼らが二〇一二年四月に公表した「日本国憲法改正草案」には、国の財政を処理する権限は国会の議決に基づかなければならないという規定を定めた現行憲法の第八三条に、以下の条文を追加することとされていた。

2　財政の健全性は、法律の定めるところにより、確保されなければならない。

一見もっともらしいスローガンが、ひとたび憲法に明記されたらどうなるか。〝財政危機〟はすなわち憲法違反となり、政府はそう言いさえすれば、消費税増税か社会保障の削減を強行して構わない、しなければならないという政府解釈が可能になる。この条文案の目指すところだろう。

私たちはもっと、もっと知らなければならない。これ以上騙され続けないために。私はその一助になっていきたい。本書を、本書が最も必要とされるであろう時期に出版していただいた筑摩書房の永田士郎、松本良次の両氏に感謝する。

二〇一九年四月

斎藤　貴男

主要参考文献（五十音順）

朝日新聞社編『税金』朝日新聞社、一九七一年
安藤実編著『富裕者課税論』桜井書店、二〇〇九年
石弘光『消費税の政治経済学』日本経済新聞出版社、二〇〇九年
井手英策『幸福の増税論——財政はだれのために』岩波新書、二〇一八年
伊藤周平『社会保障入門』ちくま新書、二〇一八年
ヴェルナー、ゲッツ・W著、渡辺一男訳『ベーシック・インカム』現代書館、二〇〇七年
エグレ、ジョルジュ著、荒木和夫訳『付加価値税』白水社、一九八五年
NHKスペシャル「ワーキングプア」取材班編『ワーキングプア　解決への道』ポプラ社、二〇〇八年
大蔵省主税局『税制改革の全貌～シヤゥ《ママ》プ勧告の全文と解説』日本週報社、一九四九年
大間知啓輔『消費税の経済学』法律文化社、二〇〇五年
大村大次郎『消費税という巨大権益』ビジネス社、二〇一九年
小此木潔『消費税をどうするか』岩波新書、二〇〇九年
尾崎護『G7の税制』ダイヤモンド社、一九九三年
落合博実『徴税権力——国税庁の研究』文藝春秋、二〇〇六年
加藤創太・小林慶一郎編著『財政と民主主義——ポピュリズムは債務危機への道か』日本経済新聞出版社、二〇一七年
菊池英博『消費税は0％にできる』ダイヤモンド社、二〇〇九年

岸宣仁『税の攻防』文藝春秋、一九九八年
北野弘久・湖東京至『消費税革命』こうち書房、一九九四年
北野弘久・谷山治雄編著『日本税制の総点検』勁草書房、二〇〇八年
熊谷亮丸『消費税が日本を救う』日経プレミアシリーズ、二〇一二年
国税庁編『国税庁統計年報書（平成19年度版）』大蔵財務協会、二〇〇九年
湖東京至『消費税法の研究』信山社出版、一九九九年
小林長谷雄・雪岡重喜・田口卯一『源泉課税』賢文館、一九四一年
小林幸夫編『図解消費税　平成21年版』大蔵財務協会、二〇〇九年
斎藤奏『明解消費税』第一法規出版、一九八八年
斎藤貴男『源泉徴収と年末調整』中公新書、一九九六年
斎藤貴男『強いられる死――自殺者三万人超の実相』角川学芸出版、二〇〇九年
斎藤貴男『経済学は人間を幸せにできるのか』平凡社、二〇一〇年
斎藤貴男『消費増税で日本崩壊』ベスト新書、二〇一〇年
斎藤貴男『「マイナンバー」が日本を壊す』集英社インターナショナル、二〇一六年
斎藤貴男『国民のしつけ方』集英社インターナショナル新書、二〇一七年
桜井良治『消費税は「弱者」にやさしい！』言視社、二〇一一年
塩野七生『ローマ人の物語』（第十五巻「パクス・ロマーナ㊥」）新潮文庫、二〇〇四年
シャウプ、カール・S／世界銀行編、下条進一郎訳『間接税で何が起こるか』日本経済新聞社、一九八八年
菅正治『霞が関埋蔵金』新潮新書、二〇〇九年
鈴木章『この不公平税制の本質を暴く――廃止させよう消費税』光陽出版社、二〇〇二年

関戸一考『税金裁判ものがたり』せせらぎ出版、二〇〇四年
醍醐聰『消費増税の大罪――会計学者が明かす財源の代案』柏書房、二〇一二年
大商連歴史編纂委員会編著『大阪・商工業者の戦後史』清風堂書店出版部、一九九五年
武田知弘『税金は金持ちから取れ』金曜日、二〇一二年
竹信三恵子『企業ファースト化する日本――虚妄の「働き方改革」を問う』岩波書店、二〇一九年
橘木俊詔『消費税15%による年金改革』東洋経済新報社、二〇〇五年
立岩真也・村上慎司・橋口昌治『税を直す』青土社、二〇〇九年
谷山治雄編著『消費税廃止読本』新日本出版社、一九八九年
富山泰一『消費税によらない豊かな国ニッポンへの道』あけび書房、二〇〇九年
長澤哲也編著『実務解説　消費税転嫁特別措置法』商事法務、二〇一三年
中谷巖・大田弘子『経済改革のビジョン』東洋経済新報社、一九九四年
中谷巖『資本主義はなぜ自壊したのか――「日本」再生への提言』集英社インターナショナル、二〇〇八年
日専連仙台会編『のれんとろまん　日専連仙台会の50年　1935-1985』日専連仙台会、一九八六年
日専連仙台会編『のれんとろまんⅡ　日専連仙台会の10年　1985-1995』日専連仙台会、一九九六年
日本租税理論学会編『消費税増税なしでの財政健全化』法律文化社、二〇〇七年
橋本徹編『欧米諸国の間接税』納税協会連合会、一九八八年
バノック、グラハム著、二場邦彦訳『付加価値税と中小企業』全国商工団体連合会、一九八七年
藤井聡責任編集『別冊クライテリオン「消費増税を凍結せよ」』啓文社書房、二〇一八年
三方良『なりわい繁盛帖』新日本出版社、二〇〇九年

森信茂樹『抜本的税制改革と消費税』大蔵財務協会、二〇〇七年
森信茂樹『消費税、常識のウソ』朝日新書、二〇一二年
門奈直樹『ジャーナリズムは再生できるか――激変する英国メディア』岩波現代選書、二〇一四年
柳河瀬精『告発 戦後の特高官僚――反動潮流の源泉』日本機関紙出版センター、二〇〇五年
矢野秀利・橋本恭之・上西左大信・金井恵美子『消費税・軽減税率の検証――制度の問題点と実務への影響をめぐって』清文社、二〇一四年
山本太郎・雨宮処凛（取材・構成）『僕にもできた！ 国会議員』筑摩書房、二〇一九年
米澤潤一『国債膨張の戦後史――1947-2013 現場からの証言』金融財政事情研究会、二〇一三年
ラサール著・大内力訳『間接税と労働者階級』岩波文庫、一九六〇年

その他、雑誌・新聞記事、各種公文書、議事録、報告書、答申、判例集、パンフレット、ウェブサイトなどを参照しました。

解説　理不尽への怒り、自由と尊厳への信念　本間 龍

2010年に発表されて高い評価を得た「消費税のカラクリ」が、今年の秋には10％に引き上げられるかもしれないという、まさにドンピシャのタイミングでちくま文庫に再録されることとなった。消費税制の不平等な構造と、弱者から強者への富の収奪という隠された目的を徹底的に糾弾した本書は、税額を2％上げる上げないの末節な議論ばかりに明け暮れるメディアに鉄槌を下し、議論の本筋を見据えた書として多くの新しい読者に迎えられるに違いない。

私が初めて斎藤貴男さんの文章に接したのは『機会不平等』（2000年、文藝春秋）であったかと思う。新自由主義に基づく経済最優先思想が教育や育児、介護などの分野を侵食する愚かさを徹底的な取材をベースに批判していて、現在の日本が抱える諸問題をすでにその頃、火急《かきゆう》の懸案として提議されていて驚愕させられた。凄いジャーナリストがいるものだ、という驚きは、その次に読んだ『人間破壊列島』（2001年、太陽企画出版）で畏敬の念に昇華した。人間の自由と尊厳を侵す者たちへの

激しい怒りと対決姿勢は、ともすれば大勢に流されがちになる自分にも、闘う勇気を与えてくれたからだ。

私にルポルタージュの力を初めて認識させてくれたのは、鎌田慧《さとし》氏の名作『自動車絶望工場』（1973年、現代史出版会）であった。それから立花隆氏の『田中角栄研究』（1976年、講談社）を経て、斎藤氏の一連の著作は現代日本ジャーナリズムの偉大な記録であると思っている。もうすでに20年以上も前に、斎藤さんは日本の暗い行く末を見透かし、様々な角度から検証し、警鐘を鳴らしていたのだ。その予見能力の高さには脱帽せざるを得ない。

それにしても斎藤さんは多作だ。膨大な執筆量を支えるのは一体何なのか。その一つは、斎藤さん自らが常々表明している、人間の自由と尊厳を脅かす存在への怒りであることは間違いないだろう。斎藤さんの著作からは、理不尽なことへの怒りが、そのどれからも強く伝わってくる。

しかしそれは、単なる感情的な怒りや罵詈雑言《ばりぞうごん》では決してない。なぜそれが理不尽なのか、どこがどうして間違っているかを内外の様々な文献にあたり、さらにはその分野の識者にインタビューするなど徹底的な取材をすることで、第三者にも分かりやすく共有させてくれる。これこそが斎藤さんの本が読まれ、その主張が支持される所以だろう。

当初、私の斎藤さんに対する勝手なイメージは、権力者に対峙する厳格な人、抜き身の刀のように、触れれば血が吹き出るような厳しい人というものだった。しかし自分でノンフィクションを書くようになり、多くのノンフィクション作家やジャーナリストと知り合うようになってから、大抵の場合、それが誤りであることに気づいた。斎藤さんをはじめ、舌鋒鋭く権力や巨大資本に嚙み付く人々は、実際に会ってみると、みな実に柔和で優しい人が多い。

警察や司法の闇を追及し、消費者金融大手の武富士にスラップ訴訟を仕掛けられても一歩も引かず、逆に勝利した寺澤有氏や、今もなお単独で福島の避難区域に通い、原発問題を報じ続ける烏賀陽《うがや》弘道氏、数々の現場からルポを発信し続ける田中龍作氏など、普段はみな、市井のどこにでもいるような、心優しき人々である。

しかし、ひとたび権力の横暴や巨大資本の悪辣さと対峙すると彼らの表情は変わり、全身全霊をかけてそれらと闘う。フリーゆえに活動資金の少なさに悩まされつつも、逆に組織のしがらみや制約を受けないため、良心に従って最後まで弱者のために戦い抜く。弱きを助け強きを挫《くじ》くという、現在の組織メディアにはほとんどなくなってしまった、そうした姿勢こそが真のジャーナリストというものなのだろう。

斎藤さんも同様で、飲みの席で梶原一騎《いっき》や『あしたのジョー』を語るときは、愛すべき酔っ払いの表情を見せてくれる。しかし、世にはびこる理不尽やその矛盾を語る時、その表情はにわかに険しくなる。人間の自由を、尊厳を踏みにじる者は絶対に許さないという鉄の信念がそうさせるのだ。

『人間破壊列島』で斎藤さんが提示した諸問題——即ち国家によるプライバシー侵害や世界のファストフード化、優生学的思想の跋扈《ばっこ》、禁煙ファシズムの狂気は、そのまま20年後の現在、すべてがより深刻な状況になって我が国を覆っている。この間のマイナンバー制度の導入やビッグデータ解析技術の長足の進歩、新たな情報通信巨大資本のAI導入、そして将来的にはその統合によって、個人のプライバシーなどまったくなくなり、国民はただの消費・納税マシーンとなっていく。その恐怖を斎藤さんは強く危惧し警鐘を鳴らしたが、残念ながら世の中はその危惧通りになってしまった。

それでももちろん、その警鐘の意義は消えはしない。それを元に行動を起こす人々が、必ず生まれてくるからだ。

他の国と比べて、日本の若者は幸福実感度が非常に低く、国の将来に関しても悲観的であるという。平成の30年間でこれだけ国民の所得が下がったのに、消費税をはじめとする税金ばかりが上がり、少子高齢化がまったく改善されない状況をみれば、そう感じても仕方がない。それでも衰退が止まらないのは、どこかにそれを望み、国民を物言わぬ弱者に貶《おとし》めて得をする者たちがいるからではないか。斎藤さんはそれを疑い、その存在を可視化している。

同書の終章での対談で、行政改革や教育改革の欺瞞《ぎまん》を指摘したのち、「特にそれがたとえば福祉とかから入っていく。監視は徘徊老人のためだとか、それは卑怯だよね。卑怯にすぎる。人間がやっていいことじゃない」と述べる。ここに斎藤さんの真骨頂がある。それまでデータや資料を元に、実にロジカルな議論を展開しているのに、ふと抑えられない感情が言葉や活字になって現れる。斎藤さんの真摯《しんし》な人間性が発露される部分で、多くの読者が思わず同意する瞬間ではないだろうか。

そして本書である。2010年に菅直人政権が消費税を5％から10％に引き上げる考えを公表した時に、この税制の持つ悪魔的な不平等さと収奪の構造を徹底的に暴いてみせた。いわゆる学術的な研究書を除いて、消費税の不平等極まる仕組みと権力側の狙いをこれほど平易に、かつ舌鋒鋭く批判した書を、私は他に知らない。2010年刊の講談社現代新書版を読んだ時、このようなとんでもない税制は早晩崩壊するのではないかと思ったのだが、自民党政治の悪習を糾《ただ》すべきだった民主党政権までがこれを追認したせいで、逆に消費税制は盤石化してしまった。これこそ、民主党政権最大の過ちではなかったか。

消費税は福祉目的税であり、高齢化が進む我が国の福祉行政を支えるためにはどうしても必要な税制だ、という国の説明をよく検討することもなく真に受けて、メディアもアカデミズムも体制翼賛となって消費税制を肯定した結果、日本は他の先進国と比べてまったく成長しない国に成り下がった。軽減税率というエサに食らいつき、消費税制の広報機関に変質した大手新聞メディアの責任は特に重い。さらにクロスオーナーシップで新聞社とつながるテレビメディアも消費税制そのものを強く批判することはない。彼らもまた、密かに収奪する側にシフトしているのだ。本書においてもそのことは繰り返し糾弾されている。

「もういい加減に、本当の議論を始めよう。消費税は弱ければ弱いほどより多くの負担を強いられる税である。畢竟《ひっきょう》、弱者の富をまとめて強者に移転する税制なのだ」と斎藤さんは怒りを込めて主張している。そうなのだ、今こそこの税制の馬鹿さ加減を改めて議論すべきなのだ。そのための基本資料として、本書はもっとも有効である。そして消費税以外でも、斎藤さんが可視化した「人間の自由と尊厳を奪おうとする者たち」との闘いは続いていく。今後も理不尽な存在に対する猛々しい批判精神と、弱者を慈しむヒューマニズムが同居する稀有な存在として、私たちに範を示し続けていただきたい。

（ほんま・りゅう／ノンフィクション作家）

本書は二〇一〇年七月に講談社現代新書で刊行された作品に最新情報を盛り込んだ増補版です。

吉行淳之介ベスト・エッセイ　吉行淳之介　荻原魚雷編

創作の秘密から、ダンディズムの条件まで。「文学」「男と女」「紳士」「人物」のテーマごとに厳選した、吉行淳之介の入門書にして決定版。（大竹聡）

田中小実昌ベスト・エッセイ　田中小実昌　大庭萱朗編

東大哲学科を中退し、バーテン、香具師などを転々とし、飄々とした作風とミステリー翻訳で知られるコミさんの厳選されたエッセイ集。（片岡義男）

山口瞳ベスト・エッセイ　小玉武編

サラリーマン処世術から飲食、幸福と死まで。――幅広い話題の中に普遍的な人間観察眼が光る山口瞳の豊饒なエッセイ世界を一冊に凝縮した決定版。

色川武大・阿佐田哲也ベスト・エッセイ　色川武大／阿佐田哲也　大庭萱朗編

二つの名前を持つ作家のベスト。文学論、落語からタモリまでの芸能論、ジャズ、作家たちとの交流も。もちろん阿佐田哲也名の博打論も収録。（木村紅美）

開高健ベスト・エッセイ　開高健　小玉武編

文学から食、ヴェトナム戦争まで――おそるべき博覧強記と行動力。「生きて、書いて、ぶつかった」開高健の広大な世界を凝縮したエッセイを精選。

中島らもエッセイ・コレクション　中島らも　小堀純編

小説家、戯曲家、ミュージシャンなど幅広い活躍で没後なお人気の中島らもの魅力を凝縮！　酒と文学とエンターテインメント。（いとうせいこう）

文房具56話　串田孫一

使う者の心をときめかせる文房具。どうすればこの小さな道具が創造力の源泉になりうるのか。文房具の想い出や新たな発見、工夫や悦びを語る。

ぼくは散歩と雑学がすき　植草甚一

1970年、遠かったアメリカ。その風俗、映画、本、音楽から政治までをフレッシュな感性と膨大な知識、貪欲な好奇心で描き出す代表エッセイ集。

快楽としてのミステリー　丸谷才一

ホームズ、007、マーロウ――探偵小説を愛読して半世紀、その楽しみを文芸批評とゴシップを駆使して自在に語る、文庫オリジナル。（三浦雅士）

超発明　真鍋博

昭和を代表する天才イラストレーターが、唯一無二のSF的想像力と未来的発想で〝夢のような発明品〟129例を描き出す幻の作品集。（川田十夢）

ねぼけ人生〈新装版〉　水木しげる

戦争で片腕を喪失、紙芝居・貸本漫画の時代と、波瀾万丈の人生を、楽天的に生きぬいてきた水木しげるの、面白くも哀しい半生記。（呉智英）

「下り坂」繁盛記　嵐山光三郎

人の一生は、「下り坂」をどう楽しむかにかかっている。真の喜びや快感は「下り坂」にあるのだ。あちこちにガタがきても、愉快な毎日が待っている。

向田邦子との二十年　久世光彦

あの人は、あり過ぎるくらいあった始末におえない胸の中のものを誰にだって、一言も口にしない人だった。時を共有した二人の世界。（新井信）

旅に出る　ゴトゴト揺られて本と酒　椎名誠

旅の読書は、漂流モノと無人島モノと一点こだわりガンコ本！　本と旅とそれから派生していく自由な思いのつまったエッセイ集。（竹田聡一郎）

昭和三十年代の匂い　岡崎武志

テレビ購入、不二家、空地に土管、トロリーバス、くみとり便所、少年時代の昭和三十年代の記憶をたどる。巻末に岡田斗司夫氏との対談を収録。

本と怠け者　荻原魚雷

日々の暮らしと古本を語り、古書に独特の輝きを与えた「ちくま」好評連載「魚雷の眼」を、一冊にまとめた文庫オリジナルエッセイ集。（岡崎武志）

増補版　誤植読本　高橋輝次編著

本と誤植は切っても切れない!?　恥ずかしい打ち明け話や、校正をめぐるあれこれなど、作家たちが本音を語り出す。作品42篇収録。（堀江敏幸）

わたしの小さな古本屋　田中美穂

会社を辞めた日、古本屋になることを決めた。倉敷の空気、古書がつなぐ人の縁、店の生きものたち……。女性店主が綴る蟲文庫の日々。（早川義夫）

ぼくは本屋のおやじさん　早川義夫

22年間の書店としての苦労と、お客さんとの交流。どこにもありそうで、ない書店。30年来のロングセラー！（大槻ケンヂ）

たましいの場所　早川義夫

「恋をしていいのだ。今を歌っていくのだ」。心を揺るがす本質的な言葉。文庫用に最終章を追加。帯文＝宮藤官九郎　オマージュエッセイ＝七尾旅人

品切れの際はご容赦ください

これで古典がよくわかる　橋本治

古典文学に親しめず、興味を持てない人たちは少なくない。どうすれば古典が「わかる」ようになるかを具体例を挙げ、教授する最良の入門書。

恋する伊勢物語　俵万智

恋愛のパターンは今も昔も変わらない。恋がいっぱいの歌物語の世界に案内する、ロマンチックでユーモラスな古典エッセイ。（武藤康史）

倚りかからず　茨木のり子

もはや／いかなる権威にも倚りかかりたくはない……話題の単行本に3篇の詩を加え、高瀬省三氏の絵を添えて贈る決定版詩集。（山根基世）

茨木のり子集 言の葉（全3冊）　茨木のり子

しなやかに凛と生きた詩人の歩みの跡を、詩とエッセイで編んだ自選作品集。単行本未収録の作品なども収め、魅力の全貌をコンパクトに纏める。

詩ってなんだろう　谷川俊太郎

谷川さんはどう考えているのだろう。その道筋にそって詩を集め、選び、配列し、詩とは何かを考えるおおもとを示しました。（華恵）

笑う子規　正岡子規＋天野祐吉＋南伸坊

「弘法は何と書きしぞ筆始」「猫老て鼠もとらず置火燵」。天野さんのユニークなコメント、南さんの豪快な絵を添えて贈る愉快な子規句集。（関川夏央）

尾崎放哉全句集　村上護編

「咳をしても一人」などの感銘深い句で名高い自由律の俳人・放哉。放浪の旅の果て、小豆島で破滅型の人生を終えるまでの全句業。（村上護）

山頭火句集　種田山頭火　村上護編　小崎侃・画

自選句集「草木塔」を中心に、その境涯を象徴する随筆も精選収録し、〝行乞流転〟の俳人の全容を伝える一巻選集！（村上護）

絶滅寸前季語辞典　夏井いつき

「従兄煮」「蚊帳」「夜這星」「竈猫」……季節感が失われ、風習が廃れて消えていく季語たちに、新しい命を吹き込む読み物辞典。（茨木和生）

絶滅危急季語辞典　夏井いつき

「ぎぎ・ぐぐ」「われから」「子持花椰菜」「大根祝う」……消えゆく季語に新たな命を吹き込む読み物辞典。超絶季語続出の第二弾。（古谷徹）

一人で始める短歌入門　枡野浩一

「かんたん短歌の作り方」の続篇。CHINTAIのCM「いい部屋みつかっ短歌」の応募作を題材に短歌を指南。毎週10首、10週でマスター！

片想い百人一首　安野光雅

オリジナリティーあふれる本歌取り百人一首とエッセイ。読み進めるうちに、不思議と本歌も頭に入ってきて、いつのまにやらあなたも百人一首の達人に。

宮沢賢治のオノマトペ集　宮沢賢治　杉田淳子編　栗原敦監修

賢治ワールドの魅力的な擬音をセレクト・解説した画期的な一冊。ご存じ「どっどどどどうど　どどうど　どどう」など、声に出して読みたくなります。

増補　日本語が亡びるとき　水村美苗

明治以来豊かな近代文学を生み出してきた日本語が、いま、大きな岐路に立っている。我々にとって言語とは何なのか。第8回小林秀雄賞受賞作に大幅増補。

ことばが劈《ひら》かれるとき　竹内敏晴

ことばとこえとからだと、それは自分と世界との境界線だ。幼時に耳を病んだ著者が、いかにことばを回復し、自分をとり戻したか。

発声と身体のレッスン　鴻上尚史

あなた自身の「こえ」と「からだ」を自覚し、魅力的に向上させるための必要最低限のレッスンの数々。続ければ驚くべき変化が！（安田登）

パンツの面目ふんどしの沽券　米原万里

キリストの下着はパンツか腰巻か？　幼い日にめばえた疑問を手がかりに、人類史上の謎に挑んだ、抱腹絶倒&禁断のエッセイ。（井上章一）

全身翻訳家　鴻巣友季子

何をやっても翻訳的思考から逃れられない。妙に言葉が気になり妙な連想にはまる。翻訳というメガネで世界を見た貴重な記録（エッセイ）。（穂村弘）

夜露死苦現代詩　都築響一

寝たきり老人の独語、死刑囚の俳句、エロサイトのコピー……誰も文学と思わないのに、一番僕たちをドキドキさせる言葉をめぐる旅。増補版。

英絵辞典　岩田一男　真鍋博

真鍋博のポップで精緻なイラストで描かれた日常生活の205の場面に、6000語の英単語を配したビジュアル英単語辞典。（マーティン・ジャナル）

品切れの際はご容赦ください

武士の娘　杉本鉞子　大岩美代訳

明治維新期に越後の家に生れ、厳格なしつけと礼儀作法を身につけた少女が開化期の息吹にふれて渡米、近代的女性となるまでの傑作自伝。

ハーメルンの笛吹き男　阿部謹也

「笛吹き男」伝説の裏に隠された謎はなにか？　十三世紀ヨーロッパの小さな村で起きた事件を手がかりに中世における「差別」を解明。（石牟礼道子）

隣のアボリジニ　上橋菜穂子

大自然の中で生きるイメージとは裏腹に、町で暮らすアボリジニもたくさんいる。そんな「隣人」アボリジニの素顔をいきいきと描く。（池上彰）

サンカの民と被差別の世界　五木寛之

歴史の基層に埋もれた、忘れられた日本を掘り起こす。漂泊に生きた海の民・山の民。身分制で賤民とされた人々。彼らが現在に問いかけるものとは。

世界史の誕生　岡田英弘

世界史はモンゴル帝国と共に始まった。東洋史と西洋史の垣根を超えた世界史を可能にした、中央ユーラシアの草原の民の活動。

日本史の誕生　岡田英弘

「倭国」から「日本国」へ。そこには中国大陸の大きな政治のうねりがあった。日本国の成立過程を東洋史の視点から捉え直す刺激的論考。

島津家の戦争　米窪明美

薩摩藩の私領・都城島津家に残された日誌を丹念に読み解き、幕末・明治の日本を動かした最強武士団の実像に迫る。薩摩から見たもう一つの日本史。

それからの海舟　半藤一利

江戸城明け渡しの大仕事以後も旧幕臣の生活を支え、徳川家の名誉回復を果たすため新旧相撃つ明治を生き抜いた勝海舟の後半生。（阿川弘之）

その後の慶喜　家近良樹

幕府瓦解から大正まで、若くして歴史の表舞台から姿を消した最後の将軍の〝長い余生〟を近しい人間の記録を元に明らかにする。（門井慶喜）

幕末維新のこと　司馬遼太郎　関川夏央編

「幕末」について司馬さんが考えて、書いて、語ったことの真髄を一冊に。小説以外の文章・対談・講演から、激動の時代をとらえた19篇を収録。

ちくま文庫

決定版《けっていばん》　消費税《しょうひぜい》のカラクリ

二〇一九年六月十日　第一刷発行

著　者　斎藤貴男（さいとう・たかお）
発行者　喜入冬子
発行所　株式会社　筑摩書房
東京都台東区蔵前二―五―三　〒一一一―八七五五
電話番号　〇三―五六八七―二六〇一（代表）
装幀者　安野光雅
印刷所　明和印刷株式会社
製本所　株式会社積信堂

ISBN978-4-480-43602-3 C0133